Uma História do Brasil
Trajetórias e Sentidos
Formação do Brasil no Período Colonial

Livro I

Henrique Cavalcanti de Albuquerque

Uma História do Brasil Trajetórias e Sentidos
Formação do Brasil no Período Colonial

Livro I

Freitas Bastos Editora

Copyright © 2024 by Henrique Cavalcanti de Albuquerque

Todos os direitos reservados e protegidos pela Lei 9.610, de 19.2.1998. É proibida a reprodução total ou parcial, por quaisquer meios, bem como a produção de apostilas, sem autorização prévia, por escrito, da Editora. Direitos exclusivos da edição e distribuição em língua portuguesa:
Maria Augusta Delgado Livraria, Distribuidora e Editora

Direção Editorial: Isaac D. Abulafia
Gerência Editorial: Marisol Soto
Diagramação e Capa: Sofia de Souza Moraes
Copidesque e Revisão: Doralice Daiana da Silva

Dados Internacionais de Catalogação na Publicação (CIP) de acordo com ISBD

A345h	Albuquerque, Henrique Cavalcanti de
	Uma História do Brasil Trajetórias e Sentidos: Formação do Brasil no Período Colonial / Henrique Cavalcanti de Albuquerque. - Rio de Janeiro, RJ : Freitas Bastos, 2024.
	296 p. ; 15,5cm x 23cm.
	Inclui bibliografia. ISBN: 978-65-5675-423-9
	1. História do Brasil. 2. Período Colonial. I. Albuquerque, Henrique Cavalcanti de. II. Título.
2024-2415	CDD 981 CDU 94(81)

Elaborado por Vagner Rodolfo da Silva - CRB-8/9410
Índice para catálogo sistemático:
1. História do Brasil 981
2. História do Brasil 94(81)

Freitas Bastos Editora
atendimento@freitasbastos.com
www.freitasbastos.com

HENRIQUE CAVALCANTI DE ALBUQUERQUE

Formado em História pela Universidade de São Paulo. Mestre em História da Cultura pela Pontifícia Universidade Católica de São Paulo com o tema *Decadentismo, Literatura e Sociedade no Rio de Janeiro do final do século XIX*. Professor de História e Literatura há mais de 25 anos no Ensino Médio e pré-vestibular. Atua como professor de Relações Internacionais no Ensino Superior nas áreas de Geopolítica, Economia Política Internacional e Análise de Política Externa. Autor do livro *Política Externa Brasileira*, uma introdução crítica, lançado pela editora Freitas Bastos.

SUMÁRIO

Prefácio   9

     A vocação de um historiador brasileiro   9

Apresentação   13

1 *Seu nome está em tudo*: povos nativos da terra Brasilis   15

     1.1   Uma possível trajetória do povoamento do Brasil   15

     1.2   A complexidade das sociedades nativas do Brasil   24

     1.3   Culturas e Cosmologias nativas: herança permanente   35

2 *Deus quer, o homem sonha, a obra nasce*: formação de Portugal e expansão marítima   47

     2.1   O mais moderno dos Estados medievais: Portugal nas guerras ibéricas   47

     2.2   Mar Português: expansão marítima como fenômeno comercial e cultural   53

     2.3   África e Brasil, a ponte chamada Atlântico: colonização portuguesa na África   62

     2.4   A origem do açúcar: presença portuguesa na Ásia   67

3 *No Brasil, com vencer e castigar*: o encontro de dois mundos   70

     3.1   Em Tordesilhas se dividiu o mundo: início do processo colonizador   71

     3.2   No Brasil, o vermelho é mais que madeira: trabalho nativo e destruição ecológica   78

     3.3   O doce amargo açúcar: montagem da economia açucareira   85

     3.4   Casa Grande e Senzala: a sociedade da economia açucareira   89

     3.5   Litoral e Interior: Os jesuítas sobem a serra   93

     3.6   Afinal, o que eram mesmo as capitanias hereditárias? Sistemas de administração colonial   98

3.7	Histórias de Piratas: os corsários e os que nunca aceitaram Tordesilhas	104

4 *Era um sonho dantesco o tombadilho:* escravidão e tráfico negreiro — **110**

4.1	A complexidade das sociedades africanas: tráfico e economia globalizada	110
4.2	Correntes marítimas que aprisionam: o tráfico entre Brasil e África	118
4.3	Longe de casa é minha casa: resistência negra no Brasil	121

5 *Louco, sim, louco, porque quis grandeza:* União Ibérica e o Brasil no mundo em guerra — **127**

5.1	Todos os olhos em Madri: um Brasil Espanhol	127
5.2	Sua memória será discutida: bandeirantes e o sertão	134
5.3	O sagrado Sacramento: expansão portuguesa no Império Espanhol	142

6 *O que venho a pedir ou protestar, Senhor, é que nos ajudeis e nos liberteis:* Domínio Holandês no Nordeste brasileiro — *148*

6.1	A cidade dos canais: Amsterdã e o comércio mundial	148
6.2	Moça com brinco de pérola: Nassau em Recife	155
6.3	A revolta dos endividados: fim do domínio holandês e uma discussão sobre a memória	167

7 *Que a sede de ouro é sem cura:* mineração e interiorização da colônia — **173**

7.1	Bandeirantes, tropeiros e caminhos: a sociedade mineradora	173
7.2	Santo do pau oco: impostos e economia da mineração	181
7.3	Memorial do Convento: o ouro brasileiro em Portugal	184
7.4	E como eu palmilhasse vagamente uma estrada de Minas: urbanização e mineração	194
7.5	A Paixão de Aleijadinho: Barroco mineiro e a construção de um símbolo nacional	201

8 ***Mostra-lhe mais Lisboa rica e vasta*: o terremoto e o Marquês** — **205**

8.1 As abomináveis ideias francesas: tradição e modernização em Coimbra e nas Minas — 205

9 ***A mim, o que mais me doera, se eu fora o tal Tiradentes*: Revoltas contra El-Rei** — **217**

9.1 A imagem de Tiradentes: Inconfidência Mineira e construção do imaginário — 217

10 ***Era no tempo do rei*: A vinda da Família Real para o Brasil** — **236**

10.1 Jamais, jamais mortal subiu tão alto: Napoleão e o pêndulo de Foucault — 236

10.2 O sono da razão produz monstros: Invasão Ibérica e o olhar de um cavalo — 238

10.3 Os efeitos da pisadela e do beliscão: Um rei português nos trópicos — 246

10.4 Imagens do Brasil: os franceses voltam ao Rio de Janeiro — 257

10.5 Meu coração ficará no Porto: Revolução não tão liberal assim — 269

10.6 Ouviram do Ipiranga: dois Pedros construíram o Brasil — 276

Conclusão: os rios que formaram o Brasil se encontram; trajetórias e sentidos de nossa História Colonial. — **289**

Referências — **292**

PREFÁCIO

A VOCAÇÃO DE UM HISTORIADOR BRASILEIRO

A habilidade de contar uma boa história muitas vezes significa apenas trazer à memória a exuberante complexidade do passado. Por que precisaríamos mais do que isso? É um alívio para a memória reconhecer que o passado não precisa ser condensado em uma única narrativa definida pelos critérios do presente. O historiador não foi eleito juiz do passado. Se o tempo, em sua marcha implacável, pode suavizar nossas memórias e cicatrizar as feridas, que essa seja uma consideração à parte. Moralmente falando, ninguém precisa nos dizer o que houve de errado – ou de certo – no fato de que nossa origem brasileira é colonial. Ainda que uma seleção de eventos consista em uma forma de editar a história em uma dada perspectiva, que o historiador seja pelo menos capaz de deixar tais fatos devidamente selecionados falar por si mesmos. A história não precisa de juízes, ela só não pode ser apagada ou instrumentalizada.

Aqui, recorro a uma distinção fundamental: a sabedoria do tempo não coincide com a pretensão do historiador, que se arvora à posição de juiz e algoz. Admitir que a história é um mosaico de inúmeras narrativas não só preserva a dignidade da vocação do historiador, mas a enaltece justamente como um contador de histórias. Qual o problema em ser apenas um bom contador de histórias? Ninguém precisa assumir qualquer princípio de neutralidade metodológica a fim de se posicionar como o juiz. Ao reconhecer que sua visão é apenas uma entre muitas, o historiador permite que o nosso passado se revele em toda a sua grandeza e miséria. Quando o historiador assume que sua perspectiva não pode ser a do inquisidor, o passado deixa de ser esse lugar sombrio e distante. Na verdade, ele se torna mais familiar e humano. "Olha lá, não somos muito diferentes daqueles ali!". Se não é para esse tipo de autocompreensão, para que mais serve o ato de contar história? Não há nada no passado colonial brasileiro que possa nos constranger mais do que nós mesmos somos capazes de fazer ainda hoje.

A tentação de que o contador da história possa atuar como um "tribunal do passado" carrega consigo tanto peso quanto falsificações. Essa metáfora sugere que historiadores têm o poder e a autoridade para julgar eventos e figuras históricas como se a ele fosse dada a prerrogativa de conceder absolvições ou condenações com base nos valores e conhecimentos do presente. O anacronismo moral é um erro que precisa ser lembrado! Embora possa parecer uma abordagem atrativa para nossa sensibilidade contemporânea, especialmente quando consideramos a justiça histórica, essa visão é problemática por várias razões. E "problemática" nesse contexto é, sim, uma crítica aos moralistas contemporâneos. Não ao passado, mas àqueles que contam a nossa história como se fossem autorizados a julgá-la e condená-la. Se não há nada de grandioso em ter sido uma colônia portuguesa, tampouco há de catastrófico. O que há, de fato, é uma parte significativa da nossa identidade. E tomo o cuidado para dizer "identidade" como se isso fosse um valor universalmente inestimável. Pois, ter sido uma colônia portuguesa também é parte da construção da nossa atual diversidade.

A pretensão de juiz da história implica uma posição de superioridade moral ou intelectual do presente em relação a todos aqueles que construíram nossa história. Mas não do presente em um sentido geral, como se a história avançasse, como um todo, do pior para o melhor. Materialmente falando, isso pode até fazer sentido. Mas, para o moralista, a história avança. O problema é ainda pior quando o historiador se posiciona em um lugar privilegiado, o lugar do especialista, que é chamado a falar em nome do avanço moral da história. Ora, nenhum ponto de apoio privilegiado no contexto contemporâneo fornece uma plataforma inabalável na qual a história pode ser julgada. Tal postura não só ignora a complexidade das circunstâncias históricas e o fato de que cada momento é marcado por seus próprios valores, preconceitos e limitações, mas também assume que a posição de que o atual especialista em reconstruir a história é, por si só, uma posição de prestígio moral. Precisamos de histórias e historiadores, não de juízes.

O risco aqui, além da simplificação excessiva e da anacronia, na qual o passado é interpretado e avaliado exclusivamente através das lentes do presente, é a arrogância fatal do moralismo seletivo.

Se a história é tecida de narrativas concorrentes, muitas vezes contraditórias, sua riqueza reside justamente nessa diversidade. E se a diversidade se consolida como um valor, então que não seja uma diversidade fingida e narcisista. Reconhecer que a realidade é infinitamente maior do que aquilo que podemos ver pelo espelho do presente não diminui a tarefa do historiador. Quando historiadores assumem o papel de juízes, há o perigo de que a história seja manipulada para servir agendas ideológicas, nacionais ou culturais específicas, transformando-a em uma ferramenta de legitimação em vez de um campo de investigação aberto e crítico. Isso ameaça à integridade da própria historiografia.

Como brasileiro, confesso ser reconfortante ler *Uma história do Brasil – Trajetórias e Sentidos* de Henrique Cavalcanti de Albuquerque justamente por essa razão. Ele não se arroga a posição de um juiz em um patamar moralmente elevado. Afinal, destaca-se o reconhecimento de que se trata de "uma" história, e não "a" história. O emprego do artigo indefinido não deve ser interpretado meramente como um capricho linguístico, mas como uma manifestação de profundidade conceitual. O uso do termo "uma" indica que a abordagem do autor é uma dentre muitas possíveis leituras da história brasileira. Essa escolha sublinha a presença de diversas perspectivas, experiências e vozes que constituem o panorama social e histórico do Brasil. Dessa forma, o autor oferece sua obra como uma valiosa adição ao conjunto de narrativas que aspiram a compreender e elucidar o Brasil. Não a última e definitiva. Ser mais uma história do Brasil colonial é reiterar a importância de abordagens pluralistas e inclusivas na historiografia; é reconhecer que cada contribuição enriquece nossa compreensão coletiva e desafia a visão unilateral da história. Assim, Henrique Cavalcanti de Albuquerque nos encoraja a ver a história como algo mais e não como um registro domesticado por um único sentido.

A virtude da humildade intelectual se fundamenta no princípio da caridade hermenêutica – uma prática interpretativa que prioriza a compreensão das declarações e documentos sob a luz mais favorável e racionalmente plausível sem sobrepor a própria experiência a dos outros – e incentiva o leitor a considerar também outras versões e interpretações. Além disso, a sutileza de ter colocado "trajetórias e sentidos" no plural amplia essa visão de que a história do Brasil se desdobrou ao longo dos séculos por diversidades e multiplicidades de caminhos. Trajetórias evoca a ideia de movimento em várias direções que o país tomou em resposta a diferentes contextos políticos, sociais e econômicos. Não há nada de fixo e linear em trajetórias, mas sim o reconhecimento do que é dinâmico e vivo. Sentidos, por sua vez, aponta para as várias interpretações, significados e propósitos que podem ser atribuídos a esses eventos históricos. Juntas, essas expressões, tão bem escolhidas pelo historiador, destacam a intenção de que o que importa na história brasileira é, essencialmente, constituído pela complexidade das experiências dos brasileiros.

Francisco Razzo
Mestre em filosofia pela PUC-SP, professor e escritor

APRESENTAÇÃO

Por que um novo livro de História do Brasil? Afinal, os principais pontos de nossa trajetória colonial parecem bem mapeados, discutidos e revisados. Tarefa redundante, portanto.

A História não se altera. O passado em si é um fato que acabou. Nada irá mudar o 7 de setembro de 1822, a Independência foi feita naquele dia, naquelas margens do Ipiranga como canta o Hino Nacional. No dia 16 de fevereiro de 1630, uma poderosa frota de 65 navios holandeses tomou a cidade de Olinda. Para nós, hoje, só podemos pensar no desespero dos habitantes da cidade, diante do desconhecido. Quinze anos depois, os mesmos holandeses partiam. São fatos: aconteceram e não podemos mudá-los.

Para muitos, a chegada dos holandeses foi uma oportunidade desperdiçada, uma espécie de paraíso perdido: o Brasil seria um país rico se eles tivessem ficado. Entretanto, o fato em si da saída em 1645 não se altera, mas sua interpretação sim. A História é uma ciência racional, analítica, objetiva em seu passado de pedra, imutável e eterno. Mas sua escrita é altamente sujeita a interpretações, a mudanças na forma de entender o mundo e sujeita a opiniões pessoais e pontos de vista diversos. No caso acima, seria mesmo um Brasil melhor com os holandeses aqui? Ou seríamos praticamente a mesma sociedade, excludente e baseada na escravidão? A interpretação do fato muda o ponto de vista do presente, embora o passado permaneça, para nosso agrado ou desagrado.

Esta pequena obra é pensada como uma interpretação do nosso passado em seu período colonial. Os fatos são os mesmos, mas a leitura sobre eles muda. E por isso, justifica-se um novo livro de História do Brasil. Respondendo à pergunta inicial? Por que um novo livro de História do Brasil? Responde-se: e por que não?

Temos interpretações consolidadas em anos de pesquisa e reflexão sobre nosso passado. Longe de ser uma nova interpretação, tarefa ampla que nunca é individual, mas fruto de um trabalho coletivo de pesquisadores e da própria sociedade, este livro se propõe a algo muito singelo: podemos ter novas interpretações sobre nossa História Colonial em um livro didático. Há camadas e camadas de pontos de vista solidificados que já podem ser discutidos, repensados, revisitados. Isso não significa, e não é essa a intenção do livro, uma visão radicalmente contrária. Mas apenas um ponto de vista que se permite alguns questionamentos. Foi mesmo o Tratado de Methuen que fez Portugal não desenvolver sua indústria? Foi o ouro de Minas Gerais que financiou a Revolução Industrial inglesa? No exemplo já comentado acima, o Brasil Holandês foi uma experiência realmente inovadora em relação ao domínio português ou manteve uma continuidade em suas linhas gerais? A elite política brasileira durante o período colonial pensava exatamente igual? Fomos colonizados por um país pobre e sem projeto nacional, como Portugal, dominado ao sabor das outras potências europeias? Qual é o papel do Cristianismo na formação da sociedade brasileira e na identidade portuguesa? A economia colonial era voltada exclusivamente ao mercado externo?

Perguntas que já foram respondidas, mas que demandam um novo olhar. Há pesquisas acumuladas em todas essas áreas. Não é tarefa deste livro reunir todas elas e criar uma nova e radical interpretação do Brasil. Mais uma vez, essa tarefa será feita com o trabalho de anos de novas reflexões. E não deve ser tarefa apenas dos especialistas, mas de toda uma sociedade: a reflexão sobre o passado feita no debate público é o primeiro passo na redefinição de prioridades para a construção do futuro de toda uma coletividade.

Se este livro permitir ao leitor refazer as perguntas e se abrir a novas respostas, terá cumprido muito bem sua trajetória e seu papel social nesta coletividade chamada Brasil.

1 *SEU NOME ESTÁ EM TUDO:* POVOS NATIVOS DA TERRA BRASILIS

> Quem me dera ao menos uma vez
> Fazer com que o mundo saiba que seu nome
> Está em tudo e mesmo assim
> Ninguém lhe diz ao menos obrigado
>
> *Legião Urbana*

1.1 Uma possível trajetória do povoamento do Brasil

Muitas vezes, a palavra nos engana. Quando lemos ou ouvimos sempre a mesma palavra, repetidas vezes, nos acostumamos a ela e simplesmente esquecemos seu real e profundo significado. E por vezes, para sairmos deste modo de esquecimento, precisamos de um novo modo de ver o mundo: como se fosse um estranhamento do que é familiar. Muito confuso? Nem tanto. Tome qualquer palavra que você usa no seu dia a dia. Pode ser algo bonito, de sonoridade agradável, com significados intensos e belos: infinito, tempestade, mistério. Pode ser algo mais simples, até prosaico, mas que te leva a memórias importantes: aniversário, praia, feriado. Pense em expressões que te aguçam a memória: cheiro de terra molhada, café e pão quente. **Começar pelas palavras talvez não seja coisa vã**, como escreveu um grande pensador do Brasil, Alfredo Bosi, em seu *Dialética da Colonização*. Vamos, portanto, começar pelas palavras que usamos em nosso dia a dia: pense no nome da sua cidade, da sua região, de algum rio ou praia ou montanha perto de sua casa.

Muito provavelmente essa palavra terá origem indígena. A toponímia no Brasil, estudo das origens dos nomes dos lugares (*topos* = lugar em grego) tem duas grandes fontes: a Igreja Católica e os nomes indígenas. Há muitas cidades com nomes de santos no Brasil. Ao mesmo tempo, nomes indígenas, em suas versões já aportuguesadas, compõem um panorama da presença destes povos nesta terra em praticamente todos os lugares do país. E com rara sensibilidade e verdade, o compositor Renato Manfredini, mais conhecido pelo seu nome artístico de Renato Russo, da banda Legião Urbana, nos lembra: seu nome está em todo lugar, e nem lembramos disso. Quem dera dizer ao menos obrigado.

A história do Brasil nos livros, por muitos anos, começava em 1500, quando o português Pedro Álvares Cabral aportou no litoral da Bahia. Mas é claro que esse marco temporal é apenas um pedaço de um longo livro maior e mais antigo. A terra era habitada por vários povos, de línguas diversas e com importantes diferenças culturais. Para eles, pode-se dizer, sem sequer exagerar, que 1500 foi o começo do fim. Igualmente, a palavra "descobrimento", por vezes ainda usada para designar a data, poderia, do ponto de vista indígena, ser chamada de "invasão". Talvez, "desastre" não seria de todo errado dizer. Naquela data, dois mundos se encontraram e sabemos claramente que houve perdedores e vencedores. Aliás, o próprio termo indígena é derivado de índio, e pode ser criticado, já que deriva de um erro conceitual e geográfico: Colombo, genovês a serviço da Espanha, pensou ter chegado às Índias em sua primeira viagem à América, em 1492, chamando assim os nativos deste continente. Mesmo o nome dado pelo colonizador ao outro demonstra desconhecimento.

Como se vê, talvez começar pelas palavras não seja um modo vão mesmo. Como chamar o outro? Que língua ele fala? E como entender seu pensamento? Mais importante ainda, qual sua origem? Na complexidade das sociedades nativas brasileiras, precisamos estabelecer linhas básicas de povoamento desse pedaço imenso de território. E tentar pelo menos, a partir das palavras, nomear corretamente o outro: índio, nativo, gentio, povo originário? Pensar nas palavras e sua História pode nos levar a caminhos bem mais complexos e fascinantes, do que nossa opinião cotidiana geralmente supõe.

E por falar em palavras e nomes, vamos começar por um nome: Luzia.

O sítio arqueológico de Lapa Vermelha, em Lagoa Santa, MG, na região metropolitana de Belo Horizonte, foi palco de uma descoberta que fascinou e ainda fascina muitos estudiosos: uma enorme quantidade de ossadas de animais e humanos, de tempos muito remotos. O primeiro a estudar essa região foi o naturalista dinamarquês Peter Lund, no século XIX. Dotado de grande erudição e ainda maior paixão pelo estudo de campo, dedicou quase meio século acumulando uma enorme coleção de fósseis, minerais e outros objetos biológicos. Era tão apaixonado pela região que nunca mais voltou à Europa, vindo a falecer na cidade de Lagoa Santa. Infelizmente, essa vasta coleção foi enviada à Dinamarca e não permaneceu no Brasil, como hoje exige a lei sobre fósseis encontrados aqui.

Entre suas descobertas está um crânio de um homem que foi batizado de Homem de Lagoa Santa. Peter Lund encontrou no mesmo registro fóssil daquele crânio, ossadas de animais há muito extintos, como preguiças-gigantes, gliptodontes (um tatu do tamanho de um carro compacto), mastodontes (uma espécie de elefante hoje extinto), a macrauquênia (um herbívoro semelhante a uma lhama do tamanho de um camelo) e até mesmo o famoso tigre-dente-de-sabre, que povoa o imaginário dos apaixonados por animais extintos. Além do crânio, Lund encontrou outras ossadas humanas da mesma época. Estava feita a conexão entre o homem brasileiro mais primitivo, ou na expressão do bioarqueólogo André Strauss, a "história indígena profunda" e a chamada megafauna americana, hoje extinta.

Nessa região, escavada desde meados do século XIX pelo trabalho pioneiro de Lund, foram encontrados mais de 200 esqueletos de períodos bastante recuados em nossa história. Mas talvez o nome mais famoso que poderíamos citar nesta história indígena profunda é Luzia. E por que ela teria ficado tão famosa?

Sua descoberta foi feita por uma equipe franco-brasileira de arqueólogos, liderada por Annette Laming-Emperaire, nos anos de 1970. A datação de Luzia foi feita em torno de 11 mil anos. O que mais chamou a atenção foi a reconstituição de seu rosto, feita a partir da hipótese dos dois componentes principais, desenvolvida pelo professor da USP, Walter Neves. Nesta proposta, a América, incluindo o Brasil, teria tido duas ocupações. Uma recente, pré-europeia, a partir da Ásia, pelo extremo norte do continente americano. Nessa onda migratória, todos os nossos nativos seriam descendentes de povos asiáticos, o que é confirmado pelo exame minucioso de DNA dos nativos atuais. Todos confirmam uma ascendência asiática. Nossos nativos pré-Cabral são, em sua essência, povos próximos dos japoneses, coreanos e chineses.

Porém, havia outra onda migratória anterior. E esta onda teria sido de povos chamados aborígenes, um nome que se dá aos diversos povos nativos da Austrália, antes da colonização inglesa. A feição destes povos (o chamado fenótipo, aparência física) é mais assemelhada aos africanos do que aos orientais. E Luzia, o fóssil mais antigo descoberto até então no Brasil, seria então, por essa teoria e pela reconstituição facial, uma aborígene de feições africanas. Ficou muito famoso o rosto de Luzia reconstituído a partir desta proposição: um olhar de uma africana, de feições robustas, sem os olhos rasgados típicos dos nossos nativos e dos orientais. Certa faísca de imaginação poderia percorrer nossos pensamentos, quando vemos populações com aparências tão diferentes das que associamos hoje aos nossos nativos, vivendo e ocupando o interior desta Minas Gerais de 11 mil anos.

Um tema que recebeu muitos debates foi a cor da pele: se Luzia era uma aborígene com feições africanas, então ela teria uma pele de cor mais escura do que a de nossos nativos atuais. O próprio professor Walter Neves nunca corroborou esta ideia, e ele mesmo indica que não podemos afirmar nada acerca da cor de pele de Luzia. A morfologia robusta do crânio dessa "primeira brasileira", com toda licença poética que tal expressão supõe, também sugeriu uma possível onda migratória vinda do Oceano Pacífico, através do povoamento progressivo de ilhas até a chegada destes povos na América. Igualmente, esta hipótese também não é corroborada por Neves, que afirma que o povoamento do continente americano foi feito a partir do extremo norte da Ásia, mas com ondas migratórias diversas em períodos de tempos diferentes. Em outras palavras, vários povos, com diferentes fenótipos (aparência física), vieram pelo mesmo caminho, do norte ao sul, mas em épocas diferentes. E deixaram descendentes com estas diversidades de morfologias cranianas. Uma hipótese é que os nativos da etnia aimoré, do grupo macro-jê, chamados pelos portugueses de botocudos, seriam os descendentes diretos desses povos originais, já que sua aparência física é bastante diferente dos outros nativos. Aliás, os botocudos eram assim chamados pelos portugueses por usarem botoques, discos feitos de ossos, como adereços. Eram aguerridos na defesa de suas terras e foram particularmente atacados com violência pelo colonizador português. Os aimorés não eram tupis e diferenciavam-se destes em sua aparência física. Uma possível prova desta dupla onda migratória.

Por si só, essas observações genéticas e morfológicas indicam que a palavra genérica "índio" é um completo contrassenso. E mesmo "nativo" seria uma simplificação grosseira. Qualquer descrição dos povos que viveram no Brasil antes de 1500 deve ser sempre no plural: eram diversos em seus costumes e mesmo em suas feições. Teriam sido igualmente diversos em sua origem genética? Em sua origem de povoamento? O crânio de Luzia indicava que sim. Foi muito importante a contribuição deste fóssil para explicitar esta diversidade e complexidade dos povos nativos do Brasil.

Contudo, estudos recentes de DNA refutaram esta hipótese de dois grupos diferentes. Este estudo foi publicado em 2018 por uma equipe ampla de pesquisadores de vários países. A análise comparada do DNA de vários fósseis humanos de diferentes povoamentos antigos da América, incluindo o Brasil, indicam que uma mesma onda migratória veio do norte ao sul e esta origem seria do mesmo grupo: ou seja, Luzia deixou de ser aborígene e passou a ser uma asiática. Mas como então explicar que a morfologia do crânio dela não é próxima a de um nativo atual? Ou mesmo, como explicar os tão diferentes aimorés? Um estudo genético de 2013 confirmou DNA aborígene em esqueletos aimorés. Como ele foi parar lá? Miscigenação ou contaminação da amostra?

Aqui temos que relacionar dois conceitos: fenótipo e genótipo. O primeiro é a aparência física, aquilo que no pensamento do século XIX se denominava raça e hoje temos que substituir por etnia. Que se caracteriza por um certo grupo de humanos que têm semelhanças físicas: cor de pele e cabelo, olhos, feição do rosto, altura e constituição física. Mas, literalmente, as aparências enganam. No estudo do DNA e das linhagens que acompanham cada grupo étnico os dados gerados são muitas vezes surpreendentes. Povos com aparência física próxima podem ter genótipos muito diferentes, indicando uma linhagem de povoamento diversa. Contrariamente, há também povos com uma linhagem contínua, mas que, por razões ambientais, criaram uma aparência física diferente. Por isso, o termo raça no século XIX era e ainda é tão equivocado e mesmo o termo etnia deve ser entendido mais como um conceito cultural do que rigidamente baseado na aparência física de um povo.

O resumo desta nova identidade de Luzia é esse: ela era de origem asiática tanto quanto os povos nativos atuais do Brasil. Mas sua aparência física era diferente, porque tal mudança de fenótipo acompanha o ser humano no tempo longo da Biologia. Luzia, literalmente, mudou de face:

À esquerda, a nova face mais asiática de Luzia. À direita, a primeira face reconstituída de Luzia, com uma aparência aborígene.

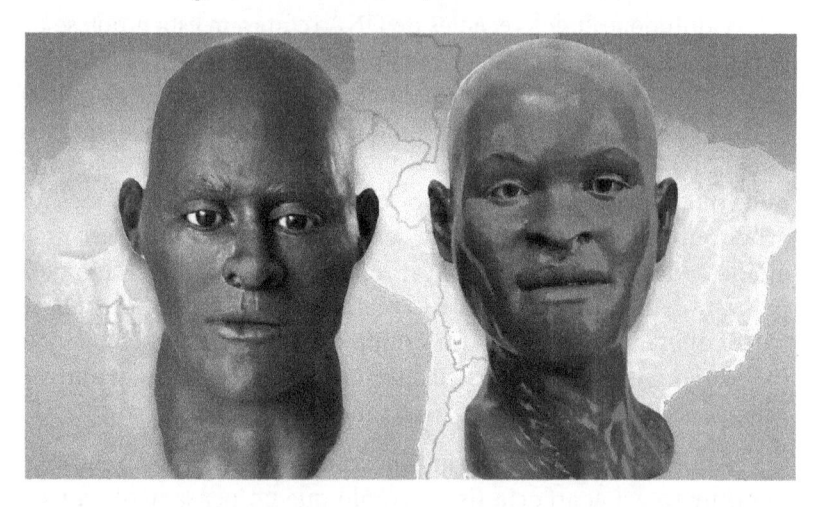

Figura 1.1 – Reconstrução do rosto de Luzia

Fonte: Jornal da USP.

Isso significa que não houve povoamento anterior ao estudado na pesquisa genética? Há outros povoamentos diferentes e ainda mais antigos? Estas perguntas permanecem em aberto. O que se sabe até agora é que um fluxo que veio do Norte e chegou até a América do Sul deixou um genótipo semelhante, mas fenótipos diversos. Em outras palavras, uma mesma origem, com aparências físicas diferentes.

Figura 1.2 – Povoamento da América

Arqueogenética de Lagoa Santa

1. 20 mil anos: diferenciação dos primeiros ameríndios
2. 16 mil anos: diferenciação entre Ancestral A e Ancestral B
3. 15 mil anos: primeira vinda à América do Sul
4. 12 mil anos: chegada da população relacionada a Clóvis na América do Sul
5. 9 mil anos: desaparecimento do povo de Luzia da região de Lagoa Santa

Permanência até o contato com os europeus
Substituição de linhagem
Expansão relacionada ao povo Clóvis
Expansão primária para a América do Sul
Expansão para os Andes Centrais

Arte: Jornal da USP

Fonte: Jornal da USP.

Em se tratando de povoamento da América e do Brasil, a expressão "até agora" deve acompanhar as conclusões: estas são, por isso mesmo, ainda abertas a novas pesquisas. Neste campo, arqueologia e biologia se aliam e é bastante possível que os próximos anos sejam de novas respostas. E de outras tantas perguntas. E porque falamos de Luzia, devemos deixar aqui uma nota trágica: não sabemos como ela morreu, já que seu esqueleto, por ser muito antigo, estava bastante desmembrado e com poucas indicações de seu enterramento. Mas ela quase morreu novamente: seus restos estavam no Museu Nacional do Rio de Janeiro, acometido por um incêndio em 2018, por uma destas coincidências, o mesmo ano em que foi publicado o referido artigo que mudou a origem de Luzia. Felizmente, tais restos foram recuperados. Como se ela se recusasse a ser esquecida. Como se ainda quisesse nos lembrar que os mistérios do povoamento do Brasil ainda estão bem vivos.

Se o estudo do DNA revela alguns mistérios e outros tantos a descobrir, as datas do povoamento da América também podem ser debatidas. De forma geral, desde o início da teoria "Clovis first", essas datas têm recuado. Clovis é uma cidade no estado do Novo México, EUA, onde foram encontradas pontas feitas de pedra. Tais objetos, bastante sofisticados, foram identificados como pertencente a uma cultura, uma forma específica de criar tais objetos, a cultura Clovis e que tem certa identidade em uma linha de povoamento que confirmaria a origem do homem americano: do Norte, a partir da Ásia, até o sul do continente. As datas das ferramentas de Clovis recuam até 13 mil anos. Portanto, qualquer povoamento ao sul da região de Clovis e que tenha mais do que essa data seria, nesta hipótese, impossível.

A descoberta de Luzia em Minas Gerais, com uma datação de 11 mil anos, não seria, nesse contexto, contrária a essa hipótese. Mas quando seu rosto aborígene foi reconstruído, a teoria "Clovis first", já contestada em outros estudos, tomou um duro golpe. Porém, vimos como o rosto de Luzia e sua origem genética mudou de novo e podemos afirmar hoje que o povo de Luzia tinha sim parentesco com o povo de Clovis. Então a hipótese "Clovis first" voltou a ser a aceita? As datas não permitem essa afirmação. A cultura Clovis tem 13 mil anos, mas sabemos que outros povos ainda mais antigos deixaram suas marcas em vários sítios, incluindo alguns mais recuados no tempo na própria América do Norte. Em suma: a teoria do povoamento vindo do Norte ainda permanece, mas não necessariamente o povo de Clovis foi o primeiro a povoar toda a América, e nem sequer é o mais antigo.

E agora temos que introduzir um dos temas mais discutidos na história indígena profunda do Brasil. Até agora...

Vimos algumas datas de povoamento da América. Por volta de 20 mil anos os primeiros homens chegaram via estreito de Bering. Cerca de 15 mil anos, eles atingiram a América do Sul. Luzia teria em torno de 13 mil anos. Tudo mais ou menos se encaixa em uma linha cronológica coerente. Até agora...

No interior do Piauí, existe o Parque Nacional da Serra da Capivara, um patrimônio mundial reconhecido pela Unesco. Lugar de rara beleza, tanto natural, quanto arqueológica, o parque foi criado a partir da luta incansável de uma franco-brasileira, Niède Guidon. Brasileira, com formação em Arqueologia pela Universidade de Sorbonne, na França, ela dedicou sua vida ao estudo das pinturas rupestres e dos fósseis que recolheu e estudou na área. E foi por iniciativa dela e com apoio financeiro em parte da França que foi criado o Museu do Homem Americano, uma pequena joia para a arqueologia brasileira e um exemplo impecável de conservação natural, histórica, turismo e inserção social, já que o museu e o parque atraem visitantes a uma região marcada pela falta de oportunidades econômicas e emprego, inclusive para pesquisadores, para os habitantes locais. Pena que tal lugar seja ainda pouco visitado. Ou pelo menos, não como merece.

Tão surpreendente quanto as pinturas lá encontradas, foram as datas que a pesquisadora Guidon encontrou: ferramentas de pedra com mais de 22 mil anos. Restos de fogueira, com carvões datados em 48 mil anos. Ela mesma tem uma teoria revolucionária: humanos vindo da África por via marítima poderiam ter chegado à América há 100 mil anos.

Inicialmente, os trabalhos de pesquisa de Guidon e sua equipe foram até ridicularizados. Claro, há um certo componente de orgulho nacional nisso: afinal, como uma arqueóloga brasileira chegaria a datas tão antigas se o paradigma era o padrão americano de Clovis first? À medida que esse paradigma era cada vez mais questionado, como vimos há datações mais antigas em vários outros sítios da América e mesmo no território americano, as ideias de Guidon eram levadas cada vez mais a sério. Nesse sentido, a Luzia "original", aborígene (que sabemos recentemente, era menos aborígene do que se pensava), também abriu ainda mais as mentes para possibilidades extremas.

É extrema a teoria de um povoamento humano vindo da África para a América. E mesmo as datas de 48 mil anos, já comprovadas, pertencem a fogueiras, talvez humanas ou naturais. Mas as pinturas com 22 mil anos parecem, sim, terem uma exatidão já bem demonstrada. Portanto, podemos imaginar que o fluxo migratório vindo do Norte seja ainda mais recuado do que pensamos. Luzia, portanto, com seus "meros" 13 mil anos, não seria a "primeira brasileira".

O trabalho de Guidon merece o respeito de todo brasileiro. Independente de suas teorias: pelo simples fato de ter ajudado a preservar uma área tão importante para a arqueologia mundial em um país onde, infelizmente, fósseis chegam a pegar fogo em museus. Ainda falta muito para que as enormes peças deste quebra-cabeça sobre o povoamento da América sejam encaixadas. Talvez nunca sejam completamente. Resta encerrar esta trajetória na história indígena profunda com a expressão que melhor resume o que sabemos de tudo isso: até agora. Até agora sabemos alguma coisa e agora falta ainda muita pesquisa. As belíssimas imagens rupestres do Piauí, a teimosa Luzia que resistiu há 11 mil anos e a um incêndio são apenas o começo. Vamos pensar agora em nomes: seu nome está em tudo, como veremos.

1. 2 A COMPLEXIDADE DAS SOCIEDADES NATIVAS DO BRASIL

O Dia do Índio, comemorado em 19 de abril, foi criado pelo presidente Getúlio Vargas em 1943, após uma proposta de povos indígenas reunidos no México no Congresso Indigenista Interamericano no ano de 1940. No ano de 2022, o Congresso brasileiro alterou o nome oficial da data para **Dia dos Povos Indígenas**.

Menos comum do que há algum tempo, a data era mais lembrada em anos anteriores por alunos do ensino fundamental. Naqueles dias, alguns usavam adereços imitando temas indígenas como cocares de papel, pinturas de guache nas faces ou ainda desenhos em cartolina. Tomado como uma expressão de apropriação cultural por alguns grupos, essa data passou de ser uma comemoração infantil para uma data esquecida e hoje são cada vez menos os colégios que propõem as atividades. Claro que esta é uma simplificação grosseira do que seria uma cultura nativa no Brasil. Aliás, sempre no plural, dada a complexa rede de povos e culturas que aqui viviam.

Pode-se criticar a data como uma simplificação e uma apropriação. Talvez seja discutível se ela devia ser mesmo esquecida como uma apropriação cultural equivocada ou ainda ser lembrada: afinal, para alunos das séries iniciais, poderia ser uma chance única para o tema ser colocado com a seriedade que ele merece. O que não se discute é o pouco espaço que o tema cultura nativa tem na sociedade brasileira de hoje. Ou, de novo, no plural: culturas.

Como vimos, o povoamento da América e agora com o foco no território brasileiro, foi complexo e ainda cheio de lacunas. Qual seria o povo originário do Brasil? Só há uma resposta a essa pergunta: povos. Não há e nunca houve uma unidade cultural nativa da terra brasileira. Mais do que um nome no singular: povo originário, índio, indígena, nativo, errados ou não, o que tais nomes têm em comum é outro erro; dar uma face única a um conjunto de povos e culturas que ocupou diversas partes do território brasileiro e teve deslocamentos complexos que só agora, em parte, os estudiosos tentam entender.

No litoral do Brasil, quando os portugueses aportaram a partir do século XVI, chamou-lhes a atenção uma estrutura de grande porte, formada por milhares de conchas, restos de alimentação e mesmo esqueletos humanos. Os tupis chamaram estas verdadeiras montanhas artificiais, a maior delas tem 30 metros de altura, de *sambaqui*, na verdade uma palavra já aportuguesada do termo em tupi. O que talvez seja um ponto em comum entre portugueses e tupis é o espanto dos dois povos quando se depararam com estas construções. Pois o povo que construiu os sambaquis não são os tupis que habitavam o litoral brasileiro no século XVI. E qual teria sido o povo que fez tais obras? E com qual propósito?

De novo, a melhor resposta é o plural. Estudos genéticos publicados na revista Nature em 2023 indicaram uma grande diversidade de povos a partir dos esqueletos encontrados em vários dos sambaquis do litoral. Ao mesmo tempo, o arco temporal dos sambaquis vai de 10 mil até 1.3 mil anos. Ou seja, uma construção, mas feita por vários povos durante muitos anos. Os tupis quando ocuparam o litoral brasileiro, já viram os sambaquis construídos por povos anteriores a eles. Tomaram o sambaqui como sagrado ou intocável e não ocuparam aqueles lugares. É até provável que a ocupação tupi tenha aculturado os povos que construíram os sambaquis.

Esta talvez seja a primeira pista para nossa trajetória do estudo dos povos nativos do Brasil: os nativos que os portugueses encontraram aqui não eram os únicos e não eram os primeiros a ocupar as terras. Portanto, a palavra povo originário só pode ser mesmo entendida no plural.

Havia um grupo indígena dominante na região do Brasil quando da chegada dos portugueses? Apesar da grande diversidade, podemos afirmar que havia uma etnia dominante na enorme área do litoral brasileiro: os tupis. Originários da Amazônia Central, a partir de uma expansão gradativa, chegaram até a foz do rio Amazonas e de lá, ocuparam todo o litoral brasileiro. Nesse processo de expansão, que durou milênios, transformaram o meio ambiente. Existem teorias que indicam que a própria floresta amazônica, hoje vista como o exemplo maior de algo "natural" e intocado pelo ser humano, foi na verdade uma construção feita pela ocupação humana. Outra mudança nos paradigmas da visão pré-Cabral do Brasil é a de que essa mesma Amazônia nunca teve densidade populacional. Há indícios crescentes de que havia naquela região verdadeiras cidades, com populações provavelmente maiores das que viviam em cidades europeias da mesma época. Mais uma vez, futuras pesquisas sobre o tema ainda trarão novidades para os próximos anos.

Os tupis chegaram no litoral e encontraram outros povos. Não sabemos como deve ter sido a interação entre eles, mas muito provavelmente não foi apenas pacífica. Os tupis construíram uma cultura guerreira e a guerra ritual era parte intrínseca de sua organização social. É altamente provável que os povos anteriores a eles que ocuparam o litoral, os mesmos povos dos sambaquis, tenham sido derrotados ou aculturados por eles.

Com uma expansão territorial imensa, mais de 6 mil quilômetros da foz do Amazonas até o Rio Grande do Sul, esta população acabou se separando em grupos distintos, com costumes diferentes e mesmo línguas diversas. Pense no tão famoso Império Romano que igualmente se expandiu por milhares de quilômetros durante séculos. Nessa expansão, o latim original acabou por se misturar com línguas locais ou divergir a partir de um núcleo comum, dando origem a várias línguas, entre elas, o português. Pense no povo tupi e em sua língua como um processo tão complexo e sofisticado quanto. Ou muito provavelmente, ainda maior.

É por isso que a palavra tupi tem uma origem definida: um herói mítico do qual descenderiam todos os outros desta etnia e deste tronco linguístico. Uma espécie de Adão original, cuja linhagem patriarcal determina as relações sociais e de liderança da etnia tupi. A partir de um núcleo original, as línguas tupis se diferenciaram até alcançar centenas de outras línguas e dialetos. Curiosamente, o tupi antigo não é mais falado atualmente, mas foi a língua mais estudada pelos portugueses, particularmente os jesuítas. Com seu avançado conhecimento linguístico, os jesuítas perceberam que as diversas línguas faladas no litoral por diversos povos tinham uma base comum. Algo como alguém reconhecer o latim no português, no espanhol, no italiano e no francês. E por isso mesmo, criaram as primeiras gramáticas naquilo que chamariam de língua geral. É desta língua, uma espécie de núcleo da língua tupi que já era bastante diversa na época da ocupação portuguesa, que a maioria dos nomes indígenas brasileiros deriva. Podemos dizer que essa língua é uma das fontes mais sólidas da cultura e da identidade brasileiras. No dizer do professor da USP, Eduardo Navarro, especialista em tupi antigo: "É a língua indígena clássica do Brasil e a que teve mais importância na construção espiritual e cultural do país". Muito significativo que ele use a expressão construção espiritual do país. De fato, veremos que muitos dos nossos mitos e da nossa identidade têm raízes profundas em visões de mundo expressas na língua tupi.

Em sua expansão pelo litoral, os tupis deram origem a várias tribos, muitas delas demonstram sua origem tupi pelos nomes. De forma aproximada, do norte ao sul do litoral brasileiro, mas não de forma contínua como temos em Estados Nacionais modernos, com fronteiras definidas, temos: 1 - **tupinambás**, originalmente os que habitavam a foz do Amazonas e posteriormente, ao sul, ocuparam a região da foz do Rio São Francisco até a atual Salvador. Foi esta tribo que entrou em contato com a expedição de Cabral em 1500. 2 - **potiguar**, habitavam desde a região do Ceará até a atual João Pessoa. Esse nome tem origem tupi e significa "comedor de camarão". Por conta desta denominação, um de seus líderes, quando batizado, usou o nome Filipe Camarão e foi um importante líder militar tupi aliado dos portugueses contra os holandeses na batalha dos Guararapes em Pernambuco no século XVII. Também potiguar era o nome da tribo que era inimiga dos tabajaras da personagem Iracema do romance de José de Alencar. Potiguar é o gentílico de quem nasce no estado do Rio Grande do Norte. 3 - **tabajara**, habitavam entre a atual Recife e a foz do rio Paraíba. Interessante notar que a palavra tem origem tupi e significa "inimigos", o que muito provavelmente indica que outros grupos indígenas devem ter assim denominado essa tribo tupi. 4 - **caetés**, da região do Recife atual até o rio São Francisco. 5 - **tupiniquins**, que habitaram duas regiões do Brasil, o sul da Bahia e o litoral de São Paulo, desde Cananéia, importante ponto de colonização portuguesa que veremos posteriormente até a região de Bertioga, onde se deparavam com os 6 - **tamoios**, grupo que habitava a região da baía de Guanabara e que entraram em contato com os franceses quando da fundação do Rio de Janeiro. 7 - **carijós**, tupis da costa sul do Brasil, habitando desde o sul do litoral de São Paulo até o Rio Grande do Sul. Estes últimos são importantes, pois representam uma divisão maior entre a etnia Tupi. Em parte, havia uma fronteira entre estes dois grupos: o rio Tietê. Ao Sul, os carijós formaram uma rede específica de parentesco entre os clãs e certa cerâmica, agricultura e derivação linguística própria; essa língua foi chamada de **guarani**, palavra que significa guerreiro. Os Guaranis também ocuparam áreas no interior, principalmente na ampla bacia platina e, portanto, foram a etnia mais representativa em países de colonização espanhola, como o Uruguai e o Paraguai. É comum usar o termo tupi-guarani para designar a todos os nativos do litoral, embora na prática, exista uma divisão linguística e cultural entre eles, apesar de sua origem comum.

Todos esses grupos tupis eram iguais em seus costumes e comportamentos por terem uma origem comum? Os tabajaras, como nos conta José de Alencar, foram aliados dos portugueses, enquanto os potiguares, inimigos. Imaginar que sendo tupis de origem seriam sempre aliados é mais ou menos como imaginar que Portugal e Espanha seriam obrigatoriamente aliados entre si só por terem o latim como língua ancestral comum. Os carijós foram chamados pelos portugueses de "o melhor gentio da costa", por serem mais pacíficos e receptivos à catequese. Os tamoios aliaram-se aos franceses e lutaram contra os tupinambás, estes aliados dos portugueses. Estudar essas tribos e suas relações entre si e entre os colonizadores tem uma complexidade igual à de um estudo geopolítico entre Estados modernos. Não à toa, os jesuítas, com seu conhecimento linguístico amplo, eram tão importantes no início da colonização. Foram verdadeiros diplomatas na delicada geopolítica das tribos tupis do litoral.

O tupi antigo é hoje uma língua exclusiva da gramática, embora esteja sendo estudada e usada como forma de formação de professores indígenas. Mas a língua tupi com modificações, o chamado tupi moderno, continua até hoje. Também chamada de nheengatu, é uma língua com raízes no século XIX, a partir da migração forçada dos povos indígenas remanescentes para a região Amazônica. Cruel ironia: foi daquela região que vieram os tupis e para lá seus descendentes voltam, fugindo do processo colonizador. Nessa trajetória, perderam sua língua antiga e suas terras.

Só havia povos tupis no litoral brasileiro? Com certeza não. Devemos examinar, ainda que brevemente, os outros povos que também ocuparam aquelas terras e o interior.

Durante os anos da ocupação holandesa em parte do Nordeste brasileiro, tendo como capital a atual cidade do Recife, o governador local, Maurício de Nassau, homem culto e curioso, trouxe dois importantes pintores. Um deles, Albert Eckhout, especializou-se em imagens de povos nativos e da natureza tropical, para ele, imagens surpreendentes. Mais à frente, iremos descrever em detalhes a presença holandesa, e falaremos destes pintores, mas agora vamos nos deter na imagem que um deles criou de um nativo da região:

Figura 1.3 – Homem Tapuia – por Albert Eckhout

Fonte: National Museum of Denmark

O nome do quadro é ***Homem Tapuia*** e está hoje no Museu Nacional da Dinamarca, para onde Nassau doou boa parte da coleção que ele tinha encomendado aqui. O quadro é de 1641 e retrata um nativo tapuia. Todo ele transpira força, ainda mais quando percebemos que ele está fortemente armado: zarabatana, flechas e uma temível borduna, um porrete pesado feito de madeira maciça que poderia causar danos mortais no oponente quando em luta direta. O olhar do homem é intenso, quase ameaçador, e tal imagem de força e agressividade é reforçada pela presença de uma serpente, uma jiboia, aos pés do nativo. Uma perfeita metáfora da "selvageria".

Seria então a etnia tapuia um grupo de nativos agressivos e violentos? Verdadeiros selvagens? Como dissemos no início do capítulo, as palavras enganam.

Tapuia é um termo tupi para "inimigo". Ou seja, os tupis, senhores quase únicos do litoral, encaravam outros grupos que não falavam sua língua com esse termo genérico: o *outro*, o *inimigo*. Não que todos os tupis, por compartilharem mesma filiação linguística, fossem sempre aliados, como aliás já vimos antes. Mas aqueles que habitavam, ou melhor, **disputavam** suas terras no litoral eram particularmente seus inimigos declarados: eram todos **tapuia**.

Como podemos por isso sermos enganados? Quando os colonizadores chegaram, encontraram tupis de várias tribos, alguns aliados dos portugueses, outros dos franceses, outros ainda inimigos de ambos. Mas quando o colonizador pedia informação aos tupis sobre quem era algum grupo particularmente seu opositor, recebia a denominação tapuia. O pintor holandês que chegou aqui no século XVII já tinha tido contato com tupis no litoral, este mais ou menos aculturados e aliados dos holandeses, anteriormente também dos portugueses. Quando Eckhout viu um nativo tapuia, sem nenhum traço de aculturação ou aliança com os colonizadores do litoral, deve ter ficado particularmente chocado: seu nativo tapuia não é um retrato etnográfico perfeito e científico. É antes uma visão subjetiva de um certo olhar, em uma determinada época na qual as culturas nativas brasileiras passavam por aceleradas transformações. Que como sabemos, foi trágica para ambos, tupis e tapuias.

Eram tapuias, ou seja, inimigos dos tupis, pelo menos dois grandes e importantes grupos do litoral: um deles, já comentamos no momento do povoamento da América. A etnia aimoré, também chamada de botocudos, pelo uso de grandes discos como adereços, os botoques, como vimos é supostamente uma herança de outro povoamento da América (talvez aborígene ou apenas variante da migração asiática?) O que sabemos é que habitavam entre o sul da Bahia e o atual estado do Espírito Santo. Ficaram famosos por serem guerreiros e resistentes ao extremo ao processo de aculturação colonizadora. E mantiveram essa resistência quase heroica até meados do século XX, quando foram finalmente derrotados. O governador geral do Brasil, Mem de Sá, do qual também falaremos adiante, travou guerras intensas com os aimorés, com o auxílio de tupinambás, tupis aliados dos portugueses. Durante pelo menos dois séculos, entre o XVI e o XVII, as capitanias de Ilhéus, Porto Seguro e Espírito Santo foram atacadas (ou na verdade, teriam sido defendidas pelo ponto de vista deles?) até serem literalmente, falidas. Os engenhos de açúcar eram queimados e os povoamentos, destruídos.

Pela localização geográfica dos aimorés e pelo fato do nativo pintado por Albert Eckhout não ter os famosos botoques no rosto, este nativo "tapuia" não era um aimoré. Mas com certeza, o nome genérico "inimigo" em tupi estava na cabeça do pintor ao ouvir as histórias de quão temíveis podiam ser os nativos tapuia.

Havia outros tapuias? Sim. E um grupo deles também se destaca. E principalmente, pelo modo como foram derrotados.

No estado do Rio de Janeiro, há uma cidade litorânea chamada Campos de Goytacases, sede de importantes plataformas de petróleo. O nome da cidade advém desta etnia que habitava principalmente a região da foz do rio Paraíba do Sul e que se destacou por serem bastante avessos ao colonizador português. A região foi ocupada pela capitania hereditária de São Tomé, com a qual os goitacases realizavam trocas comerciais, mas sempre a distância: deixavam alguns produtos da mata em um lugar e recolhiam os produtos que queriam dos colonizadores. A comunicação era feita por gestos porque não falavam o tupi, a língua geral do litoral.

Suas habitações se destacam dos demais nativos: viviam em palafitas no mangue do rio e um dado espanta em suas habilidades. Mergulhavam na água do mar perto da foz do rio Paraíba e usando um pedaço de pau, conseguiam travar a boca de tubarões, matando-os. Usavam os dentes do animal como adereços, o que certamente lhes dava uma impressão temível ao colonizador português. É pouco provável que realizassem essa façanha para comer, já que tinham outras fontes de alimento mais acessíveis. Muito provavelmente, era uma tarefa ritualística, para demonstrar a coragem do guerreiro.

Como eram excelentes guerreiros e viviam em uma região de acesso muito difícil, cheia de meandros de mangues e pantanosa, além das doenças tropicais para os quais eram adaptados, mas os portugueses, não, foram adversários do processo de colonização. Outros indígenas eram seus inimigos também, os tupis da região, tupinambás, e inclusive os próprios aimorés, estes como vimos, também inimigos dos portugueses. De novo, podemos usar com uma certa licença poética o termo *geopolítica* para esses sofisticados arranjos de alianças, inimizades, trocas comerciais, diferenças culturais e, principalmente, de disputas por território.

E já que usamos um termo moderno do século XIX, geopolítica, para tornar em metáfora aquelas disputas intensas, podemos também usar outro termo: guerra biológica. Após anos de insucessos e derrotas, inclusive dos próprios nativos aliados dos portugueses, e até mesmo o abandono do donatário que recebeu a capitania de São Tomé, os colonizadores tiveram uma ideia. Como os goitacases realizaram pequenas trocas a distância com seus opositores, os portugueses colocaram peças de roupa contaminadas por varíola. Naquele momento, não havia conhecimento avançado de virologia, nem sequer se conceituava vírus, mas sabia-se por experiência que a doença era contagiosa. A varíola, aliás, foi uma das maiores destruidoras de populações nativas em toda a América, incluindo o poderoso império Asteca. Os goitacases foram praticamente exterminados por uma ação deliberada de guerra biológica. Os poucos que conseguiram sobreviver, adentraram nos mangues em direção ao interior, até perecerem, seja pela doença ou pelas outras etnias.

A memória dos bravos goitacases foi imortalizada por José de Alencar em seu romance do século XIX, *O Guarani*. O personagem, Peri, é um nativo desse grupo, apaixonado por uma nobre portuguesa, Cecília, apelidada de Ceci. O casal Peri e Ceci, típicos do Romantismo, tinham um amor proibido por serem de povos e culturas diferentes. Um belo romance, mas com diferenças significativas da realidade: um casal como aquele jamais teria ocorrido entre o colonizador português e os guerreiros goitacases. Peri, sendo um goiatacás, não seria claro um guarani... ele não falava tupi, mas outra língua. É esta a língua dos "tapuias". O outro grande grupo linguístico do Brasil antes de 1500. O chamado Macro-Jê.

É comum na escola aprender que nossa língua, o português, deriva do latim. Como o francês, o espanhol e o italiano, as principais, entre outras. Mas sabemos que há também o que chamamos de línguas germânicas, como o alemão, o holandês e o inglês. Essa divisão é apenas parte da complexidade linguística da Europa, que também tem outras famílias de línguas, algumas muito antigas, como o grego.

Pense que no Brasil havia a mesma complexidade e as mesmas divisões. Como vimos, o tupi e suas tribos e divisões linguísticas, algumas maiores, outras confinadas a regiões mais específicas. Mas a maior família linguística não-tupi era a Macro-Jê. Línguas como o Jê, o bororo, o botocudo (a língua dos aymorés), xavante e outras. Alguns grupos jês habitaram o litoral como vimos. Mas a maioria deles habitava o interior, provavelmente expulsos pelos tupis.

A linhagem linguística jê (ou macro-jê, quando se quer construir o conceito de uma grande família linguística da qual derivam várias outras) ainda está em estudo. Isso ocorre porque o tupi foi a língua com a qual o colonizador teve contato intenso. Os jesuítas decodificaram esta língua, escreveram gramáticas pormenorizadas sobre ela. Já os pouco nativos jê do litoral tiveram destinos mais avessos ao colonizador, como vimos, os aymorés e os goitacases. Os outros nativos do interior, majoritariamente de línguas jê, tiveram menos contato com o colonizador. E quando o fizeram, muitos já estavam em processo de expulsão de suas terras. Ou mesmo, simples e direto extermínio, seja pelo ataque direto dos colonizadores ou pelas doenças, como vimos. Ainda há outras línguas, não pertencentes ao grupo macro-jê, nem ao tupi. Provavelmente, tais línguas como a yanomami, tukano, tikuna, aruaque, entre outras, devem ter origem longínqua no tempo, fruto de povoamentos muito anteriores ainda à expansão tupi pelo litoral. Quem não pode atestar que Luzia, nossa "primeira brasileira" não teria falado alguma dessas línguas?

1.3 Culturas e Cosmologias
nativas: herança permanente

O quadro mais valorizado no mercado de artes feito no Brasil, pelo menos até agora, é o muito comentado **Abaporu**, de Tarsila do Amaral, criado em 1928. Sua imagem é recorrente quando se quer descrever o intenso movimento modernista das primeiras décadas do XX.

Figura 1.4 – Quadro Abaporu, por Tarsila do Amaral

Fonte: Fundación MALBA – Museu de Arte Latinoamericana de Buenos Aires

O que alguns talvez não saibam é que o nome do quadro é uma palavra tupi que significa o homem que come gente (aba=homem / porá =gente / u=comer). Em outras palavras, um elogio à antropofagia. Essa é só uma das heranças indígenas na cultura brasileira, entre tantas. Aliás, nesse caso do quadro e dos inquietos modernistas, provocativa.

O Movimento Antropofágico iniciado em 1928 na esteira da Semana de Arte Moderna desejava criar uma arte nacional, a partir da "deglutição" da cultura europeia e americana, mas com a incorporação consciente de nossas raízes culturais. O manifesto antropofágico ironizava o calendário, dizendo que 1928 era o "ano 374 da deglutição do Bispo Sardinha". O que muitos devem achar engraçado a feliz coincidência de nome, já que Pedro Fernandes Sardinha, teólogo formado em Paris, professor da prestigiosa Universidade de Coimbra, foi o primeiro bispo brasileiro, na cidade de Salvador. Em conflito com o governador geral do Brasil, voltou a Portugal, quando seu navio naufragou na costa de Alagoas. Ele e os outros navegantes foram devorados por nativos caetés. No caso, literalmente, Sardinha foi comido.

Não podemos deixar de assinalar a importância mental da antropofagia nas observações sempre espantadas dos viajantes estrangeiros no Brasil Colonial. Ao mesmo tempo, não podemos deixar de notar que um piadista convicto como Oswald de Andrade usou esta história não muito feliz para o primeiro bispo brasileiro como ponto de início de uma proposta cultural. Não foi o primeiro intelectual a buscar na cultura nativa inspiração para a identidade brasileira. Não será, com certeza, e assim esperamos, o último.

O que chamamos de cultura indígena do Brasil já merece uma correção de nome: não há uma cultura indígena, mas culturas. Dada a complexidade e diversidade dos povos que aqui viviam, chamar esta rede de modos de viver e entender o mundo como uma cultura única e imutável é claramente uma simplificação bastante grosseira. Podemos afirmar que a "cultura indígena" brasileira é uma árvore com uma raiz poderosa, fincada na história humana mais antiga desta terra, mas com galhos e mais galhos tocando cada aspecto de nossa sociedade e de nosso modo de pensar e ser. Até hoje. E não só nas artes ou nos provocativos modernistas.

Tomemos algo muito concreto: a localização de nossas cidades. Muitos acreditam que a maioria de nossas maiores cidades litorâneas foram criadas a partir dos interesses dos navegadores portugueses. O que tem uma enorme parte de verdade. Mas a foz dos rios onde várias dessas cidades foram criadas pelo colonizador, eram na verdade regiões habitadas por nativos. Por outro lado, muitas das cidades do interior foram criadas nos séculos da mineração pelos sempre polêmicos bandeirantes. Ou então, pelos jesuítas, que queriam catequizar os indígenas. Ambos os colonizadores, jesuítas e bandeirantes, usaram caminhos criados pelos indígenas brasileiros, muitos deles em rotas predeterminadas por rios ou trilhas abertas na mata. O mais mítico desses caminhos é o caminho do Peabiru.

O leitor já se perguntou por que certas cidades foram criadas especificamente em alguns lugares? No caso do litoral, baías são proteções naturais contra possíveis ataques de corsários, já que a gigantesca costa brasileira era quase impossível de ser protegida em toda sua extensão por Portugal. Cidades como Rio de Janeiro ou Salvador seguem essa lógica da proteção. Porém, São Vicente, Cananéia, no extremo litoral sul do estado de São Paulo, e Florianópolis, apesar de portos bem protegidos, têm outra lógica em sua fundação. Eram os pontos finais do caminho do Peabiru, que cortava boa parte da América do Sul, ligando Cusco, no Peru, então capital do imenso Império Inca (não à toa, era chamada pelos incas como o "umbigo do mundo") a pontos do litoral brasileiro citados acima. No meio deste caminho que misturava trilhas de grama batida, trechos de rios e até mesmo calçamento de pedra (alguns trechos ainda são encontrados em regiões do interior do Brasil, em estados como Paraná e Mato Grosso do Sul), havia paradas estratégicas, aldeamentos indígenas nos quais os viajantes podiam descansar e, com certeza, trocar mercadorias e informações. O Império Inca tinha uma economia complexa e com trocas sofisticadas, o que demandava produtos dos tupis-guaranis do interior e do litoral brasileiro (no caso, mais especificamente a etnia guarani, que habitava boa parte da bacia platina, cruzada por rotas do Peabiru). Os portugueses que chegaram à costa do Brasil, rapidamente ficaram sabendo que essas rotas podiam levar ao rico Império Inca, que já sabiam, tinha grandes quantidades de ouro e prata. O conhecimento dessas trilhas literalmente, valia ouro.

É aqui que persiste uma das heranças indígenas mais permanentes e pouco exploradas: a localização de muitas cidades do interior do Brasil segue uma lógica intrínseca do Peabiru. Sabemos que os bandeirantes foram os principais exploradores do interior. Bem como que seus objetivos eram o ouro, a prata, pedras preciosas e, claro, indígenas como cativos para os engenhos do litoral. Igualmente, temos conhecimento que os jesuítas, inimigos dos bandeirantes, queriam catequizar esses indígenas, embora não possamos descartar objetivos econômicos na tarefa. Onde encontrar povoamentos tupis-guaranis? Onde encontrar uma verdadeira rota do ouro? Claro, seguindo o Peabiru. A cidade de São Paulo conectava-se com São Vicente por um trecho final desse caminho. A subida da serra do mar feita pelos jesuítas não foi uma descoberta, mas a exploração de um caminho já conhecido. Provavelmente, há milênios. Existe a possibilidade da origem do Peabiru ser a rota da megafauna extinta, lugar de caçadas na nossa "história indígena profunda".

Herança magnífica e estranhamente pouco conhecida da cultura nativa brasileira, a *criação* de cidades por bandeirantes e jesuítas no interior do Brasil, sendo a mais evidente delas, São Paulo, entre tantas, é uma *recriação* na verdade. As rotas já estavam lá e foram apenas usadas por outros povos, no caso, os europeus. Algumas avenidas em cidades do Brasil ERAM o caminho do Peabiru. Do centro de São Paulo, do Pátio de Colégio, onde a cidade foi (re)fundada, partia o caminho que baixava até o rio Pinheiros, passando por vias atuais como o Vale do Anhangabaú, avenidas Rebouças e Consolação, chegando até cidades fundadas por bandeirantes como Santana do Parnaíba, Pirapora do Bom Jesus, Itu, Salto, Sorocaba e desta cidade, ramos que iam até o norte do Paraná, utilizando rios até chegar à bacia platina, em cidades como Foz do Iguaçu e Assunção, no Paraguai. Ou mais ao norte, cruzando territórios dos estados do Mato Grosso e Mato Grosso do Sul, passando por cidades fundadas por bandeirantes paulistas como Cuiabá. Esta última já próxima da fronteira da atual Bolívia e adentrando território incaico. Várias delas, na verdade, *refundações* de paradas do Peabiru. Hoje, rotas comerciais importantes na economia brasileira, ligando áreas industriais e poderosos centros do agronegócio do interior até o porto de Santos, estradas que movimentam milhares de carros e caminhões por ano e milhões em riquezas, são reconstruções modernas de uma antiga rota comercial e mítica que um dia ligou povos em toda a América do Sul. Os motoristas das estradas atuais talvez nem saibam que estão atravessando os mesmos pontos em que um dia, há não muito tempo, tupis-guaranis e incas poderiam sentar e conversar sobre seus mitos fundadores, à luz das constelações brilhantes no céu.

> Terminada a função a companheira de Macunaíma toda enfeitada ainda, tirou do colar uma muiraquitã famosa, deu-a pro companheiro e subiu pro céu por um cipó. É lá que Ci vive agora nos trinques passeando, liberta das formigas, toda enfeitada ainda, toda enfeitada de luz, virada numa estrela. É a Beta do Centauro. No outro dia quando Macunaíma foi visitar o túmulo do filho viu que nascera do corpo uma plantinha. Trataram dela com muito cuidado e foi o guaraná. Com as frutinhas piladas dessa planta é que a gente cura muita doença e se refresca durante os calorões de Vei, a Sol. (Mário de Andrade, 1928)

Neste trecho da obra Macunaíma, de Mário de Andrade, publicada em 1928 e escrita na cidade de São Paulo, um dos pontos centrais do mítico Peabiru como vimos, é descrita com lirismo a morte de Ci, um dos amores do herói personagem do livro. Ela transformou-se em Beta Centauro, uma das estrelas mais brilhantes do hemisfério sul, muito provavelmente estrela-guia nas viagens terrestres e fluviais dos povos nativos. Por outro lado, Mário de Andrade, um estudioso com afinco das lendas indígenas, recria a seu modo a lenda do guaraná: um casal indígena pediu ao deus Tupã um filho, e sua prece foi atendida. Porém, Jurupari, deus da noite e da escuridão, com inveja da felicidade desta família, transformou-se em uma serpente e picou o menino, matando-o. O choro da mãe foi ecoado pelos trovões de Tupã e ela plantou os olhos do menino, nascendo daí a planta do guaraná, cujos frutos evocam olhos humanos e são fontes de felicidade para quem lhes extrai o sabor.

Tais belas e densas histórias (e por que não são contadas tanto quanto as da mitologia grega, mundialmente conhecidas?) são apenas um pequeno pedaço da cosmogonia nativa brasileira, histórias de homens e deuses e sua conexão, criando um profundo sentido de pertencimento e de destino. Poucas conhecidas infelizmente, foram e sempre serão fontes para artistas de todos os tempos que, com sensibilidade como a de Mário de Andrade, souberam trazê-las para o leitor contemporâneo. Poderíamos contar outras, tão belas quanto. E convido o leitor para se aprofundar no tema. Apenas ressaltando que o folclore brasileiro é multicultural: mas tem na raiz indígena sua fonte mais poderosa.

Talvez seja quase uma definição de brasileiro conhecer o Curupira: o "pele de sarna" (seu significado em tupi) é um menino, de pés ao contrário para enganar os caçadores, protetor dos animais e da floresta, com seus cabelos de fogo e assobios humanos, que faz o nativo perder-se na floresta. Chamado erradamente de demônio pelos jesuítas, é mais uma entidade de panteão mitológico indígena que durante os séculos foi se transformando e absorvendo outras interpretações, vindas de novos habitantes do Brasil. O curupira protege a floresta. E é lá que estão os tesouros que os nativos sabiam muito bem usar e preservar.

A lenda do guaraná é bela. Igualmente é belo o fruto daquela planta. Seu sabor é mundialmente conhecido e exportado. E sabemos que ele é um estimulante, com uma ação próxima à da cafeína. É só mais um exemplo do conhecimento profundo que os nativos do Brasil tinham e têm, das riquezas naturais.

Povos que viveram séculos dependendo do meio ambiente, acumularam conhecimentos específicos sobre plantas, minerais e animais. Esses conhecimentos não são, como muitos poderiam pensar, "mágicos". São técnicas sofisticadas e comprovadas por usos práticos, embora tais conhecimentos estejam em profunda conexão com o modo de vida indígena e sua cosmogonia.

Podemos, portanto, falar em uma economia indígena brasileira. Já vimos que havia trocas entre guaranis e incas. Hoje, novos estudos permitem encerrar de uma vez por todas com a visão de uma "economia de subsistência" entre os nativos. Mesmo o termo "caçadores e coletores" pode ser relativizado, porque daria certa sensação de vida precária, dependente dos humores da natureza. Na verdade, o olhar seletivo do caçador coletor sabe identificar alimento e remédio em toda parte. Não podemos romantizar a vida indígena como uma vida bucólica, em contato com uma natureza agradável e amena. Animais selvagens e venenosos, rios perigosos e, claro, outras tribos muitas vezes dispostas à guerra. A vida do nativo não era uma vida idealizada. Mas, quando comparada com a de um europeu do século XVI, na época da chegada do colonizador, muito provavelmente teria mais alimento e menos doença, pela abundância de recursos e pelo conhecimento de como utilizá-los e, principalmente, pela estrutura social.

Rousseau criou certa fantasia de nativos vivendo em harmonia plena, sem desigualdade social. Esta ideia, "o mito do bom selvagem", ironizada por Voltaire, ainda hoje dá base a certas visões ideológicas de certo passado mítico perfeito. Não apenas na ideologia política, mas na arte, na literatura em particular, o Romantismo do século XIX idealizou a vida indígena. Ao menos, sabe-se que era por motivos estéticos. Porém, pode-se dizer, a partir de sólidos estudos antropológicos, que a vida entre os nativos tinha menos desigualdade do que qualquer sociedade europeia do período. E na produção de riqueza, alimentos, cerâmica, moradia e a divisão da caça, havia uma sólida concepção sobre o trabalho: produz-se o que é indispensável, com acúmulo de excedentes quando necessário para períodos de guerra, mas sem que uma camada da sociedade acumule demais em detrimento de outra. Conforme cita Jorge Caldeira (2017): "o esforço econômico se voltava para a eficiência máxima da distribuição, a igualdade social – em vez de ampliar a produção acumulada numa sociedade dividida".

Qual a produção da economia tupi? Alimentos em particular: uma agricultura da mandioca e todos os seus subprodutos, como a farinha. A transformação da mandioca em farinha gerava um produto que podia ser estocado em épocas mais difíceis. E igualmente, transportado. De novo, estamos longe do conceito de uma economia de subsistência como um modo de vida à beira da miséria. A mandioca é hoje um dos alimentos mais importantes do mundo, pois foi espalhado pelos colonizadores portugueses em suas colônias na África, tornando-se por lá um produto energético barato e robusto. Sem dúvida, constitui uma das heranças mais importantes da economia tupi para o Brasil atual e para outros países, particularmente os mais pobres. Foi tão importante, que até o sistema de votação de nossa primeira Constituição do Império era baseado na posse de mandioca, como veremos em outro volume.

Outro alimento importante foi o milho, nativo da América e que transformaria a economia mundial. E a palavra pipoca veio do tupi, querendo dizer "pele (no caso da semente) rebentada".

Não podemos esquecer o algodão (planta não exclusivamente nativa da América já que era utilizada em outros continentes e por outros povos), que também tinha algumas espécies cultivadas pelos tupis que as usavam para fabricar tecidos, incluindo a tão famosa rede de dormir, que hoje adorna tantos lares brasileiros. A tecelagem era um trabalho feminino. Existia uma clara divisão de tarefas na tribo, cabendo às mulheres tarefas como tecer, cerâmica e produção de farinha e aos homens, a caça e a pesca.

Finalmente, o tabaco, esse sim, outro cultivo nativo da América, era utilizado. Embora estejamos vivendo um uma época antitabagismo, o tabaco era sagrado pelos nativos do Brasil, utilizado em rituais. Era fumado ou mascado e sua importância comercial foi enorme, sendo que foi um dos maiores produtos de exportação do Brasil Império: em cada lado do brasão imperial da bandeira, havia um ramo do tão famoso café e do outro lado, um ramo de tabaco. Ainda hoje, o Brasil é o maior exportador mundial de tabaco.

Os tupis não criaram animais de corte. A caça era tão abundante que se tornava desnecessário tal hábito. Tinham animais como companheiros, o nosso conceito atual de "pet": principalmente aves, como papagaios e araras. O antigo hábito, hoje regulamentado, de criar papagaios como animais de estimação é tipicamente indígena e passou como uma tradição entre as famílias do interior, particularmente no Nordeste. Sem cavalo, boi ou galinhas, ou outros animais como ovinos, os nativos brasileiros tinham um sistema imunológico menos fortalecido: a Biologia sabe que o contato com animais domesticados gera transmissão de vírus desses animais aos humanos, o que leva a criação de anticorpos para várias doenças. Infelizmente, a presença do colonizador com uma poderosa carga viral desconhecida dos nativos foi fatal, como veremos adiante. Na Carta da Pero Vaz de Caminha de 1500 há um trecho sobre este contato:

> Mostraram-lhes um papagaio pardo que o Capitão traz consigo; tomaram-no logo na mão e acenaram para a terra, como quem diz que os havia ali. Mostraram-lhes um carneiro: não fizeram caso. Mostraram-lhes uma galinha, quase tiveram medo dela: não lhe queriam pôr a mão; e depois a tomaram como que espantados.

Em outro trecho, Caminha faz uma observação sobre a produção agropecuária nativa:

> Eles não lavram, nem criam. Não há aqui boi, nem vaca, nem cabra, nem ovelha, nem galinha, nem qualquer outra alimária, que costumada seja ao viver dos homens. Nem comem senão desse inhame, que aqui há muito, e dessa semente e frutos, que a terra e as árvores de si lançam. E com isto andam tais e tão rijos e tão nédios, que o não somos nós tanto, com quanto trigo e legumes comemos.

Inhame aqui é a mandioca, que era, sim, cultivada em roças pelos nativos. Os frutos que Caminha aponta é a enorme riqueza biológica que a floresta dava aos nativos e que eles conheciam não só como alimento, mas como remédio. E a ausência de animais de criação é facilmente explicada pela presença da caça e da pesca em grande quantidade.

O colonizador observa, com espanto, que, **aparentemente sem trabalho,** os nativos tinham corpos saudáveis e não aparentavam fome ou necessidade. Essa concepção de ausência de trabalho associada a uma economia baseada na suposta subsistência é uma observação errada de um europeu literalmente recém-chegado ao Brasil. Não precisamos continuar cometendo o mesmo erro de interpretação. Nas sociedades tupis, o trabalho existia em uma economia de produção de excedentes baseada na riqueza da terra, e a presença de corpos saudáveis era apenas a constatação de que esta riqueza era distribuída na tribo. Aliás, distribuir riqueza continua a ser, mais de 500 anos depois, ainda o desafio do Brasil.

> É o prisioneiro (cuja alegria aumenta à proporção que se aceleram os preparativos fúnebres) conduzido à praça pública, todo manietado e garroteado com as cordas de algodão. Acompanham-no dez ou doze mil selvagens da região, seus inimigos. Lá chegando, concluídas várias cerimônias, abatem-no os índios, tal qual se o prisioneiro fosse um porco. E logo o corpo do executado fica reduzido a postas, tendo-se o cuidado de aparar o sangue e com ele banhar os meninos, a fim de torná-los, como dizem, bravios (...)
>
> Finalmente, o corpo, assim reduzido a pedaços e assado à moda indígena, passa a ser distribuído por todos, ficando cada um com o seu quinhão, qualquer que seja o número dos presentes. É verdade que as estranhas são comumente comidas pelas mulheres; quanto à cabeça, espetam-na os selvagens na ponta de uma vara, colocada na oca, como sinal de triunfo e vitória (especialmente mostram os índios prazer em espetar as dos portugueses).

A obra *Singularidades da França Antártica, a que outros chamam de América*, do frade franciscano Fr. André Thevet, foi publicada na França em 1557, após uma viagem ao Brasil, na região da atual baía de Guanabara, então sob domínio francês, entre o final de 1555 e o início de 1556. Entre outros relatos, como a descrição espantada de animais como a anta e a preguiça e frutas como o abacaxi, Thevet narra o costume da antropofagia. Iniciamos o item do capítulo com a imagem da antropofagia na visão dos modernistas. Vamos terminar com a antropofagia na visão dos nativos. Mas será isso possível?

Provavelmente, não. O costume social de devorar seu inimigo como uma vingança ritual, e ao mesmo tempo de obter a força e a coragem do guerreiro abatido para si, constituí um desses limites culturais a que um antropólogo encontra: ele pode explicar, mas dificilmente conseguirá de fato, entender a profundidade desse costume no contexto original do povo que o praticava.

Constituia uma dupla honra: ser devorado enquanto derrotado, era a honra de uma morte digna, porque sua vida de guerreiro também tinha sido digna. Por isso mesmo, o capturado era entregue às indígenas da tribo e com elas procriava. Fugir também estava fora de cogitação, seria desonra. Assim como seria chorar ou implorar para viver. Hans Staden, um aventureiro alemão feito prisioneiro por tupinambás no litoral norte de São Paulo, chorou diante deles. Não foi devorado.

Ao mesmo tempo, devorar o inimigo era uma mostra de força da tribo vencedora, mais do que uma vingança pessoal, uma demonstração de união coletiva em uma vitória contra o inimigo. Depois de beberem cauim, um fermentado de milho, e após uma cerimônia que envolvia todos na tribo, com danças e cânticos, o "prisioneiro" era morto com um golpe de borduna, a mesma arma que vimos no quadro do indígena tapuia, e morria instantaneamente. Seu sangue era recolhido e como lemos no texto acima, os futuros guerreiros, jovens da tribo, tinham seus rostos pintados com ele. A pele era separada com água quente, com o corpo do morto posto em grandes vasos de cerâmica, e a carne da vítima, já assada em fogueiras, repartida entre os membros da tribo, com partes específicas para cada divisão da tribo: as mulheres podiam se servir dos membros sexuais, sendo que somente os guerreiros homens eram devorados, os jovens ficavam com o cérebro, com as crianças comendo os intestinos. O torso e as partes dos membros eram reservados aos homens adultos, afinal ali estavam os músculos que demonstravam a força do guerreiro inimigo morto que os vitoriosos queriam adquirir. O crânio era colocado em uma estaca, como lembrança coletiva da vitória. Flautas podiam ser feitas dos ossos longos.

Como entender plenamente um ritual que nos parece tão macabro? Dentro de um complexo sistema de crenças e de uma cosmologia baseada no sentido da vida: um guerreiro vive para matar e morrer. E morrer de modo digno é a melhor morte. E não é essa uma tradição quase universal das sociedades no mundo inteiro? Não lemos nas épicas gregas antigas a honra da boa morte do guerreiro? O mesmo não se vê nos samurais do Japão antigo? Assim, mesmo um ritual que nos parece repugnante tem, em um contexto social e cultural específico, um significado profundo. Mas fora desse contexto, do qual não fazemos parte, a simples descrição desse ritual nos causa medo e sobressalto. E como deve ter sido o espanto dos colonizadores ao ver tais rituais, nós apenas podemos imaginar.

Essa constatação nos mostra como é difícil entender o outro. **Outro** que, ao mesmo tempo em que está em nós em toda parte, em nossos costumes, hábitos alimentares, nomes de lugares, é outro que foi suplantado, pela violência, por um mundo totalmente desconhecido. O mundo tupi e das outras etnias, com sua riqueza cultural inestimável, foi substituído pelo mundo europeu, esse também com sua visão de cosmos e sua sociedade. É o momento de entender a construção de Portugal e como esse pedaço do mundo europeu encontrou o mundo que aqui estava.

2 *DEUS QUER, O HOMEM SONHA, A OBRA NASCE*: FORMAÇÃO DE PORTUGAL E EXPANSÃO MARÍTIMA

> Deus quer, o homem sonha, a obra nasce.
> Deus quis que a terra fosse toda uma,
> Que o mar unisse, já não separasse.
> Sagrou-te, e foste desvendando a espuma
>
> *Fernando Pessoa*

2.1 O mais moderno dos Estados medievais: Portugal nas guerras ibéricas

Na obra *Mensagem*, publicada em 1934, Fernando Pessoa, uma das mais vozes mais complexas da literatura em língua portuguesa, repensa o passado de Portugal. Um país que, na época da publicação do livro, era uma ditadura liderada por António Salazar, passadista e antimoderno, desejoso de glorificar um passado imperial português e renegar tudo o que fosse a modernidade do século XX, das novas tecnologias às novas ideias. Ironicamente, Fernando Pessoa era uma espécie de antítese de Salazar: altamente interessado no mundo novo que estava se abrindo naquele alvorecer do século XX, tanto em nível tecnológico como, principalmente, nas novas propostas estéticas e nas ideias.

Em ambos, Portugal ao centro. Mas qual a trajetória? Para um passado idealizado ou um futuro incerto, mas promissor? Nos anos 1930 do século XX, Portugal enfrentava dilemas difíceis. E este par de personagens opostos e contemporâneos, Salazar e Pessoa, podem bem expressar este dilema central. Refugiar-se em uma ideia de Portugal apegada às tradições e renegar se abrir ao mundo. Ou, a partir de seu passado ressignificado, repensar a inserção do país no seu contexto mundial.

Este dilema não é exclusivo de Portugal. O próprio Brasil, de tempos em tempos, o enfrenta. Mas há momentos na História em que a trajetória impõe escolha difícil: passado ou futuro? A formação de Portugal foi um longo processo de construção de um reino que se colocou na vanguarda do mundo moderno. Um país de pequena extensão territorial, mas que, em determinado momento, alcançou um império ultramarino que ia da América à Ásia, passando por portos comerciais nas duas costas africanas. Tão rico e tão globalizado como os impérios do século XIX ou XX. E Lisboa, sua capital, era uma cidade cosmopolita, onde se podiam ouvir várias línguas, comprar mercadorias de vários pontos do mundo e ao mesmo tempo, ver os navios saindo e entrando do porto, sob o olhar imponente da torre de Belém, um dos símbolos da cidade até hoje. Ao mesmo tempo, nessa formação que criou esse reino rico e globalizado, há profundos elementos de passado medieval cruzadístico, fundado em uma fé intensa de combate e/ou conversão do outro, inicialmente o islâmico na península ibérica, depois todos os povos nativos que Portugal encontrou. Fé e comércio, passado e futuro, raiz medieval e trajetória marítima moderna estão em Portugal desde tempos imemoriais. Tais como Salazar e Pessoa.

"As nações todas são mistérios. Cada uma é todo o mundo a sós. Ó mãe de reis e avó de impérios, Vela por nós!". Se neste trecho de Mensagem, Fernando Pessoa nos convida a desvendar os mistérios dessa nação Portugal, vamos aceitar esse convite e voltar ao tempo das Cruzadas, encontrando a trajetória que, em algum momento, levará aquela nação ao Brasil dos tupis.

A pouco menos de 140 km de Lisboa existe uma cidade chamada Tomar. Com menos de vinte mil habitantes, tem em um belo castelo seu principal atrativo turístico. Cercado de lendas, o castelo templário de Tomar é um símbolo da associação entre Portugal e as Cruzadas. Associação essa que estará presente na navegação, como veremos.

Mas como tudo começou? Literalmente, como nasceu Portugal?

A resposta já está dada: no espírito das Cruzadas. Cruzada é o nome que se dá aos conflitos militares entre cristãos e muçulmanos durante a Idade Média. Tradicionalmente associadas ao Oriente Médio, onde houve reinos cristãos durante algum tempo e até mesmo a conquista de Jerusalém por alguns anos, a motivação principal da Cruzada é religiosa. Porém, são complexas suas causas e suas conexões com todos os aspectos da sociedade medieval. Para se ter uma breve ideia dessa complexidade, esse fenômeno poderia unir desde mendigos, que organizaram uma expedição fracassada à Terra Santa antes mesmo da primeira Cruzada oficial, até reis, como a cruzada em que Luís IX, São Luís, faleceu no norte da África.

As Cruzadas oficialmente começaram no ano de 1096, sob o chamamento do Papa Urbano II. Porém, sabemos que, na verdade, foram mais um fluxo contínuo de cristãos europeus, de todas as classes sociais, motivados pelo objetivo de conquistar a Terra Santa, a cidade de Jerusalém e áreas islâmicas do Oriente Médio. Embora em algumas vezes essas regiões foram efetivamente conquistadas, ao final de um longo processo de quase 250 anos, a região manteve-se sob domínio islâmico.

As Cruzadas podem ser estudadas por um variado leque de pontos de vista. Econômicos, sociais, religiosos, militares. Mas é o ponto de vista cultural que nos interessa, pois podemos afirmar que o termo cruzada adquire um aspecto mais amplo e de longa duração. Podemos afirmar que existe uma mentalidade cruzadística antes mesma das próprias. E igualmente, ainda persiste certo modo de entender o mundo pelo viés de uma luta mística entre o "bem e o mal". É evidente que tais definições de bem e mal devem ser sempre criticadas, afinal, o "infiel" é sempre o outro.

A península ibérica, região da Europa onde hoje se situa Portugal e Espanha, tinha sido parte do Império Romano. Cidades romanas importantes datam daquela ocupação e em vários pontos da Espanha ainda são comuns imponentes registros da presença romana, como nos aquedutos de Segóvia ou o anfiteatro da cidade de Mérida, um dos mais bem preservados da Europa. Com a queda do domínio romano, a região foi dominada pelos visigodos, cristianizados já plenamente por volta do século VI. A referência religiosa e dinástica era a cidade de Toledo, na qual em 589, o reino tornou-se definitivamente afiliado com a Igreja Católica, afastando-se de outras tendências cristãs como o arianismo.

Havia, portanto, uma união entre Igreja Católica e poder dirigente visigodo, nobres guerreiros e reis. A instabilidade era constante, pois os nobres lutavam entre si pelo cargo de rei, sendo que o poder eclesiástico era a maior fonte de estabilidade política. Tais lutas internas enfraqueceram o reino. E esse enfraquecimento cobrou seu preço.

Em 711, a região da Península Ibérica é invadida por islâmicos. Unificados, com técnicas militares mais eficazes e com uma poderosa economia comercial que dava sustentação ao poder centralizado, eles dominam praticamente toda a península. Somente no extremo norte, na atual região das Astúrias, houve uma resistência cristã. Foi dali que se iniciou a chamada Guerra da Reconquista. Para todos os efeitos, uma cruzada interna na Europa e, na verdade, uma cruzada que precedeu as cruzadas propriamente ditas. Pois, afinal, trata-se de uma luta de cristãos contra muçulmanos, não no Oriente Médio, mas na própria Península Ibérica. E se a primeira Cruzada oficial data do século XI, desde o século VIII, ou seja, trezentos anos antes, os cristãos peninsulares estavam combatendo os "mouros" (nome que se dá ao árabe muçulmano naquela região).

O rei das Astúrias Afonso I tomou a região da Galícia, hoje província da Espanha, ao norte de Portugal. Nessa região havia o santuário de Santiago de Compostela, cuja origem era o século XI. Local de peregrinação até os dias de hoje, de acordo com a tradição tem os restos mortais de um dos apóstolos de Jesus, conhecido pela tradição como Tiago Maior, irmão de João. Como se vê, a fé sempre desempenhou papel fundamental na configuração da identidade ibérica. E por extensão, literalmente, na construção do território daqueles reinos. Pois conquistar aqui não significa apenas uma atividade territorial, mas a afirmação de uma crença, o Cristianismo e seus lugares sagrados, em relação ao outro, o "infiel", o islâmico. Lugares sagrados e expansão territorial andam juntos. Inicialmente, como estamos vendo, em terra. Em épocas posteriores, nas rotas marítimas.

E agora finalmente chegamos ao ponto onde tudo começou: literalmente, o nascimento de um país. Durante os séculos de luta contra os mouros, houve o nascimento de pequenos reinos, surgidos a partir da resistência cristã das Astúrias: Leão, Aragão, Castela, Navarra e Galícia. Ora estes reinos lutavam contra os mouros, ora entre si, em disputas dinásticas nas quais os casamentos entre a nobreza, as relações de parentesco e as oposições entre suseranos e vassalos tinham grande complexidade. Foi o rompimento de uma dessas obrigações feudais que faria nascer um novo reino.

Afonso VI unificou três daqueles reinos cristãos: Leão, Castela e Galícia. Tornou-se um raro caso de rei com poderes mais centrais, em uma época medieval na qual os reis ainda lutavam com seus irmãos e outros parentes para manterem-se no poder, o que foi o caso dele também. E de posse de um poder centralizado, buscou legitimar seu trono e realizar alianças. A cidade de Toledo, antiga capital cristã visigótica, tinha sido tomada pelos mouros. Pois foi Afonso VI que a tomou de volta aos cristãos. E foi em Toledo que foi instalado um arcebispo de origem francesa, originário da rede de mosteiros beneditinos de Cluny, então a mais sólida e bem-organizada ordem eclesiástica da Igreja. Ao mesmo tempo em que vieram clérigos da França, também vieram cavaleiros. A união de interesses entre o rei Afonso VI, o reino Franco e a Igreja era vital para enfrentar os todos poderosos mouros.

Um desses cavaleiros francos foi Henrique de Borgonha, que recebeu de Afonso VI o **Condado Portucalense**, nas regiões de Portucale, atuais cercanias da cidade do Porto, e de Coimbra. Esse nobre devia obediência ao rei e ao mesmo tempo, devia lutar contra os mouros que ocupavam a região ao sul do condado. Para selar esta união, Afonso VI deu a Henrique o casamento de sua filha ilegítima, Teresa. O filho desta união, Afonso Henriques, seria o primeiro rei de Portugal. Na verdade, seria o criador de Portugal.

Como vimos, as relações entre a nobreza feudal eram complexas. As lutas não eram apenas contra os mouros, mas pelo poder entre os próprios cristãos. Havia uma linhagem de nobres de origem galega que tinha interesses nas terras do condado portucalense. Muito provavelmente, desejavam incorpora-lás ao reino da Galícia, que por sua vez tinha sido fundido entre os reinos de Castela e Leão por Afonso VI. Ou seja, os nobres galegos estavam interessados em retomar a independência da Galícia e para isso, queriam as terras do conde Henrique. Tinham como aliada a filha de Afonso VI, Teresa, mãe de Afonso Henriques. Tais nobres passaram a opor-se a Afonso Henriques dentro do condado, tentando colocar sua mãe como rainha e afastando-o da linha sucessória de seu pai. Por outro lado, nobres que não desejavam esta adesão a um futuro reino da Galícia apoiaram o jovem filho do conde. A guerra foi decidida em 1128, tendo como sede do principado, Coimbra. Afonso Henrique usaria o título de Príncipe, o que significa que ele tinha afirmado sua liderança no Condado Portucalense, afastando-o em definitivo de uma possível reanexação com Leão ou com Galícia.

Foi lutando ao sul, contra os mouros, em expansão de seu condado, que Afonso Henriques afirmou sua autoridade. Em 1139, na batalha de Ourique, venceu um exército mouro numericamente superior. Tal feito militar notável levou Afonso Henriques a proclamar-se rei. Não era mais um príncipe de um condado ligado a linhagem de nobres galegos e leoneses, era o rei de uma nova identidade: Portugal.

Seu feito ainda mais impressionante seria a tomada de Lisboa aos mouros, contando com a ajuda de cruzados que estavam em navios na direção do Oriente Médio. O cerco da cidade durou de junho até outubro de 1147, quando então Lisboa foi conquistada pelos cristãos. Tal feito é lembrado de forma irônica e reflexiva em um romance de José Saramago, *História do Cerco de Lisboa*, uma das mais belas obras sobre a História enquanto ciência e narrativa.

Na mesma época é criado o mosteiro de Alcobaça, hoje um belíssimo ponto turístico ao norte de Lisboa, por monges oriundos da ordem de Cister. Essa ordem é uma herdeira da organização e da hierarquia da ordem de Cluny, que naquele momento estava em decadência. Monges que tiveram papel central na ocupação de terras e na organização de atividades econômicas e culturais, como bibliotecas. De novo, vemos como o reino de Portugal está intimamente ligado à cultura cristã e sua vertente cruzadística.

E essa conexão não podia ser mais explícita na cidade de Tomar, como vimos no início. A Ordem do Templo, fundada por monges-guerreiros, foi criada durante a primeira cruzada. Seus membros faziam votos de pobreza e castidade e usavam longas túnicas brancas com uma cruz vermelha ao centro. A mesma cruz que iria adornar as velas das caravelas portuguesas que chegaram ao Brasil em 1500. O quarto mestre da Ordem, Gualdim Pais, português, construiu o castelo de Tomar utilizando técnicas que ele conhecia de sua estadia militar na Terra Santa, região de Jerusalém. No século XIV, a Ordem do Templo é perseguida pelo rei da França, Filipe, o Belo, que tinha grandes dívidas com ela. O rei português da época, Dom Diniz, absorveu muitos de seus membros (a maioria tinha sido queimada a mando do Papa, que por sua vez, realizou o trabalho a pedido do rei francês). Dom Diniz mudou o nome da organização para Ordem de Cristo.

O que se pode concluir desta fundação de Portugal? A principal característica é sua unidade. As fronteiras portuguesas foram alcançadas relativamente cedo em relação a outros reinos europeus. E com uma certa estabilidade dinástica, Portugal pode dinamizar sua economia, permitindo um acúmulo de capitais que seriam vitais para o processo de expansão marítima posterior. Por isso mesmo, podemos dizer que Portugal nasce como um país "moderno" no sentido mais metafórico da palavra. É o país com a fronteira mais antiga e definida da história europeia e, justamente por ser um país pequeno, pode expandir-se pelo mar. E seu formato retangular expressa a lógica de sua expansão: do norte ao sul, em luta contra os mouros, e a leste, em luta constante contra os reinos cristãos que seriam mais tarde a Espanha. Quando Portugal conquistou sua última fronteira, ao extremo sul, na região de Sagres, sua identidade já estava plenamente cristalizada: cristã com forte viés cruzadístico e centralizada na figura de um rei. Faltava a vertente comercial para Portugal estar pronto para a navegação. É esse aspecto que agora vamos conhecer.

2.2 Mar Português: expansão marítima como fenômeno comercial e cultural

Sagres, ao extremo sul de Portugal, guarda belas paisagens e restos de uma fortaleza. Igualmente, abriga histórias misteriosas de certa Escola de Sagres, um lugar quase mítico, onde navegadores, cartógrafos e construtores de navios, trocavam experiências, realizavam pesquisas de novas tecnologias náuticas e guardavam entre si, segredos que haviam descoberto. Quase como uma ordem mística e secreta, a Escola de Sagres alimentou, durante muitos anos, lendas sobre o que se guardava ali de tão secreto. De fato, na região de Sagres e na cidade sede de Lagos, o futuro Infante Dom Henrique impulsionou as navegações, incluindo aí as primeiras expedições escravocratas no norte da África, como veremos adiante. Sagres ficou no imaginário como um nome associado às navegações.

Na verdade, nunca existiu uma Escola de Sagres. Essa imagem foi uma criação narrativa de historiadores, muito desejosos de construir um passado glorioso para Portugal. Mas se nunca houve um local de reunião secreto com tons cabalísticos ao sul de Portugal, pode-se dizer que a lenda pelo menos expressa uma parte da História: O país foi pioneiro em navegar na Europa e, ao mesmo tempo, pioneiro em pensar uma expansão comercial com vistas ao lucro. Em resumo, um país capitalista, quando ainda boa parte da Europa, quase toda ela, era feudal, portanto, rural e apegada a tradições de uma economia pouco comercial.

Como explicar este pioneirismo? Pode-se começar pelo mais evidente: Portugal é um país pequeno, mas com claras vantagens marítimas dadas pela sua costa. Se Portugal fosse a atual Hungria, cravada no centro da Europa, não iria navegar. Mas se assim fosse, outros povos e países teriam navegado antes, como a Inglaterra ou a Holanda. Há outro elemento-chave: a precoce centralização política e ausência de guerras. Enquanto boa parte das dinastias nobres europeias travavam guerras de conquista de terras, para ampliar os domínios reais, os olhos da elite portuguesa estavam voltados ao mar, sem gastar preciosos recursos em batalhas territoriais.

E quem era essa elite portuguesa?

De novo, vemos o tema da cruzada em sua essência. Afonso Henriques, o primeiro rei português, criou uma ordem militar e religiosa, durante a guerra de Reconquista, a luta contra os mouros que deu identidade a Portugal. Chamada de Ordem de Avis, nome da cidade em que estava sediada, teve papel importante nas lutas, pois foi um membro nobre dessa ordem que assumiu o trono português. Mas pouco antes, devemos ver, brevemente, uma das histórias de amor mais fascinantes, e bizarras, da História portuguesa. Veremos o fim de uma dinastia e o início de outra.

Dom Pedro I de Portugal (nenhuma relação com o Pedro I do Brasil) governou de 1357 a 1367. Nesse período, a nobreza portuguesa tinha relações com a de Castela, um dos reinos que futuramente seria fundador da Espanha. As relações entre essas duas nobrezas eram complexas, variando ora da aliança, com casamentos entre as famílias reais, ora entre a guerra aberta, quando tais casamentos e alianças chegavam a um beco sem saída, quase sempre, derivado da ausência de um herdeiro do trono. O próprio Pedro era filho de uma nobre de Castela. Aliás, mantendo a relação entre essas duas casas reais, também se casou com uma herdeira do trono daquele reino, Constança Manuel.

Parece que o amor pode romper até mesmo alianças políticas entre reinos. Pelo menos, é o que a história, sempre recheada de lendas, parece contar.

Pedro, então ainda príncipe de Portugal, apaixonou-se por Inês de Castro, uma dama de companhia de Constança. A família de Inês, os Castro, eram nobres importantes de Castela e tinham interesses políticos também em Portugal. O rei de Portugal, pai de Pedro, era Afonso IV, da dinastia Bragança, a mesma que tinha iniciado o reino português. Por isso, havia tensões entre essas famílias e essas duas casas reais. Os casamentos eram alianças tensas, pois os interesses muitas vezes estavam ligados à ascensão desta ou daquela casa real. Dessa forma, a família Castro, ligada à Castela, era vista como um perigo. O príncipe Pedro, amante de uma herdeira de uma família castelhana, uma possível marionete na mão de Castela. E Inês, uma indesejável. A família Castro tinha participado ativamente na tentativa de deposição do rei de Castela. Havia o medo, por parte da nobreza portuguesa, de que Pedro, príncipe de Portugal, fosse levado a participar de uma guerra em Castela, a pedido dos Castro.

Tudo piorou quando Constança morreu. Com a perda da esposa, Pedro pediu para que seu relacionamento com Inês de Castro fosse tornado um casamento oficial. O casal já tinha por essa época, quatro filhos. Se o rei de Portugal Afonso IV, pai de Pedro, viesse a falecer, ele se tornaria rei de Portugal com Inês, que seria sua rainha. Ao mesmo tempo, se ele participasse da deposição do rei de Castela, como queriam os Castro, Pedro também seria rei de Castela e de Portugal ao mesmo tempo e Inês, rainha dos dois reinos. Fica cllaro que, ela era uma peça fundamental no arranjo dinástico e político da família Castro, que queria ascender ao poder.

A nobreza portuguesa não queria uma união entre os dois reinos, pois temia perder terras e influência. Lembremos que a identidade portuguesa era dupla: guerra com os mouros ao sul e com os espanhóis à leste. Inês, nesse caso, ameaçava esta identidade.

Afonso IV, o pai de Pedro, tomou uma decisão bastante dura: matou Inês. A morte da amante do príncipe é um tema literário muito tradicional na literatura portuguesa. Até Camões, na épica máxima da língua, **Os Lusíadas**, apresenta a cena dramática:

> Traziam-a os horríficos algozes
> Ante o Rei, já movido a piedade;
> Mas o povo, com falsas e ferozes
> Razões, à morte crua o persuade.
> Ela, com tristes e piedosas vozes,
> Saídas só da mágoa e saudade
> Do seu Príncipe e filhos, que deixava,
> Que mais que a própria morte a magoava,

Pedro literalmente entrou em guerra com seu pai. Após meses de conflitos, que opuseram nobres de diferentes linhagens, uns pró Pedro e outros pró rei Afonso IV, sua mãe, a esposa do rei, conseguiu uma trégua. Como podemos observar, as disputas dinásticas, territoriais e reais eram igualmente familiares.

Alguns anos após a morte de Inês, seu algoz, o rei Afonso IV, também faleceu. Portanto, seu filho, o príncipe duplamente viúvo, torna-se o rei Pedro I. E é neste ponto que a história toma proporções bizarras.

Motivado por vingança pelo assassinato de sua amada, Pedro I persegue os principais nobres portugueses que a mataram. Dois deles tinham fugido, para seu azar, foram apanhados, levados até a cidade de Santarém e executados de forma cruel pelo rei: tiveram seus corações arrancados ainda vivos, enquanto Pedro I jantava, saboreando sua vingança. Ainda mais estava por vir. Inês já era defunta há pelo menos dois anos, pois reza uma lenda que ele a colocou no trono de rainha, estando ele sentado a seu lado. E obrigou toda a corte a realizar o ritual do beija-mão nos dedos mortos da rainha.

O dramático da história, embora partes dela não possam ser comprovadas, tornou as figuras de Pedro e Inês fontes permanentes de artistas por séculos. Até mesmo o escritor francês Victor Hugo tinha em seu apartamento um quadro representando a cena daquela que "foi rainha depois de morta". Muitas vezes, a História real ultrapassa a imaginação mais fértil.

Pedro I mandou construir no mosteiro de Alcobaça os túmulos do casal. Uma belíssima obra de arte, os dois túmulos são testemunhos de uma história de amor e tragédia, mas igualmente de disputas dinásticas e afirmação da identidade portuguesa diante das ameaças de anexação por parte dos outros reinos vizinhos. Posteriormente, no século XVIII, os dois túmulos foram alinhados com os pés de forma oposta e não lado a lado como seria um costume mais comum. Assim, reza outra lenda, quando o casal despertar no Juízo Final, terão a visão um do outro pela primeira vez na eternidade.

Pedro I teve um herdeiro, filho do seu primeiro casamento, Dom Fernando I. Mas este não teve herdeiros homens. Com sua morte, herda o trono o filho bastardo de Pedro I, filho da outra amante do rei, Teresa Lourenço. Seu nome era João e tomou como nome dinástico a ordem do qual participava, Avis. Terminava a dinastia Borgonha, que construiu a territorialidade portuguesa e começava uma nova dinastia. Justamente a que iria ampliar essa territorialidade para o mar.

Quando Dom João I, mestre de Avis, tomou o trono português, setores da nobreza portuguesa e principalmente castelhana, como vimos, em estreita aliança, não reconhecerem o novo rei. Ele era um líder militar competente e cercado de outros igualmente estudiosos das táticas militares. Afinal, a ordem de Avis era uma ordem religiosa e militar, uma cópia das outras ordens cruzadísticas como os Templários. A maior das batalhas ganha por Portugal contra tropas castelhanas que tentavam uma anexação do reino foi em Aljubarrota. Nesse local, o próprio Dom João I mandou edificar um templo, conhecido como Mosteiro da Batalha, hoje um dos monumentos nacionais mais belos de Portugal. Nele está enterrado o próprio Dom João I. Casou-se com uma nobre inglesa, dando origem a uma mudança importante no eixo de relações internacionais de Portugal: até então, a dinastia Borgonha tinha origem francesa. Agora, a nova dinastia Avis procurava uma aliança com os ingleses, para fortalecer o reino diante da sempre presente ameaça castelhana.

Entre seus filhos, está o infante Dom Henrique. Não à toa, seu apelido foi "o navegador". Estamos muito próximos dos primeiros passos de Portugal na expansão marítima. E depois de dado o primeiro passo, os outros se aceleraram fortemente. Mas precisamos fazer uma pergunta: navegar para quê?

Já sabemos que a motivação religiosa continuava a ser dominante. Toda a expansão marítima portuguesa não pode ser dissociada de uma mentalidade de cruzada, de catequese, de expansão da fé. É um erro olhar a expansão marítima como apenas comercial. Mais do que um erro, uma inversão de prioridades na verdade. Pode-se dizer que o comércio era o meio para o fim religioso da navegação. Porém, a mentalidade de gerar lucro e alcançar riquezas cresceu à medida que tais riquezas eram encontradas e possibilitavam o fortalecimento do reino e da própria navegação. Portanto, na conexão entre fé e lucro, a fé veio primeiro, sendo o lucro o meio para este fim. Em época posterior, o lucro adquire uma motivação por si só, mas nunca foi o motivador central e único, e não foi o primeiro.

O mar mediterrâneo já era, no século XV, um espaço de comércio intenso, após séculos de certo marasmo durante a Idade Média. Marasmo pelo menos aos cristãos, já que os islâmicos sempre usaram aquele mar como uma fonte de intenso comércio. E foi naquele espaço privilegiado, anteriormente uma das principais fontes de riqueza de Roma, que se comercializava as famosas especiarias do Oriente.

O nome genérico se deve a um número de produtos. Alguns temperos que conhecemos bem hoje, como pimentas, cravo, gengibre, canela, açafrão. E o açúcar também. Muito usados na culinária asiática, principalmente indiana, eram altamente lucrativos por sua procura, já que o método de conservação das carnes era salgar, tornando o posterior consumo muito dependente de temperos fortes. Também eram lucrativos produtos que vinham do Oriente, como incenso. Esse produto, um nome também genérico para um amplo leque de aromas vegetais, era usado nas meditações orientais há séculos. No Ocidente cristão, não só era também usado como indutor de um estado mental meditativo, mas de utilidade prática: na missa, as pessoas se aglomeravam nas igrejas, sem nenhuma higiene corporal, como era costume medieval já que o corpo era visto como pecaminoso. Sem contar com o cheiro dos defuntos enterrados na própria igreja, outro costume medieval. O turíbulo, incensário ritualístico da missa, era uma forma de tornar o serviço da missa minimamente suportável.

A seda, tecido valioso da China, era igualmente muito procurado. Junto com a porcelana, também de origem chinesa, cuja técnica de fabricação era segredo e espantava os europeus. Quem fazia este comércio de produtos do Oriente ao Ocidente? Mercadores islâmicos, principalmente, que percorriam a secular Rota da Seda, ligando Índia e China ao litoral do Oriente Médio, passando por algumas das cidades mais ricas do mundo durante séculos, Kandahar, no atual Afeganistão, e Bagdá, no atual Iraque.

Com as Cruzadas, comerciantes italianos entraram em contato com os mercadores árabes. E tornaram o mar mediterrâneo ocidental uma área de seu monopólio. As cidades italianas do período não à toa tornaram-se o centro dinâmico da economia europeia saída da Idade Média. É esse acúmulo de capital, e também de novas ideias, já que o Islão era um enorme espaço multicultural, que deu as bases para o chamado Renascimento. Não é coincidência que o quadro de Da Vinci, Mona Lisa, é praticamente da mesma época da chegada dos portugueses ao Brasil: 1503.

A mentalidade cruzadística dos Avis tinha um sólido componente comercial: não é possível separar os dois. Expansão marítima e cristã eram inseparáveis. Sendo que o lucrativo comércio com o Oriente dava as bases materiais para a construção de um feito mais importante para os Avis: expandir a fé católica. Faltava então, o primeiro passo nessa tarefa.

A localidade de Ceuta deveria ter nas aulas de História brasileiras um sentido mais profundo e central. Talvez o leitor sequer saiba onde ela fica. Trata-se de um porto no norte da África, hoje pertencente à Espanha. Pois foi esta a primeira conquista portuguesa de além-mar, e sua história é apenas o começo da nossa própria.

Ceuta era uma cidade com intenso comércio no mar mediterrâneo mais ocidental. Caravanas de comerciantes atravessaram o deserto do Saara e desembarcavam em Ceuta produtos da África central, como pimenta e outros temperos. Caros, tais como as famosas especiarias do Oriente, tão cobiçadas. Ao mesmo tempo, era uma cidade de domínio muçulmano. Estamos de novo no âmbito das cruzadas e da luta religiosa. Sob o reinado de Dom João I de Avis, e sob o olhar atento de um de seus filhos, o Infante Dom Henrique, um dos maiores incentivadores da navegação, a expedição de conquista começou a ser preparada desde 1412. Três anos depois, o que indica o esforço material e militar da expansão, 200 navios e mais de 20 mil soldados portugueses conquistaram a cidade. O feito era tão importante que até o próprio rei participou da viagem. Uma parte da nobreza via a conquista como um saque puro e simples. Ao mesmo tempo, a mentalidade nobre era basicamente guerreira, *bellatores* no dizer medieval, e a guerra e o saque eram atividades rotineiras e entranhadas no modo de ser do homem medieval nobre. Mas para a elite governante, a dinastia Avis, também era uma atividade de longo prazo. Estabelecer um ponto de comércio no norte africano e com acesso ao mediterrâneo levaria ao rei rendas, fortalecimento de poder militar e claro, a necessária cruzada contra o "infiel", fator mais do que legitimador da conquista. Após a tomada da cidade, a antiga mesquita foi palco de um ato de enorme poder simbólico: o rei Dom João sagrou seus filhos cavaleiros na construção, agora transformada em catedral. Entre seus filhos, D. Duarte, futuro rei, D. Pedro e o mais entusiasta de todos na expansão marítima, D. Henrique.

O ímpeto e sucesso inicial diminuíram quando as dificuldades começaram. A cidade sofreu ataques dos muçulmanos, que queriam tomar o porto de volta. E ao mesmo tempo, as rotas comerciais que faziam a maior riqueza do lugar ainda estavam nas mãos dos comerciantes muçulmanos que simplesmente, pararam de fornecer os produtos. Abandonar ou manter o projeto expansionista? A cidade outrora tão rica e cobiçada, literalmente passou a dar prejuízo. Mais uma vez, o debate foi vencido não pelo convencimento do comércio, mas pela motivação religiosa: ampliar as conquistas marítimas também era lutar contra os muçulmanos que estavam bem estabelecidos na costa ocidental africana. O que significaria que Portugal deveria não se contentar em navegar no mediterrâneo, mas lançar-se ao Atlântico.

Novas conquistas militares vieram: cidades como Tânger, Alcácer Ceguer e Arzila, esta já fora do estreito de Gibraltar, no Atlântico, foram tomadas. De forma não linear, já que em alguns desses locais houve forte resistência muçulmana, Portugal ia estabelecendo uma rede de portos, fortalezas e, claro, mesquitas transformadas em igrejas, no norte africano. Sua cruzada estava sendo bem-sucedida.

Na região de Belém, cidade de Lisboa, há uma bela escultura, um ponto turístico muito valorizado pelas fotos que dali se pode tirar. Chama-se Padrão dos Descobrimentos. O monumento tem o formato estilizado de uma caravela e, bem à frente, a imagem triunfante de um personagem tão enigmático como importante: Dom Henrique, o navegador.

Seu apelido não é mera coincidência: ele foi, sem nunca ter sido rei, o maior incentivador do projeto ultramarino português. Seja durante o reinado de seu pai Dom João, depois de seu irmão, D. Duarte, seu interesse na expansão era duplo: dilatar a fé cristã, levando as cruzadas até o limite, e enriquecer, estabelecendo pontos de comércio nas costas africanas. Ele era membro da Ordem de Cristo, herdeira em Portugal da antiga ordem dos Templários, como vimos presente na essência da identidade portuguesa. Esse projeto religioso é atestado pelo Papa que lhe concedeu uma Bula em 1443, dando-lhe o direito de combater o "infiel" na terra e no mar, e para isso ocupar e colonizar as terras descobertas, incluindo ilhas no Atlântico.

No entanto, sua mentalidade fortemente calcada na religiosidade não excluía um notável tino comercial. Ele reservou para si um quinto dos lucros advindos das atividades comerciais atlânticas, incluindo o cultivo de trigo e açúcar em algumas dessas ilhas. Ao mesmo tempo, em 1444, quando Portugal alcança a região de Guiné, chamada de Terra dos Negros, o devoto Dom Henrique torna-se um dos primeiros e certamente o maior comerciante de escravizados da Europa moderna. O chamado trato africano era duplamente vantajoso: porque fornecia a mão de obra para produzir outros produtos, como também era um comércio lucrativo. E é a partir da experiência desse navegador, nobre, cavaleiro da Ordem de Cristo, comerciante, infante e até mesmo, astrólogo, que morreu sem deixar herdeiro e sequer teve esposa, que iniciamos outro encontro: o de Portugal e África.

2.3 África e Brasil, a ponte chamada Atlântico: colonização portuguesa na África

Há alguns portugueses que literalmente ganham a vida apenas filmando pousos em um dos aeroportos mais desafiadores do mundo. Trata-se do aeroporto da ilha da Madeira. O leitor que quiser pode conferir alguns desses vídeos disponíveis na internet. Deve-se avisar: para quem tem medo de avião, melhor continuar a leitura deste livro.

Os mesmos ventos que desafiam hoje os pilotos a pousar, ajudavam outros, os pilotos no sentido original do termo, a navegar. Pois foi na ilha da Madeira que se iniciou o processo da colonização portuguesa em modos idênticos aos do Brasil. Junto dela, outro arquipélago, Açores, formam o conjunto chamado de ilhas do Atlântico: o laboratório da colonização portuguesa.

Foi o próprio Dom Henrique quem primeiro teve a iniciativa dessa colonização. Portugal chegou à Madeira por volta de 1420 e em 1425 começou o processo de ocupação e transformação daquela ilha em um território rentável para a Coroa. O rei D. Duarte, que assumiu o trono com a morte de Dom João I, deu a seu irmão, Dom Henrique, o domínio completo daquele território. Ele concederia terrenos a capitães-mores, como eram chamados os que tinham direitos sobre a doação. Eram inicialmente três, todos navegadores que primeiro aportaram na Madeira. Esses territórios eram seus e de seus filhos, portanto hereditários. Isso mesmo, as primeiras capitanias hereditárias foram feitas na ilha da Madeira e posteriormente o mesmo sistema seria usado no Brasil.

Qual o produto que Portugal nos primeiros tempos da colonização da Madeira utilizou? Inicialmente, trigo, já que a produção desse cereal no país era abaixo da demanda, tornando o reino ocasionalmente vítima de altos preços e fome de pão. Também foi produzido por lá vinho, o que sempre foi uma expertise portuguesa, herança da colonização romana. O vinho da Madeira ainda hoje é um dos mais apreciados da produção portuguesa, embora menos conhecido dos que são produzidos no continente.

Foi por iniciativa do sempre presente Dom Henrique que, a partir de 1470, foi introduzido o cultivo de **cana-de-açúcar**. O sucesso foi imenso. A produção de açúcar era levada para Portugal e de lá seguia para o resto da Europa. Como podemos ver, a ilha da Madeira de fato foi um laboratório da colonização portuguesa do Brasil. E isso se confirma com o principal tema da colonização, como veremos abaixo.

Dom Henrique viu chegar em Lagos, cidade sede da região de Sagres, em 1444, 235 escravizados vindos da África. Ele mesmo, como vimos, foi um dos maiores traficantes de escravizados da Europa naquele tempo. E foi também em Madeira, como sabemos sua propriedade, que foi utilizada pela primeira vez a mão de obra escravizada associada ao cultivo de cana-de-açúcar. A Igreja não se opunha à escravidão, visto que a posse de pessoas não-cristãs era justificada pelo ideal de conversão ao cristianismo. Importante notar que a outra grande religião monoteísta, o Islamismo, também via a escravidão de forma mais ou menos semelhante: quem se convertesse ao islamismo, não podia ser escravizado. Claro, os que não aderiram à religião acabavam sendo tornados cativos. Em Ceuta mesmo, havia escravizados trazidos da África subsaariana em caravanas de comerciantes islâmicos e eram posteriormente vendidos a partir deste porto do Mediterrâneo para o Oriente Médio.

A escolha do uso de mão de obra escravizada africana na ilha da Madeira era, portanto, um fato que unia os dois interesses da própria expansão marítima portuguesa: conversão dos "infiéis" ao cristianismo e ao lucro com o comércio, no caso, do precioso açúcar.

Por volta de 1550, no apogeu do açúcar na Madeira, praticamente 1/3 da população da ilha era composta de escravizados africanos. Esse número caiu, porque na medida em que a colonização brasileira avançava, a produção de açúcar na ilha decaia e com ela, a escravidão.

Outro arquipélago também foi colonizado nos mesmos moldes, Açores, hoje também pertencente a Portugal. De Açores veio uma parte importante da imigração para Santa Catarina, em época posterior. Outras ilhas como Cabo Verde, no litoral mais ao sul, perto da costa africana, também teve o mesmo modelo baseado em açúcar e mão de obra escravizada. Cabo Verde é hoje, um país independente falante de português.

Cabo Verde está distante mais de 2.800 km de Lisboa. E indica um aprofundamento nas navegações portuguesas em direção ao sul do continente. E ao mesmo tempo, um aprofundamento nas redes de escravidão que já estavam estabelecidas há séculos, bem antes dos portugueses. Examinaremos essa conexão em um capítulo à parte, devido a sua fundamental importância na construção da trajetória brasileira. Mas é importante notar neste ponto da nossa análise que, antes da colonização brasileira, Portugal já era uma sólida economia comercial que tinha no tráfico de escravizados, um dos seus mais importantes rendimentos.

> Ó mar salgado, quanto do teu sal
> São lágrimas de Portugal!
> Por te cruzarmos, quantas mães choraram,
> Quantos filhos em vão rezaram!

> Quantas noivas ficaram por casar
> Para que fosses nosso, ó mar!
> Valeu a pena? Tudo vale a pena
> Se a alma não é pequena.
>
> Quem quer passar além do Bojador
> Tem que passar além da dor.
> Deus ao mar o perigo e o abismo deu,
> Mas nele é que espelhou o céu.

Neste outro trecho da mesma obra de Fernando Pessoa, *Mensagem*, um dos mais conhecidos, temos a presença desta bela imagem poética: o sal do mar são as lágrimas de Portugal. De fato, as viagens eram arriscadas, precárias, perigosas. Na ordem sintática mais tradicional, os dois últimos versos reforçam esse desafio: Deus deu ao mar, o perigo e o abismo. Navegar era enfrentar perigos reais, como tempestades, correntes marítimas desconhecidas, rochedos de difícil desvio náutico. Porém, se Portugal tinha uma espécie de "destino manifesto", o último verso indica que o mesmo Deus que criou este mar tão perigoso, espelhou nele, mar, o azul do céu, do destino, das estrelas, de uma glória eterna.

Nesse poema, Pessoa também faz referência a um ponto geográfico específico: o Cabo Bojador. Hoje localizado no território do Saara Ocidental, ao sul de Marrocos, este cabo foi de difícil contorno por séculos. Até que Gil Eanes, um experiente navegador e claro, do mesmo círculo de confiança de Dom Henrique, conseguiu a proeza de vencer o cabo, em 1434. Chamado anteriormente de Cabo do Medo, ele era o espelho de mitos de origem medieval, nos quais monstros marinhos afundavam os navios. Dobrar o cabo Bojador era vencer igualmente uma espécie de limite mental: era como se a Idade Média ficasse pra trás, junto com os arrecifes perigosos do cabo, enquanto as velas infladas pelos ventos levavam as naus portuguesas cada vez mais ao sul da costa africana.

O mesmo Gil Eanes navegou em 1441 na costa da atual Mauritânia e trouxe para Lagos, ao sul de Sagres, uma centena de escravizados, ouro e até objetos estranhos vendidos como um souvenir de luxo, como ovos de avestruz. Cada vez mais a costa ocidental ao sul do Bojador era uma fonte importante de cativos, reforçando este pedaço triste da expansão colonial portuguesa como um pilar da economia do reino.

Dom Henrique morre em 1460, mas sua construção permanece como um eixo articulador de Portugal: comércio ultramarino e expansão marítima, escravidão e busca de produtos nas ilhas e na costa africana. E, como eixo principal, evangelização das populações nativas e combate aos islâmicos. Alguns séculos depois de sua morte, Portugal se manteria basicamente nas mesmas trilhas deixadas por ele.

E finalmente, Portugal chega à costa da atual Angola, muito perto do extremo sul africano. Diogo Cão foi o navegador quem primeiro aportou naquelas terras, em 1485. Mas foi outro cabo, mais ao sul, que igualmente deixou sua marca na literatura portuguesa.

> Converte-se-me a carne em terra dura;
> Em penedos os ossos se fizeram;
> Estes membros que vês, e esta figura,
> Por estas longas águas se estenderam.
> Enfim, minha grandíssima estatura
> Neste remoto Cabo converteram
> Os Deuses; e, por mais dobradas mágoas,
> Me anda Tétis cercando destas águas.

O também marinheiro Camões, o nome máximo da poesia em língua portuguesa, faz referência poética ao Cabo das Tormentas como o Gigante Adamastor, apaixonado por Tétis, a esposa de Peleu, pais de Aquiles. Como quis tomá-la à força, foi condenado por Júpiter a ser transformado em um rochedo e jogado nos confins do mundo. Aliás, nunca os gregos sequer tinham pensado em atingir o sul da África. Feito que os portugueses alcançaram.

Bartolomeu Dias conseguiu ultrapassar o Cabo das Tormentas em 1488 e ao voltar a Portugal, propôs trocar o nome do lugar para cabo da Boa Esperança: esperança de alcançar o périplo africano, contornar o continente e finalmente, alcançar a Índia, a terra das especiarias, os mesmos produtos que tinham feito a riqueza estonteante das cidades italianas. Camões na obra Os Lusíadas, utilizando de licença poética, faz que Vasco da Gama seja o primeiro português a dobrar o cabo. Na verdade, a viagem de Vasco foi depois, iniciando-se em 1497 e finalmente, alcançando a cidade indiana de Calicute um ano depois, em 1498. O ápice de um longo processo de colonização da costa africana.

No entanto, Vasco da Gama não encontrou no litoral oriental africano uma região desocupada ou mesmo ausente de atividades comerciais. Muito ao contrário.

2.4 A ORIGEM DO AÇÚCAR: PRESENÇA PORTUGUESA NA ÁSIA

A costa oriental africana sempre esteve fortemente ligada à Ásia. Reinos importantes como da Etiópia e da Somália, em boa parte islamizados, mas com presença multicultural e religiosa, incluindo de judeus africanos, além de reinos cristãos há muito estabelecidos. Os contatos comerciais eram intensos entre a Pérsia, a Índia, a Arábia e até mesmo a China. As regiões dos atuais Moçambique e da Somália tinham portos comerciais sofisticados, cidades ricas e com sociedades complexas e hierarquizadas, nas quais o islamismo era não só uma unidade cultural, mas igualmente uma força social e econômica: os contatos comerciais eram entre populações islamizadas da África e do Oriente Médio. Uma das cidades mais ricas da região era Zanzibar, uma ilha cujo nome originalmente veio do árabe: "costa dos Zanji", ou costa dos negros. Era uma região de afro-muçulmanos, fornecedora de pimenta, cravos e outras especiarias, além de escravizados, estes últimos, africanos não-islamizados. A escravidão ali permaneceu até o século XIX, sendo encerrada sob domínio britânico, a última potência que dominou a região antes da sua independência, em meados do século XX. Talvez o nativo mais famoso da cidade seja o britânico Farrokh Bulsara, de família indiana da religião parsi, mas juridicamente cidadão britânico. Faria uma carreira na Inglaterra com o pseudônimo Freddie Mercury, da banda Queen. O primeiro europeu a chegar a Zanzibar foi Vasco da Gama.

O rei Dom Manuel I, também da dinastia Avis, foi o patrocinador da viagem de Vasco até seu destino final. Seu objetivo, como sabemos era duplo: comércio e expansão da fé católica. Havia uma lenda medieval sobre o reino de Preste João, na costa africana da Etiópia, que poderia ser um aliado dos portugueses na sua eterna cruzada contra os islâmicos. De fato, existiu não um, mas vários reinos cristãos naquela região. Embora o mítico rei Preste João tivesse no século XV, há muito falecido e se tornado lenda.

Vasco conseguiu seu feito em 1498. Fez comércio com o rei de Calicute e voltou com seus navios a Lisboa. Também estabeleceu contatos em Melinde, cidade no atual Quênia, que já era um porto comercial desde o início do século. Suaíle, termo cuja origem é o árabe para "praia", era a língua comum desta região, com mescla de dialetos bantos e árabe. O que mostra, mais uma vez, o teor multicultural da costa oriental africana. E a presença do comércio intenso que ali vigorava, há séculos, do qual os portugueses eram mais um participante.

Da Índia, Portugal trouxe para o ocidente várias influências. A tão conhecida manga, árvore que os brasileiros entendem como praticamente nativa daqui, veio de lá. O litoral do Nordeste brasileiro tão marcado pelos coqueiros que parecem que sempre estiveram lá. Na verdade, o coco é nativo também da Índia e o fruto era usado como peso para os navios, sendo jogado ao mar quando estava na costa para evitar encalhar. A paisagem que temos no litoral brasileiro é, portanto, efeito de um ato de navegação.

O também tão brasileiro café, cultivo que deu sustentação à economia nacional por várias décadas, desde o Império até a República, é igualmente nativo da Etiópia, sendo muito usado pelos árabes e depois pelos turcos. Chegaria ao Brasil somente no século XVIII.

No entanto, foi o açúcar a herança mais duradoura trazida da Índia ao Brasil via Portugal. A cana é nativa daquele país e seu produto, o açúcar, nome de origem árabe, era usado há milênios. Os mouros, os mesmos árabes que tomaram a península ibérica e como vimos foram fundamentais na construção da identidade portuguesa, já plantavam a cana na Espanha, no sul, em áreas mais quentes. Como sabemos, Dom Henrique levou aquele cultivo às ilhas do Atlântico. Encontrar a fonte fornecedora de açúcar na Índia era reencontrar o produto tão valioso. Em breve, Portugal iria produzir mais açúcar no Ocidente, no Brasil, do que a Índia.

Vasco da Gama ainda fez mais duas viagens ao Oriente. Em uma delas, bombardeou Calicute. As palavras comércio e saque eram praticamente sinônimos na época. Em seu objetivo estratégico estava afastar mercadores muçulmanos da região, em uma mistura de guerra comercial e religiosa. E foi uma expedição militar muito fortemente armada, que daria origem a outra possessão portuguesa, desta vez no extremo oposto do mar: a chegada ao Brasil. Antes de colocarmos os pés europeus nas praias da Bahia, ainda precisamos vislumbrar brevemente alguns elementos portugueses na Ásia.

Em 2016 foi lançado o filme *Silêncio* (*Silence*, no título original em inglês). Dirigido por Martin Scorsese, baseado no romance do escritor japonês Shūzaku Endō, narra de forma fictícia a trajetória de jesuítas portugueses e espanhóis no Japão do século XVII. Eles foram enviados àquele país para resgatar outro jesuíta, um português, que teria sido capturado pelos daimios, os senhores feudais japoneses, e renegado sua fé católica. De fato, houve um jesuíta português, Cristóvão Ferreira, que teve uma trajetória que inspirou o romancista japonês a construir seu personagem.

A presença jesuíta no extremo Oriente, Índia, China e Japão, tem uma história que merece a atenção do leitor. No escopo deste livro, apenas podemos indicar a enorme complexidade e tensão do encontro entre esses dois mundos tão opostos: a religião tradicional japonesa, xintoísmo, e o cristianismo, em sua versão católica jesuíta. Inicialmente bem recebidos, passaram a questionar a divindade do Imperador japonês, o que levou a perseguições. Mais de duzentos padres de várias nacionalidades, principalmente portugueses, foram martirizados durante os anos. E o Japão, para evitar a presença de novas ameaças ao poder imperial, fechou-se ao mundo. Somente no século XIX, com a presença militar americana, que esse país faria um processo de abertura. Como se vê, fatos do passado podem ter influência duradoura em uma sociedade por muito tempo.

Precisamos agora deixar essa história fascinante e voltar nossa atenção ao Ocidente. Pois é o momento de dois mundos se encontrarem. Um encontro nas praias do Atlântico, na costa da Bahia.

3 NO BRASIL, COM VENCER E CASTIGAR: O ENCONTRO DE DOIS MUNDOS

> Das mãos do teu Estêvão vem tomar
> As rédeas um, que já será ilustrado
> No Brasil, com vencer e castigar
> O pirata Francês, ao mar usado.
>
> *Os Lusíadas*

No canto X da obra máxima de Camões, *Os Lusíadas*, o navegador Vasco da Gama chega à Ilha dos Amores, no litoral oriental africano. Ali, recebe de Tétis, uma ninfa, a Máquina do Mundo: a alegoria de uma estrutura do mundo, em forma de descoberta racional. O tema "máquina do mundo" significava o modo como tudo funcionava, tal como em um enorme relógio, a maneira como Deus teria literalmente feito e estruturado todas as coisas. Camões, homem do Renascimento, mescla elementos cristãos e mitológicos da Grécia, e constrói nessa metáfora, o domínio português dos mares. Quando Vasco recebeu a máquina do mundo, isso significa que Portugal agora dominava tudo: terras e mares, portos e cidades, povos e ideias. No mesmo canto, os navegadores portugueses são recebidos em uma sensual festa na ilha dos Amores, que não à toa tem este nome: a união sexual dos navegadores com as ninfas da ilha significaria uma unidade também mental e espiritual entre Portugal, o mar e o céu.

Neste momento glorioso e poético da expansão portuguesa, todas as regiões conquistadas pelo reino são reveladas por Tétis a Vasco da Gama: cidades da Índia, como Goa e Damião. Portos comerciais da China, como Macau. Cidades ricas e poderosas da costa oriental africana. E também Tétis profetiza a chegada de Portugal ao Brasil.

Por que se diz profetiza? Porque o poema *Os Lusíadas* foi publicado em 1572, portanto com o Brasil já em processo de colonização. Mas a história do poema se passa em 1498, na primeira viagem de Vasco à Índia. Portanto, na cronologia do poema, várias terras ainda estavam para serem descobertas. Entre elas, o Brasil. E não deixa de ser sintomático que a presença do Brasil no poema estar associada a piratas franceses que precisavam ser combatidos pelos navegadores portugueses.

Camões nunca esteve no Brasil. Suas navegações foram todas no Oriente e na África. Naufragando algumas vezes, de acordo com a lenda, em uma delas salvando seu manuscrito enquanto perdia sua amada Dinamene, Camões expressa pouco sobre as navegações portuguesas ao Ocidente. Não é mero acaso esse quase descaso. De fato, o interesse português era todo nas costas africanas, na Índia e na China. Navegar para o Ocidente e encontrar novas terras era algo não prioritário. Mas aconteceu e não foi por acidente. Mal sabia o reino português que as terras encontradas seriam, em um futuro não muito distante, a base da economia portuguesa por séculos.

3.1 Em Tordesilhas se dividiu o mundo: início do processo colonizador

A cidade de Tordesilhas dista aproximadamente 180 quilômetros de Madri, ao norte. À beira do rio Duero, que é chamado em Portugal de Douro, a região tem alguns dos melhores vinhos da Espanha, na área conhecida como La Rioja. É uma pequena cidade, com uma bela estátua de um touro, símbolo da cultura espanhola tão típica e cujo morador mais ilustre foi Joana, chamada de "a Louca", filha dos reis católicos, Isabel de Castela e Fernando de Aragão. Como rainha e herdeira do trono de Castela, reino mais rico e importante de Aragão, com a morte de Isabel, a filha Joana deveria ter ascendido ao trono, tirando o poder de seu pai. Ele então criou uma narrativa de que ela era "louca", mantendo-a enclausurada no Mosteiro Santa Clara até sua morte, mais de 40 anos depois.

Nesse sentido, é importante destacar que foi em Tordesilhas que se dividiu o mundo. Cidade muito conhecida pelo nome ao leitor brasileiro, cabe agora entender as nuances deste tratado que é tão referenciado nas aulas de História. E as pistas que ele dá, ainda que não escritas, sobre a viagem de Cabral ao Brasil.

Em 1492, o navegador genovês a serviço da Espanha, Cristóvão Colombo, fez o improvável. Chegou às Índias, navegando para o ocidente, partindo do pressuposto de que a Terra é redonda. Chegou às Índias? Claro que não, mas foi assim que ele inicialmente pensou. Colombo fez ao total quatro viagens ao continente que descobriu e há dúvidas entre os estudiosos se ele finalmente se convenceu de que descobriu uma nova terra ou morreu sem saber de sua descoberta. O que nos interessa nesse ponto é que a Espanha, um país que estava literalmente nascendo naquele mesmo ano, 1492, com a união de dois reinos, Castela e Aragão, pelo casamento de Isabel e Fernando, os Reis Católicos, começou a navegar.

E para desespero de Portugal, justo na primeira navegação, a Espanha teria encontrado o caminho para as Índias. Atentemos para a data: 1492. Portanto, antes da chegada triunfante de Vasco da Gama, que foi em 1498. O rei de Portugal da época, Dom João II, deve ter se imaginado o indivíduo com menos sorte do mundo: seu país navegava desde 1415 pensando chegar ao Oriente e a Espanha, seu único rival, acerta a rota na primeira tentativa. Um ponto a ser destacado é que, apesar do interesse português em atingir as Índias, a costa africana não era em absoluto um espaço comercial desprezível. Por volta de 1470, antes da viagem de Vasco, Portugal tinha controlado toda a costa da Guiné, de onde retiravam ouro, especiarias africanas (pimenta era a principal), marfim e escravizados. Nos 60 anos entre 1470 e 1530, mais de 150 mil escravizados africanos foram traficados por Portugal. Uma fonte de renda das mais importantes para o reino e para a elite portuguesa. Nessa época, Portugal estabeleceu um sólido relacionamento com o reinado do Congo, que fornecia boa parte dos escravizados que eram vendidos pelos europeus às ilhas do Atlântico e a mercadores do mediterrâneo, que os levavam ao Oriente Médio. No entanto, continuava o desejo de atingir o Oriente: seja pelo lucro que poderia advir, seja pelo espírito de expansão cristã.

Por que a Espanha demorou tanto para navegar? Porque estava ainda em seu processo de formação nacional. A luta contra os mouros ocorreu por mais tempo e, sem recursos, os reinos que formariam a Espanha não tinham condições de pagar por caras aventuras além-mar. Não é uma coincidência que Colombo sequer era espanhol: era um genovês que estava a serviço da Espanha em uma navegação experimental. E que deu mais certo do que ele mesmo imaginou.

Colombo, aliás, tinha sólidas relações com Portugal. Sua biografia mais importante foi escrita por seu filho e contém muitas fabulações, mas sabe-se por fontes mais seguras de que navegou por Portugal, chegando às ilhas do Atlântico, Madeira e Açores. Também navegou na costa africana. Até mesmo desposou uma portuguesa. Em alguns documentos, Colombo é mesmo descrito na Espanha como O Português. Boa parte da capacidade náutica de Colombo foi aprendida pelos anos, aproximadamente dez, em que passou em Portugal.

Por que então ele foi oferecer seus serviços aos reis espanhóis? Não há uma resposta definitiva a essa pergunta e as fontes neste ponto divergem. Há inclusive teorias de que Colombo fez as viagens para a Espanha **a um pedido secreto de Portugal!** E por que essa tese? Para desviar a Espanha da lucrativa rota ocidental africana. Outra possibilidade mais plausível é a de que Colombo ofereceu a rota alternativa ao rei português que recusou: afinal, para que investir em uma nova rota, se a que Portugal já usava era mais certa de chegar ao Oriente e lucrativa ao mesmo tempo? Portanto, não podemos nos esquecer dos elevados lucros da costa africana naquele contexto aos portugueses.

O que se sabe é que Colombo foi à corte de Castela, reino que se uniu ao de Aragão e formou a Espanha, e ofertou uma navegação ocidental. A entusiasta da ideia foi a rainha Isabel que viu em Colombo uma mesma motivação: comércio? Não. Fé.

Havia a ideia medieval de uma Jerusalém Celeste em algum lugar do Oriente. Uma conexão entre a Jerusalém terrena, já tomada e perdida pelos cruzados, e o Paraíso. Colombo imaginava chegar ao Oriente não só pelo lucro comercial das Índias, mas por encontrar, literalmente, a entrada para o Paraíso. A comparação das primeiras descrições da América com o Éden eram "provas" de que a teoria estava certa: homens e mulheres nus, florestas belas com frutas em abundância e até mesmo animais que falavam, como descrito na Bíblia: o singelo papagaio.

Quando a Espanha chegou à América, seja com a consciência de Colombo ou não, criou-se um impasse: Portugal podia entrar em guerra com seu vizinho pela posse das terras descobertas, que se acreditava, estavam no Oriente. A situação piorou para Portugal quando o Papa Alexandre VI, de origem espanhola, apressou-se em conceder tais terras aos reis espanhóis. A construção dedicada de anos de navegação portuguesa podia estar sendo perdida.

Portanto, voltamos à Tordesilhas. Aquela pacata cidade hoje foi palco de uma das disputas mais tensas da época: duas potências, uma hegemônica, outra ascendente, negociaram uma divisão de terras já descobertas e **as que seriam descobertas.** Para ter uma ideia da concepção de mundo, no sentido geográfico do termo, apresentamos um mapa que deu base ao tratado: observe com atenção os nomes e as regiões:

Figura 3.1 – Tordesilhas – Província de Valladolid. Comunidade de Castela e Leão

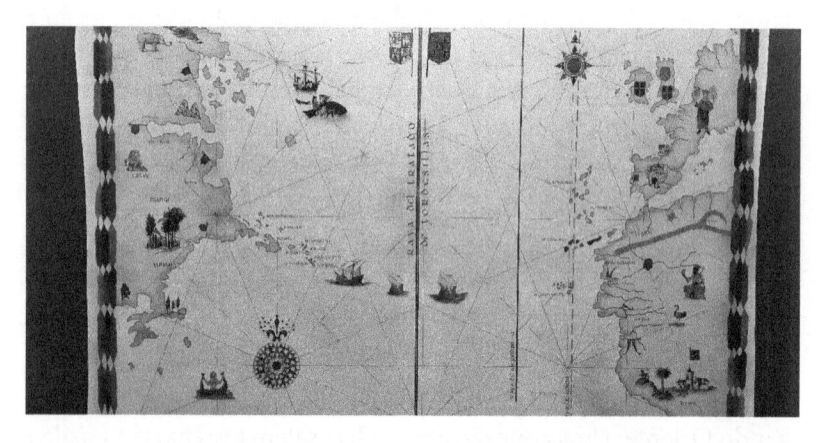

Fonte: Museo Del Tratado De Tordesilhas, Casa Del Tratado S/N – foto do autor.

Catay, Mangi, Yunan são terras chinesas já conhecidas por relatos de viajantes europeus que frequentaram a Rota da Seda. Mas Cuba é apresentada como uma península da Ásia, e as ilhas do Caribe como Guadalupe, Antígua e Dominica, estão próximas da costa asiática. Note o leitor que o espaço de mar entre Cabo Verde, Canárias e a costa africana e o Oriente não tem a América, mas apenas alguns lugares nos quais Colombo esteve, com os nomes atuais, a propósito.

Em resumo, o Tratado de Tordesilhas dividiu o mar e as terras. E o Brasil e boa parte da América, por ele, não deveriam existir. A Espanha ficaria com as terras a oeste da linha, o extremo Oriente e as ilhas "orientais" que Colombo "descobriu": as que estão no mapa, como já referimos (ilhas hoje que são parte do Caribe). Portugal, ficaria com o Ocidente, a lucrativa costa africana, ocidental e oriental, já explorada como vimos, e a Índia, que ainda não tinha sido alcançada, mas Portugal sabia plenamente da existência.

Pode-se dizer que nesses termos Portugal sai ganhando com o Tratado. Mas há detalhes mais sutis que indicam outras possibilidades. Antes da assinatura do Tratado, as disputas entre Espanha e Portugal se deram pela medida da linha divisória. Inicialmente, o Papa propôs uma medida muito mais favorável à Espanha, no sentido de se deslocar a linha mais a leste: ou seja, pela proposta inicial, os portugueses tinham garantida as terras africanas, mas sem terras na América, ou seja, sem o Brasil. Em resposta, Portugal propôs outra medida, com a linha mais deslocada a oeste, abarcando grande parte das terras da América, o que não foi aceito pela Espanha.

A pergunta que fica é: por que Portugal brigou pela medida, se na teoria, em 1494, o Brasil e as terras da América não "existiam"? Por que se disputa algo que não existe? E porque Portugal disputou terras "inexistentes" se já tinha garantida pelas negociações, a lucrativa costa africana?

Uma hipótese é a de proteger a costa africana ocidental, altamente lucrativa. Uma linha divisória muito próxima dos domínios portugueses seria uma ameaça. Outra é a necessidade de

Portugal de controlar rotas atlânticas de correntes marítimas. A chamada volta do Atlântico é uma curva longa que sai de Portugal e passa por mares do centro do Atlântico, para então retomar a navegação para a costa africana na direção sul. Essas correntes são verdadeiras estradas naturais e com barcos sem propulsão própria, mas guiados pelos ventos e pelas correntes, não era possível seguir linhas de navegação que desafiassem essas correntes. Por esta ideia, o deslocamento da linha de Tordesilhas seria na verdade a defesa de uma rota marítima, não necessariamente uma terra já descoberta. Ou, pode-se dizer que, sim, Portugal já tinha encontrado terras e que era importante ter essa posse juridicamente afirmada pelo tratado.

De fato, em 1498, o navegador Duarte Pacheco Pereira teria chegado ao litoral norte do Brasil. Seu texto de navegação é propositadamente ambíguo a respeito. Sabe-se, embora alguns também contestem esta informação da chegada de Pinzón, navegador espanhol que esteve na primeira viagem de Colombo, na região de Pernambuco e na Foz do Amazonas em 1499. A Espanha tentava encontrar uma rota que levasse às Índias pelo Ocidente, por isso fez incursões na costa brasileira. Após ter encontrado ouro na América, o projeto oriental foi abandonado. Na verdade, somente em 1519-1521 um português a serviço da Espanha, Fernão de Magalhães, conseguiria dar a primeira volta ao mundo, dobrando o extremo sul da América.

Portanto, Cabral muito provavelmente não foi o primeiro europeu a chegar ao Brasil. E sua viagem de 1500 foi uma posse oficial, não uma "descoberta". Porém, é possível que alguma navegação já estivesse nas terras do Brasil **antes** da assinatura do Tratado de Tordesilhas? Tal afirmação é mais difícil de ser confirmada. Mas talvez não possa ser de todo descartada.

A medida final, após negociações intensas, foi a que conhecemos dos mapas escolares: 370 léguas contadas a partir de Cabo Verde, o que garantia para Portugal uma sólida parte das terras americanas. As mesmas que, pelo mapa que vimos, sequer existiam. Afinal, quando Portugal assinou o tratado de Tordesilhas com a Espanha, tinha, de fato, conhecimento de terras no Atlântico sul?

Não sabemos essa resposta. Mas é altamente provável que sim. E nesse caso, se o conhecimento de terras era antecedente ao tratado ou pelo menos havia uma sólida desconfiança de sua existência, então a viagem de Cabral em 1500 deixa de ser uma viagem "acidental" para o Brasil, mas passa a ter uma intencionalidade: tomar posse de terras que já eram portuguesas pelo Tratado de Tordesilhas. Ainda hoje, temos interpretações abertas sobre esse tema.

Após a chegada e posterior exploração da costa brasileira por navegadores, novos mapas passaram a serem feitos. Em um deles, se vê a nova configuração da terra que Portugal tomou posse:

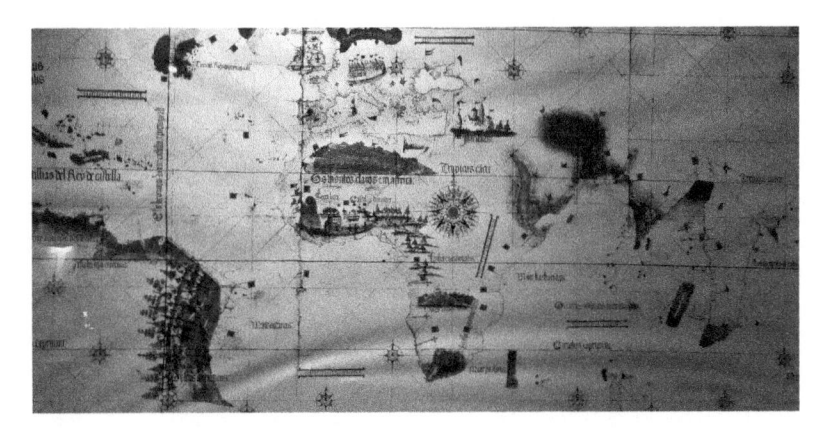

Figura 3.2 – Mapa de 1502 mostrando a linha do Tratado de Tordesilhas

Fonte: Museo Del Tratado De Tordesilhas, Casa Del Tratado S/N – Tordesilhas – Província de Valladolid. Comunidade de Castela e Leão, Espanha – foto do autor

Como se vê no mapa, temos já bem delineada a costa no NE brasileiro. A linha de Tordesilhas passa pelo Brasil, no modo tradicional como geralmente conhecemos. E dois detalhes do mapa nos chamam a atenção:

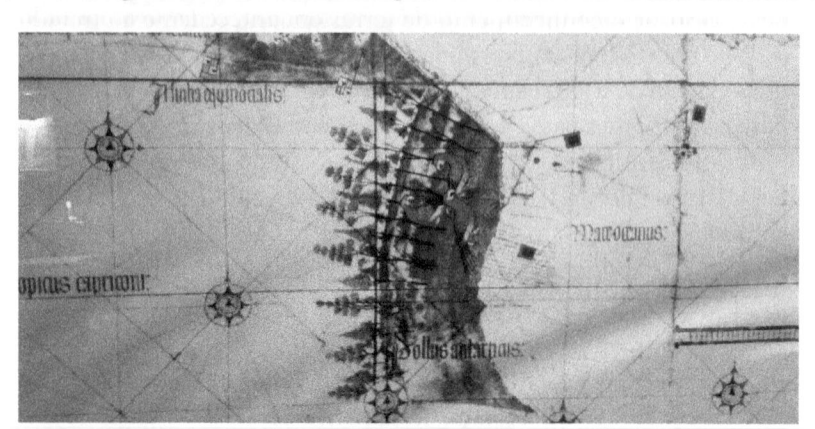

Figura 3.3 – Detalhe no mapa do Tratado de Tordesilhas

Fonte: Museo Del Tratado De Tordesilhas, Casa Del Tratado S/N – Tordesilhas – Província de Valladolid. Comunidade de Castela e Leão, Espanha – foto do autor

O litoral do Brasil é desenhado como uma terra cheia de papagaios. E de árvores. Agora é hora de entender a relação dessa visão da terra que será ocupada pelos portugueses a partir de 1500.

3.2 No Brasil, o vermelho é mais que madeira: trabalho nativo e destruição ecológica

No mapa que vimos, já com a referência à terra do Brasil, há a presença da mata nativa como um elemento de identidade. De fato, ainda hoje pensamos em nossa imagem como a de um país com florestas tropicais, embora o vasto espaço brasileiro contenha biomas diversos. Talvez seja uma justa homenagem à nossa natureza que tenhamos o nome de uma árvore: pau-brasil. **Ou será outra a história de nosso nome?**

Há duas hipóteses para a origem do nome Brasil. A primeira, do ponto de vista da cronologia, tem raízes medievais profundas e não está relacionada às navegações portuguesas. O povo celta ocupava a região da Europa Ocidental antes da expansão militar dos romanos. Sua cultura e sua língua tiveram influências profundas na formação da identidade da Irlanda e da Escócia, regiões que foram pouco influenciadas por Roma, que não as conquistou plenamente. E é dessa região, com raízes celtas, que surge uma lenda, uma mescla de mitologia celta pré-cristã e cristianização medieval: a Ilha dos Afortunados ou Ilha Abençoada, uma espécie de Terra Prometida de origem celta e que foi apropriada no processo de cristianização da Irlanda. Seu maior propositor foi um certo São Brandão, no século VI, na Alta Idade Média, que teria feito viagens marítimas no Atlântico Norte. Tais viagens são descritas na *Navigatio Sancti Brendani*, uma coletânea de textos com origem nessas lendas faladas, redigidas muitos anos depois, no século XII, com várias cópias manuscritas que chegaram até nós, o que demonstra que tais textos tiveram relativo sucesso na época.

E que palavra aparece nesses textos? A Ilha Brazil, chamada de Hy-Brazil ou Hy-Falga. São Brandão de fato navegou ou seu texto é uma ficção? O que é verdade e o que é ficção nas navegações deste personagem medieval tão fascinante? Não sabemos. Mas o que nos interessa é que o mito de uma ilha abençoada no oceano permaneceu e o nome **Brazil** é anterior mesmo ao nosso país atual, aparecendo em mapas de navegadores, sem estar diretamente associado à região que hoje corresponde ao Brasil. *Bress* em celta antigo é origem do verbo atual *to bless*, abençoar em inglês. Na Bíblia, o paraíso é descrito como um jardim, o Éden, com frutas em abundância e com animais que falam. No mapa que vimos, a presença do papagaio é exemplo desta visão edênica: a ilha Brazil também era chamada de Terra dos Papagaios.

Mas a outra hipótese, geralmente mais conhecida, tem relação com a cor vermelha: a brasa. Quando os primeiros portugueses aqui chegaram, encontraram os indígenas nus com pinturas corporais de belas cores intensas. E a cor vermelha era a mais cara da Europa, pela dificuldade de se obter. *Kermes vermilio* era o nome de um pequeno inseto do qual se obtém a cor, daí a origem dos nomes vermelho e carmesim. Quando viram que a madeira podia ser usada na fabricação desta cor, chamaram-na de pau-brasil. O vocábulo brasileiro por muitos anos era exclusivo em Portugal dos comerciantes que vendiam a madeira, enquanto brasílicos eram os nativos da terra, os indígenas.

Eram vermelhas as cruzes que adornavam as velas das caravelas portuguesas de Cabral. Vamos examinar mais de perto esta viagem e suas implicações.

Eram treze navios. Uma frota muito além do normal para uma navegação. Colombo aportou na América com apenas três navios. Uma expedição de grande porte tinha algo como cinco ou sete. O tamanho da frota é demonstração do seu objetivo: Cabral era um militar. Nunca tinha navegado antes. E de fato, não navegaria depois. Seu posto era o de comandante hierárquico, mas não de navegador prático. A esse papel, outros experientes navegadores estavam incumbidos: Bartolomeu Dias, o primeiro a dobrar o Cabo da Boa Esperança foi um deles, também estava seu irmão, Diogo Dias. E um nome bem conhecido na Índia, Nicolau Coelho, que aparece até mesmo na obra *Os Lusíadas*. Gaspar de Lemos, outro experiente nome, também estava na expedição. Dos treze navios que partiram de Lisboa e chegaram *à* costa da Bahia, nem todos eram caravelas, como geralmente se pensa. A caravela, menor que as naus, (um nome amplo que se dá a navios de grande porte) foi uma das maiores conquistas tecnológicas de Portugal. Mais ágil, menor e ao mesmo tempo mais manobrável e, portanto, segura em alto mar, foi a grande responsável pela expansão marítima portuguesa e não é à toa que sua imagem está sempre tão associada ao descobrimento do Brasil.

A viagem teve riscos. Um dos navios perdeu-se na costa de Cabo Verde. Dos doze que chegaram ao Brasil, um voltou a Portugal com a notícia da "descoberta". Os outros onze foram até Calicute. Inclusive, na viagem, quatro deles naufragaram no Cabo da Boa Esperança. Ironicamente, um deles foi o de Bartolomeu Dias o mesmo que, alguns anos antes, tinha conseguido "dobrar o cabo", foi por ele afinal vencido. Os outros navios comandados por Cabral chegaram até Calicute, bombardearam a cidade e Portugal instalou ali uma feitoria comercial e, claro, uma capela. Estava fincado o pé português na Ásia, início de um comércio lucrativo que seria a base da economia portuguesa por quase um século e meio.

Do navio que voltou a Lisboa, temos os documentos mais antigos sobre o contato entre o primeiro colonizador e os indígenas. Um relato do "piloto anônimo", publicado em italiano em 1507 a partir de um documento original escrito em português por algum comandante da esquadra de Cabral. A carta de João Faras, também chamado de Mestre João, um médico e astrólogo que primeiro descreveu a constelação do Cruzeiro do Sul. E a célebre carta de Pero Vaz de Caminha.

E foi um certo Dom Henrique Soares de Coimbra, bispo franciscano do prestigioso Convento de Jesus de Setúbal, quem rezou a primeira missa em solo brasileiro. De acordo com a carta de Caminha, assistida com imensa curiosidade pelos nativos:

> Ali disse missa o padre frei Henrique, a qual foi cantada e oficiada por esses já ditos. Ali estiveram conosco a ela obra de cinquenta ou sessenta deles, assentados todos de joelhos, assim como nós. E quando veio ao Evangelho, que nos erguemos todos em pé, com as mãos levantadas, eles se levantaram conosco e alçaram as mãos, ficando assim, até ser acabado; e então tornaram-se a assentar como nós. E quando levantaram a Deus, que nos pusemos de joelhos, eles se puseram assim todos, como nós estávamos com as mãos levantadas, e em tal maneira sossegados, que, certifico a Vossa Alteza, nos fez muita devoção.

A história do Brasil tem o privilégio de ter um documento tão bem preservado de um momento como aquele. Os documentos das navegações nem sempre eram guardados adequadamente e muitos se perderam. É um convite mais do que necessário que o leitor acesse a carta, disponível na internet, e leia os detalhes daquele encontro. A original está preservada no arquivo da Torre do Tombo em Lisboa, que também guarda os outros documentos referentes à navegação portuguesa em geral. Caminha faleceu pouco tempo depois de ter escrito a carta, durante os combates em Calicute, na sequência *da expedição de Cabral.*

Ao fazer esse exercício de viagem no tempo, fica a pergunta: tudo o que ocorreu na carta, de fato aconteceu? Há outras fontes daquele encontro, mas a carta de Caminha é sem dúvida a mais ampla e detalhada. Mostra os nativos tupiniquins recebendo os portugueses com certa simpatia, sem violência, embora com uma compreensível estranheza. Como vimos, é provável que a população indígena do litoral já estivesse acostumada a visitantes, talvez os incas do interior. Mas vindos do mar, era a primeira vez. Na continuação da viagem, a esquadra de Cabral deixou em terra alguns marinheiros, provavelmente por problemas disciplinares. Era uma prática comum. Depois, veremos, alguns desses "lançados" teriam papel central no processo colonizador.

Vimos que o olhar do europeu era motivado pela religião. Não é correto dizer que a missa e a cruz que foi construída na Bahia eram acessórios ou "detalhes" na navegação. De fato, eram centrais. Mas é evidente que o olhar também era comercial. E qual a riqueza que aqueles tupiniquins podiam entregar aos portugueses? A carta fala por si:

> Porém um deles pôs olho no colar do Capitão, e começou de acenar com a mão para a terra e depois para o colar, como que nos dizendo que ali havia ouro. Também olhou para um castiçal de prata e assim mesmo acenava para a terra e novamente para o castiçal como se lá também houvesse prata.

Não fica exatamente claro o que esse nativo queria comunicar. Ouro na região da Bahia? Sabemos que não. Seria apenas uma cena criada por Caminha para agradar ao rei Dom Manuel I, tornando a "descoberta" um fator economicamente interessante? Ou o nativo queria dizer algo totalmente diferente daquele que foi interpretado por Caminha? Uma possibilidade, como vimos, não tão remota assim: esse ouro e prata referenciados pelo nativo tupiniquim podia ser das terras incas, para muito além do litoral. O fato é que a chegada de Cabral ao Brasil não foi inicialmente um marco econômico que mudou a rota da história portuguesa. Afinal, o altamente lucrativo comércio africano era mais importante. E acima de tudo, o comércio asiático, que tomava seus primeiros passos decisivos em Calicute, seria o fator mais determinante da economia portuguesa. O Brasil era apenas uma promessa.

Mas nem tudo era só narrativa na chegada às terras brasileiras. Havia uma forma de se rentabilizar a Coroa. E essa forma foi o pau-brasil. Em 1503, um cristão-novo chamado Fernando de Noronha arrendou do rei a exploração da árvore. São chamados cristãos-novos os judeus convertidos ao catolicismo em Portugal, e muitos deles tinham sólidas conexões mercantis e tiveram papel determinante na construção da economia colonial brasileira. A exploração da mata era feita pelos próprios indígenas que recebiam ferramentas de metal dos europeus em troca de objetos que eles desejavam. É comum o nome **escambo** para esse tipo de relação de trabalho em que não há dinheiro envolvido. Mas não se deve dizer que os objetos que os nativos queriam eram de pouco valor: valor para quem? Quem determina o valor ou o preço de um objeto? Do ponto de vista antropológico, os objetos tinham baixo custo para Portugal, mas para os nativos eram valorizados exatamente porque não existiam na sua sociedade.

É comum também haver certa tradição de se ridicularizar o escambo do ponto de vista indígena: afinal, não faz sentido cortar árvores, um trabalho pesado, em troca de um mísero espelho, certo? Mas de novo, precisamos de novos olhares para a nossa história. Para uma cultura que tanto valorizava o corpo como suporte da beleza e da arte, com as belíssimas pinturas corporais que faziam, ver-se no espelho deveria ser um momento muito valorizado. Outros objetos que os nativos também queriam eram as belas e caras perucas europeias, a pinga de cana-de-açúcar e as armas de fogo. Estas eram entregues pelos portugueses com limitada quantidade de chumbo, pois o que era desejado pelos indígenas era o seu barulho potente. Não tardou para que algumas tribos soubessem que, além de barulhentas, podiam ferir mortalmente seus inimigos. Tendo o controle do fornecimento de pólvora e chumbo, o colonizador soube bem entregar armas a doses controladas para tribos inimigas, aumentando as já constantes guerras entre elas, tudo para extrair mais madeira da mata.

Não se pode dizer que a exploração de pau-brasil foi de fato um processo colonizador. Os navios chegavam à costa brasileira, eram carregados com as toras já cortadas em contato anterior com os indígenas e partiam. Pouco se fixava nas pessoas. De fato, a primeira cidade brasileira não está associada ao pau brasil, mas ao açúcar.

Qual é a primeira conclusão dessa inicial etapa da chegada dos portugueses ao Brasil? Em primeiro lugar, **uma baixa ocupação**. Por longos trinta anos, de 1500 a 1530, a faixa litorânea brasileira mal tinha portugueses. Alguns pontos privilegiados de retirada de madeira, pequenas feitorias comerciais e alguns "lançados", os indesejáveis nas navegações que eram abandonados em terra. E não mais que isso. Aquela enorme faixa de mata nativa era pouco importante para a Coroa. E por quê? Pelo simples fato de que o oriente era a maior fonte de lucro. As especiarias indianas e o comércio de porcelana e seda chinesas eram todos os olhos da elite comercial portuguesa. Mas outros olhos estavam aqui.

"Mostre-me o testamento de Adão que me exclui da partilha do mundo" é uma frase atribuída a Francisco I, rei da França. Do seu ponto de vista, um Papa abençoar a divisão do mundo em duas potências católicas e ele mesmo sendo um rei católico estar fora da partilha era um contrassenso. Por isso, não teve dúvidas: simplesmente não aceitava o tratado de Tordesilhas.

A atuação de corsários franceses foi intensa no litoral brasileiro. Um corsário não é um pirata: é um navegador, geralmente de origem nobre, que recebe uma tarefa do rei, a de saquear navios de países inimigos, dividindo a carga roubada entre si e a Coroa. Para isso, recebiam cartas de corso, documentos de permissão de uso da força em alto mar e que estabeleciam os direitos e deveres do "ladrão". E por que afinal não dizer que eles eram ladrões? Afinal, do ponto de vista dos indígenas brasileiros, o que os portugueses faziam eram fundamentalmente tão diferentes assim? Os franceses iriam mais longe ainda, tentariam estabelecer uma colônia no Brasil. Aliás, duas. Mas veremos essas tentativas mais adiante.

Para proteger o litoral, Portugal estabeleceu as chamadas expedições guarda-costas: o mais importante navegador desta época foi Cristóvão Jacques, que fundou a feitoria de Itamaracá, hoje Forte Orange, no litoral de Pernambuco, e afundou vários navios franceses. Alguns corsários eram também perseguidos até na Europa.

A segunda conclusão: a natureza sempre foi vista como um objeto a ser explorado. Em uma expedição francesa capturada na Espanha pelos portugueses, havia 15 mil troncos de pau-brasil, mais de 600 papagaios e em torno de 3 mil peles de onça. A barbarização ecológica da mata atlântica foi o primeiro motor econômico de nossa história. Praticada pelos indígenas que eram os executores iniciais, mas instigada pela inclusão em uma economia mercantil que se globalizava rapidamente a partir da Europa, o Brasil, país que tem um nome a partir de uma árvore, quase destruiu todas. É uma cruel ironia que a mata atlântica hoje esteja resumida a 12% do seu original e a árvore que dá nome ao Brasil seja pouco conhecida dos brasileiros: quem já viu uma árvore de pau-brasil hoje em dia?

3.3 O DOCE AMARGO AÇÚCAR: MONTAGEM DA ECONOMIA AÇUCAREIRA

Na divisa dos municípios de São Vicente e Santos, no estado de São Paulo, não muito longe da região dos terminais do porto mais movimentado do Brasil, persistem as ruínas de um dos primeiros engenhos de açúcar das Américas. Houve alguns engenhos de menor porte construídos no Nordeste ainda no período econômico do pau-brasil, mas é este o primeiro engenho de grande porte, movido a água, início de um processo de fabricação de açúcar em larga escala. Pode-se dizer que ali começou a história econômica colonial propriamente dita do Brasil.

Chama-se Engenho São Jorge dos Erasmos e é administrado pela Universidade de São Paulo, e lá se realizavam visitas guiadas a um patrimônio nacional tombado. Todo ele resume boa parte da história do açúcar brasileiro. E as conexões sociais, econômicas, globais e até religiosas que essa especiaria tão importante teve. O Brasil ainda é, hoje, o maior produtor mundial de açúcar. É um convite evidente começar nossa trajetória por aqui.

E por que este engenho foi ali construído? Vamos conhecer melhor o que aquelas ruínas de pedra têm a nos contar.

Saindo de Lisboa em 1530, uma expedição mudaria o rumo do território que Portugal tinha encontrado 30 anos antes. Seu comandante era um experiente navegador e cosmógrafo, Martim Afonso de Sousa. Navegou por todo o litoral brasileiro e foi mais além: chegou até a foz do Rio da Prata, território que não deveria ter frequentado, por ser da Espanha pelo Tratado de Tordesilhas. As notícias de que um reino rico em ouro e prata no meio da América já eram bastante conhecidas e Portugal tentava encontrar esse caminho. Um dos lugares visitados foi a atual região de Cananéia. Dali, uma expedição seguiu por terra para encontrar o caminho que levaria até o reino Inca. Esses homens desapareceram sem deixar rastros. A outra parte, liderado por Martim Afonso, continuou viagem, naufragando na região do Rio da Prata. Veremos posteriormente que o Sul do atual Brasil, a região do estado do Rio Grande do Sul, Uruguai e cidade de Buenos Aires, foi uma área muito disputada por portugueses e espanhóis, principalmente quando se confirmou que a partir dali podia-se chegar ao coração do Império Inca.

De volta dessa expedição ao sul, Martim Afonso parou na ilha de São Vicente, que hoje comparta os dois municípios, o de mesmo nome e Santos. Se o leitor observar agora um mapa daquela ilha, verá uma localização privilegiada. É uma ilha relativamente grande, mas dentro de uma baía, com acessos bem fechados em canais marítimos, seja o canal de Bertioga ao norte, ou o do porto de Santos, a leste. Protegida, portanto, de possíveis invasores. Além disso, a geografia dos morros permite uma vigilância de longa distância a qualquer navio vindo do oceano. Gaspar de Lemos, um dos navegadores que voltou para Portugal com a carta de Caminha em 1500, retornou ao Brasil um ano depois. Nessa segunda expedição portuguesa de 1501, na qual, a propósito, estava Américo Vespúcio, o cartógrafo que batizaria o novo continente, fez uma descrição da ilha de São Vicente como um lugar estratégico e muito bem protegido. Chamou-a, assim: **São Vicente**.

Santo mártir do século IV, seu culto era muito importante na península Ibérica e seu dia, 22 de janeiro, dia de sua morte no ano de 304, foi aquele em que o navegador chegou à ilha. O santo foi torturado e morto em Valência, Espanha, durante o domínio romano. São Vicente também é o padroeiro de Lisboa e um mosteiro em sua homenagem foi erguido naquela cidade pelo próprio Afonso Henriques, o primeiro rei português, pela vitória dos cristãos contra os mouros. Conta a lenda que as relíquias do mártir estavam em Sagres e que se Afonso Henriques tomasse a cidade dos mouros, iria trazer essas relíquias para Lisboa. Como conquistou a cidade, o rei cumpriu a promessa. O barco que trouxe os restos mortais do santo de Sagres para Lisboa foi escoltado por dois corvos. Os mesmos animais que, de acordo com a tradição contada sobre o mártir, teriam se recusado a comer o corpo do santo martirizado, após os romanos terem jogado aquele corpo aos animais para ser devorado. Com raiva deste poder miraculoso do corpo do santo, os romanos jogaram-no ao mar. Para sua surpresa, o corpo voltou à praia, sem as pedras que estavam a ele amarradas. Santo ibérico, sua simbologia está associada também ao mar e às navegações. Até hoje, o símbolo da cidade de Lisboa é um barco com dois corvos. A mão direita e parte do braço de São Vicente estão na Sé da cidade.

Era perfeitamente natural que a primeira cidade brasileira tivesse como nome e padroeiro, o santo do mar e de Lisboa. Mas o olhar sobre a terra também era comercial. E o engenho dos Erasmos expõe isso.

É comum chamar a expedição de Martim Afonso de Sousa entre 1530 e 1532 de primeira "expedição colonizadora". A partir dessa data, Portugal passou de fato a se interessar pelo Brasil. Os lucros decrescentes do comércio oriental e os corsários franceses forçaram a Coroa a iniciar a colonização efetiva do território. Corria-se o risco de perder as terras para os franceses. E precisava-se de novas fontes de renda para o reino. A tarefa de Martim Afonso era esta: tornar a ocupação do território efetiva.

A escolha do açúcar como produto foi bastante óbvia. A cana era uma planta de clima quente e Portugal já tinha boa experiência em seu manejo nas ilhas do Atlântico, principalmente na Madeira. Mas talvez o maior impulso tenha vindo da associação comercial que havia entre a Coroa e alguns importantes distribuidores de açúcar na Europa, relações comerciais que seriam depois estendidas ao Brasil.

A escolha da ilha de São Vicente foi estratégica. Como vimos, bem protegida de possíveis invasores. O engenho foi construído na parte de trás do morro que fica bem ao centro da ilha. O acesso a ele se dava pelo canal de Bertioga (pode ser também pelo canal do porto de Santos), um longo braço de mar escondido de olhares curiosos e mais facilmente protegido. E por que tanta proteção? O preço do açúcar na Europa era tão alto que uma fábrica dele era quase uma mina de ouro. Embora em 1530 seu preço já tinha diminuído dos picos que ele alcançou quando vinha só do Oriente, continuava a ser um produto caro e raro.

E para fabricar tal produto, precisava-se de capital. O rei concedeu a particulares parte da empreitada. O nome do engenho **Erasmos** reflete essa concessão. O engenho foi construído com capital português por Martim Afonso em 1532, mas em 1540 foi vendido a um negociante flamengo Erasmo Schetz. De origem alemã, mas morador de Antuérpia, na atual Bélgica, que na época era parte da Holanda, ele mesmo nunca esteve no Brasil. O açúcar brasileiro era distribuído na Europa por comerciantes holandeses. Na verdade, os navios sequer paravam em Lisboa, indo direto para os portos holandeses, de onde eram levados aos centros consumidores. Só pessoas muito ricas compravam açúcar. A Coroa portuguesa recebia parte do lucro. Para o rei de Portugal, era uma associação vantajosa: o capital para o investimento no engenho era holandês e a distribuição também ficava com estes comerciantes. A Coroa ficava com parte do lucro pelo fato de ser a colonizadora do Brasil, mas investindo pouco na produção em si. Durante muitos anos, a distribuição do açúcar brasileiro foi feita pelos holandeses. Veremos mais à frente que isso levará a sérias questões de política internacional com a Espanha. Outra fonte de riqueza para a Coroa portuguesa era fornecer os escravizados para a indústria açucareira. Assim, duas conexões comerciais se ligavam: produção de açúcar em um lado do Atlântico, tráfico negreiro de outro. Portugal tinha nas costas africanas boa parte de sua renda. Nesse caso, as **costas** devem ser entendidas no sentido geográfico e no domínio dos corpos dos escravizados.

Como o açúcar era produzido? Após a colheita, a cana era levada à moenda. Esta era uma grande roda que amassava a cana e extraía dela o caldo. A moenda podia ser tracionada por água, caso do engenho dos Erasmos, por escravizados ou por animais. O gado também vinha de raças originárias da Índia: principalmente o

Nelore, uma raça rústica adaptada ao trabalho e ao clima tropical. Gado no Brasil colonial era trator, caminhão e força motriz, mas não um animal de corte. O caldo era fervido em tachos grandes de cobre, retirando parte da umidade e tornando o caldo da cana em um melaço denso. A próxima etapa era a casa de purgar. O melaço ficava depositado em fôrmas de barro em formato de ogiva, um grande cone de base plana, preenchidas pelo topo, que tinha uma pequena abertura. Esse melaço tornava-se açúcar, pois a umidade acabava sendo retirada pela base, que também tinha uma pequena abertura e pelo próprio barro do molde, que deixava parte dessa umidade evaporar. Daí o nome purgar: limpar, retirar, nesse caso, a água. A fôrma ogival em barro era chamada de pão de açúcar. Já conhecida dos portugueses desde a produção de açúcar nas ilhas do Atlântico, batizou a formação geológica que é um dos símbolos do Rio de Janeiro. Como se vê, o engenho tinha certa sofisticação técnica para os padrões da época. Prefere-se deixar o termo **indústria** para sinônimo de fábricas a partir da Revolução Industrial do século XVIII. Mas o engenho era uma manufatura com elevado grau de capital e outras manufaturas acessórias. Não só a pecuária, fundamental para o plantio, o transporte e a moenda, mas as cerâmicas e o cobre do processo fabril, isso sem contar a madeira e as pedras da construção. Mas o fator trabalho humano merece agora nossa especial atenção.

3.4 Casa Grande e Senzala: a sociedade da economia açucareira

O título desta seção faz referência a um clássico da pesquisa social e histórica brasileiras. *Casa Grande e Senzala*, obra publicada em 1933 por Gilberto Freyre, é parte de um enorme esforço interpretativo da identidade nacional. Obra muitas vezes criticada por supostamente diminuir a violência da exploração escravocrata, ainda continua a ser leitura obrigatória pelas observações do cotidiano colonial e pelo olhar panorâmico sobre a formação do Brasil enquanto sociedade e cultura.

É a partir desse ponto que precisamos apontar os elementos centrais daquela sociedade que se formava nas terras colonizadas. Uma sociedade que mescla elementos europeus, profundamente portugueses e católicos em sua essência cultural, mas que foi plantada nos trópicos em contato com os indígenas e posteriormente, com a importação forçada e violenta de milhões de indivíduos da África. É esta a base da sociedade brasileira mais de 500 anos depois daqueles barcos terem aportado nas praias da Bahia. Pela sua importância, teremos um capítulo exclusivo dedicado ao exame da escravidão africana. Agora veremos como a sociedade canavieira foi inicialmente montada e suas estruturas essenciais.

Na obra citada de Gilberto Freyre, há a oposição dialética entre o poder dominante, representado pela casa grande, a moradia do senhor de engenho, e a senzala, o lugar do dominado, aquele que foi escravizado pela força. Mas na mesma obra, essa interação entre os dois componentes sociais não é apenas de exploração e violência, mas de trocas culturais. A obra permite um olhar sociológico na formação de hábitos de vida, linguagens, costumes sociais, criados no processo de aculturação entre os dois, dominantes e dominados. Pode-se criticar a obra por ser, de acordo com muitos autores, benevolente demais em relação ao processo colonizador. Porém, a essência principal do argumento de Freyre, a nosso ver, se mantém: não é porque há uma relação de dominante e dominado que se exclui um processo de aculturação entre os dois. Isso não significa que se criou no Brasil uma suposta "democracia racial", mas ao mesmo tempo, não podemos afirmar que hábitos e costumes tão tipicamente nativos e outros, africanos, não acabaram por serem incorporados no processo de construção da sociedade colonial, formada pela elite dominante portuguesa. É esse o processo que veremos a seguir, em relação à primeira construção social colonizadora, a sociedade de engenho do litoral paulista.

Foi com uma certa surpresa que Martim Afonso, ao iniciar sua expedição colonizadora, passando pela Baía de Todos os Santos em março de 1531, encontrou ali vivendo entre os tupinambás o náufrago Diogo Álvares, chamado pelos nativos de Caramuru. Ele ali vivia há mais de 20 anos, portanto um sobrevivente de alguma das expedições guarda-costas iniciais. Caramuru foi um importante elo que conectava os primeiros colonos portugueses na Bahia e os nativos. Outro personagem, ainda mais fascinante por ser enigmático, foi o bacharel de Cananéia. Um náufrago ou "lançado" português (ou possivelmente espanhol) que vivia naquela região, sul do atual estado de São Paulo, distante aproximadamente 250 km de São Vicente, junto com mais náufragos castelhanos. Foi um intérprete fundamental entre os colonos e os nativos. Até hoje não sabemos exatamente sua identidade.

Ainda mais fundamental foi a presença de João Ramalho, outro "lançado" ou náufrago que vivia entre os tupiniquins no litoral, justamente em São Vicente. Quando Martim Afonso ali chegou e começou a construir a vila, João Ramalho era genro do cacique Tibiriçá, que governava a tribo tupiniquim do interior, região que hoje é a cidade de São Paulo. Foi a partir dele que os primeiros colonos, incluindo o próprio Martim Afonso, além de padres jesuítas, subiram a serra do mar, chegando a região do planalto de Piratininga, iniciando a penetração portuguesa no interior e não apenas no litoral. As tribos do interior eram fundamentais para a colonização do litoral: e se o leitor estranhar o termo "interior" para a cidade de São Paulo, lembremos que o litoral era o único lugar a ser ocupado pelos portugueses e a Serra do Mar que separa o planalto de Piratininga da vila de São Vicente era uma formidável barreira natural, só vencida pelos conhecimentos ancestrais dos indígenas que dominavam as trilhas no meio da mata.

É a partir da presença destes indivíduos que podemos começar a construir a primeira feição da sociedade brasileira: mescla de nativos e portugueses, tanto na cultura, língua e costumes, quanto na miscigenação: João Ramalho teve incontáveis filhos com as nativas tupinambás, motivo que levava os jesuítas a não o aceitar nas missas em São Paulo.

João Ramalho pode ser visto como um colonizador que desposou a filha do cacique, falava tupi normalmente, tinha hábitos indígenas. E por isso, fez fortuna vendendo escravizados indígenas para o engenho dos Erasmos e para os colonos do litoral. O que entendemos aqui por escravidão indígena?

> Numa sociedade que não funcionava segundo o princípio da acumulação de bens, os escravizados não tinham valor como mercadoria. Eram apenas seres humanos sem o valor dos guerreiros, portanto destinados a uma existência corriqueira no grupo (Caldeira, 2017).

É necessário, portanto, repensar o termo "escravidão indígena". O trabalho compulsório em roças era o termo usado para a escravidão indígena. E o cacique Tibiriçá e João Ramalho, seu genro, são exemplos dessa forma de trabalho que a princípio combina elementos indígenas e europeus. Prossegue o historiador Jorge Caldeira:

> Os cativos de guerra, antes incorporados ao grupo, agora passaram a ser empregados nos trabalhos produtivos – e muitos começaram a ser vendidos como mercadoria pelos genros que serviam de intermediários.

E qual era o principal produto trocado pelos escravizados indígenas? Principalmente ferramentas de ferro, com as quais os tupis podiam derrubar a mata, ampliar suas roças e ao mesmo tempo, subjugar outros grupos:

> Na falta de pau-brasil abundante na região, outra 'mercadoria', embora menos rentável que a madeira de tintura, mostrara-se atraente o suficiente para ser trocada por utensílios de ferro. Para estabelecer esse fluxo foi necessária apenas uma adaptação nos hábitos guerreiros locais. Em vez de deixarem soltos os prisioneiros de guerra, os europeus associados aos chefes passaram a se apossar deles, levá-los até o porto e promover as convenientes trocas. Em tudo o mais, procediam ao modo Tupi: forneciam artefatos, recebiam mulheres, apoiavam os chefes no preparo das guerras que davam substância a seu poder de mando.

Portanto, a sociedade inicial da cana-de-açúcar em São Vicente e no planalto de Piratininga, posteriormente cidade de São Paulo, era uma mescla de **elementos europeus** na prática mercantil de se obter lucro com o trabalho de escravizados e cultivo do açúcar e das **práticas tupis** de "cunhadismo" (como escreveu o antropólogo Darcy Ribeiro), de associação de estrangeiros, no caso portugueses, na construção de redes de aliança entre o poder militar e tecnológico europeu, o ferro, e o domínio sobre outras tribos. São Vicente ficou conhecida na época entre os portugueses como Porto dos Escravos: uma fonte de mão de obra permanente para o engenho dos Erasmos e para outros engenhos que iam sendo construídos no litoral.

Por último, para reforçar esta associação entre aquelas duas sociedades que se encontraram, Martim Afonso fez, em nome da Coroa Portuguesa, algo que faria espanto na Europa: deu títulos de fidalgo, ou seja, nobres, a esses genros, os portugueses casados com as indígenas e incentivou colonos portugueses a se estabelecerem na terra. Vários deles inclusive foram casados pelos padres, muitas vezes fazendo vista grossa para a poligamia normalmente praticada pelos tupis e portugueses, e dando a eles títulos de "homens bons", vereadores na então fundada Vila de São Vicente: ironia brasileira, a "elite" colonial era na verdade miscigenada com os tupis, falava tupi e era poligâmica, basicamente analfabeta, mas, claro, batizada e com títulos de fidalguia. Outro fato que poderia espantar a um europeu da época: a própria autonomia das vilas criadas posteriormente no Brasil, as Câmaras Municipais. Nos reinos europeus da época, a centralização absolutista era crescente. Por aqui, para acomodar os interesses locais dessa elite colonizadora com a produção de açúcar, foco do interesse real português, as Câmaras Municipais tiveram grande autonomia administrativa pelo rei. As "cidades livres" europeias eram as da Idade Média, naquele momento histórico, a maioria já estava subordinada a um Estado Nacional absolutista.

3.5 Litoral e Interior: Os jesuítas sobem a serra

A lógica da colonização sempre foi dupla. Mercantil por um lado, pela exploração das riquezas e pelo controle de rotas comerciais lucrativas. Mas tão importante quanto, religiosa, pela expansão da fé católica em um momento de Reformas Religiosas na Europa. As datas falam por si: em 1517, na pequena cidade alemã de Wittemberg, Lutero iniciava a sua crítica à Igreja que levaria à Reforma.

Os jesuítas são fruto desse contexto. Entre 1545 e 1563, na cidade ao norte da Itália chamada Trento, o Papa Paulo III convocou um Concílio. Reunião de bispos para discutir temas importantes da Igreja, o Concílio de Trento, como ficou conhecido, foi um marco de transição importante, separando a Igreja medieval, cujos poderes contestadores eram limitados e controlados, da Igreja moderna, em luta constante para afirmar sua identidade e seu poder diante dos novos desafiantes, reis absolutistas, poderes econômicos mercantis fora do âmbito da Igreja e novas formas de expressão da fé cristã.

Entre as recriações desse período está a Inquisição. Usa-se o termo recriação, porque a instituição da Inquisição é de origem medieval. Foi criada no século XII em plena Idade Média para combater a heresia cátara, também chamada de albigense, por ter uma das sedes na cidade de Albi, sul da França. Os cátaros renegavam o Papa e propunham um cristianismo mais "primitivo", com menor influência da hierarquia eclesiástica e com críticas ao poder e o luxo da elite clerical de Roma, cardeais e o papado. Foram violentamente perseguidos até sua extinção. Após esse período, a Inquisição como braço armado da Igreja Católica permaneceu pouco ativa. Agora, no século XVI, ela voltava com força para um novo combate: as heresias, em seu modo de ver, de Lutero, Calvino e outros reformadores, até mesmo reis, como Henrique VIII e sua Igreja Anglicana. Vimos como Portugal foi um país que nasceu pela lógica da cruzada contra os mouros, como também que a lógica da catequese do "infiel" era determinante nas navegações. A mesma linha de continuidade segue no início do processo colonizador: tomar territórios e ganhar almas eram objetivos idênticos.

Entretanto não para todos. Imagine o desespero dos padres portugueses quando viam os primeiros colonos em evidente promiscuidade, em seu modo de entender, com as nativas. Poligamia e incorporação de hábitos indígenas, até mesmo o uso do tupi como língua franca, era para eles sinônimos de desregramento: era como se o combate da Igreja contra o "infiel" tivesse agora um poderoso inimigo, o processo de aculturação duplo que ocorreu na sociedade colonial. Se tupis absorviam práticas europeias, também é verdade que os colonos acabavam por incorporar ideias e comportamentos tupis.

Portanto, o processo colonizador não foi único, como geralmente se pensa. Para vários colonos portugueses, o interesse era poder e dinheiro, ainda que isso significasse casar-se dezenas de vezes com filhas de caciques tupis, o cunhadismo como vimos. Para os padres, catequizar os nativos era tão trabalhoso quanto manter padrões cristãos mínimos entre os próprios portugueses.

Em 1540 uma Bula Papal reconheceu a criação da Companhia de Jesus, fundada por um espanhol, Inácio de Loyola, que teve experiência militar a serviço da nobreza de Navarra. Após um período de convalescência depois de uma batalha, converteu-se definidamente, já que anteriormente tinha levado uma vida com certa devassidão, e teve a ideia de fundar uma nova ordem religiosa-militar. Fez uma peregrinação à Jerusalém e na volta estuda em algumas prestigiosas universidades espanholas, como Salamanca e depois em Paris. Fundou naquela cidade a Cia de Jesus que reuniria vários elementos de sua trajetória: disciplina militar, sólida formação cultural e linguística e ardente fé. De fato, podemos encontrar um eco da ordem dos Templários, monges guerreiros das cruzadas, na formação da identidade jesuíta, mas com um importantíssimo acréscimo: formação intelectual impecável. Particularmente, no domínio de línguas.

Uma das críticas de Lutero à Igreja Católica era o desregramento do clero e seu despreparo intelectual. Muitos dos padres eram analfabetos em suas línguas nativas, quanto mais ler a Bíblia que era escrita apenas em latim. Sem mencionar o desregramento sexual, tão mostrado em contos medievais como a coletânea *Decameron,* de Boccaccio, século XIV. Pois a Ordem dos Jesuítas se propunha não como uma Contrarreforma Católica, ou seja, uma reação às críticas pela via da força, como era a Inquisição. Eles visavam uma **reforma católica**: ou seja, uma resposta contundente às críticas luteranas e calvinistas, pela via da mudança de hábitos eclesiásticos.

Se Lutero tinha criticado a manutenção da Bíblia em latim e propôs a livre leitura do texto na língua dos homens comuns, no caso o alemão, os jesuítas foram além: aprender tupi para catequizar os indígenas. E traduzir textos eclesiásticos, em tupi, assim como em chinês, japonês, sânscrito etc. A Ordem dos Jesuítas esteve em todos os lugares onde os navios portugueses e espanhóis alcançaram, naquele momento histórico, praticamente o mundo inteiro. Vimos inclusive a experiência jesuíta portuguesa no Japão.

No Brasil, tivemos uma presença jesuíta determinante. E alguns nomes merecem nossa lembrança. Talvez o mais referenciado seja o do padre José de Anchieta. Nascido em 1534 nas ilhas Canárias, território espanhol, entrou na Ordem dos Jesuítas com 17 anos e estudou em Coimbra, a mais prestigiosa universidade portuguesa. Com menos de vinte anos, veio ao Brasil, chegando em Salvador e em seguida, dirigindo-se a São Vicente. Como a principal comunidade indígena ficava no interior, na região do planalto de Piratininga, o jovem Anchieta, com saúde frágil, subiu a serra do mar e ali instalou, junto a outros jesuítas, destacando-se entre eles o padre Manuel da Nóbrega, um pequeno colégio. A data de sua fundação foi 25 de Janeiro de 1554, dia da conversão de Paulo de Tarso ao Cristianismo, tornando-se São Paulo. Foi o nome dado a pequena vila, que mal poderia, receber esta qualificação: pouco menos de 150 pessoas habitavam o núcleo em torno do pequeno colégio, quase todos tupinambás e muitos parentes de João Ramalho, o genro do cacique Tibiriçá. Aliás, este foi batizado pelo próprio Anchieta, passando a se chamar Martim Afonso Tibiriçá, uma homenagem ao outro Martim Afonso, o que permaneceu no litoral, em São Vicente.

Atualmente, as milhares de pessoas que descem a serra do mar para o litoral nos feriados, enfrentando algumas horas de congestionamento, talvez não saibam que o destino destas duas regiões, São Vicente e São Paulo, sempre esteve ligados. Interessante notar que há um enorme muro que separa as duas regiões, as íngremes escarpas da Serra do mar. Mas os próprios indígenas tinham o domínio das trilhas que separavam as duas regiões, de modo que neste caso, ocupar uma região era imediatamente estar conectado a outra. Se os colonos liderados por Martim Afonso e por João Ramalho criaram uma conexão, essa mercantil e ligada ao comércio internacional de açúcar, os jesuítas abriram outra: a catequese de indígenas em uma remota região do Atlântico Sul, com as disputas religiosas que ocorriam na Europa entre católicos e protestantes. Uma trajetória muito singular teria a cidade de São Paulo: de primeira vila do interior do Brasil, em parte isolada das outras regiões da colônia, particularmente do Nordeste açucareiro, marcada pela pobreza e pela ampla miscigenação cultural e étnica entre portugueses e indígenas, para uma cidade cosmopolita, rica e com mais de 12 milhões de habitantes, em um período histórico de 500 anos. Nem Anchieta poderia imaginar uma transformação dessas.

O maior trunfo dos jesuítas era seu domínio de línguas. Em um trabalho minucioso sobre a obra em tupi de Anchieta, o pesquisador e tradutor Paulo Edson[1] indica:

> Em nosso entender, é muito pouco provável que suas opções na transferência da mensagem católica à língua brasílica tenham sido influenciadas por um conhecimento superficial de sua estrutura ou semântica: a riqueza e abrangência de sua Arte de Gramática da Língua mais usada na costa do Brasil – que segundo seu biógrafo Pero Rodrigues foi composta em seus meses e já tinha em 1555 sua primeira versão completa- faz-se prova da extrema intimidade e domínio que Anchieta adquiriu da língua dos nativos.

Pode-se, portanto, dizer que a obra de Anchieta é mais do que apenas uma tradução, mas uma recriação de um universo religioso complexo, o Cristianismo, a outro, igualmente rico em simbologias, a religião nativa dos tupis. Anchieta também pode ser entendido como um dos primeiros diplomatas do Brasil, já que teve papel central em mudar a opinião de uma confederação de tribos, os tamoios, de apoiar os franceses e se aliar aos portugueses. Voltaremos a esse ponto adiante. Após um longo período em São Paulo, participou de missões de catequese em outros pontos do litoral, tendo tido ativa na fundação do Rio de Janeiro. Foi até a região do atual litoral do

---

1 EDSON, Paulo. Catolicismo indígena – Como as traduções de José de Anchieta para o Tupi moldaram o Cristianismo do Brasil Colonial. Editora Paco, 2010.

Espírito Santo, fundando também por lá uma cidade, hoje batizada em sua homenagem, onde veio a falecer.

3.6 Afinal, o que eram mesmo as Capitanias Hereditárias? Sistemas de administração colonial

O tema capitanias hereditárias é vastamente estudado nas aulas de História. É uma expressão muito corrente, quase todos os estudantes já ouviram falar dela. Muitos inclusive já devem ter um certo conhecimento sobre o tema, principalmente o mapa das capitanias, que se reproduz a seguir:

Figura 3.4 – Mapa das Capitanias Hereditárias

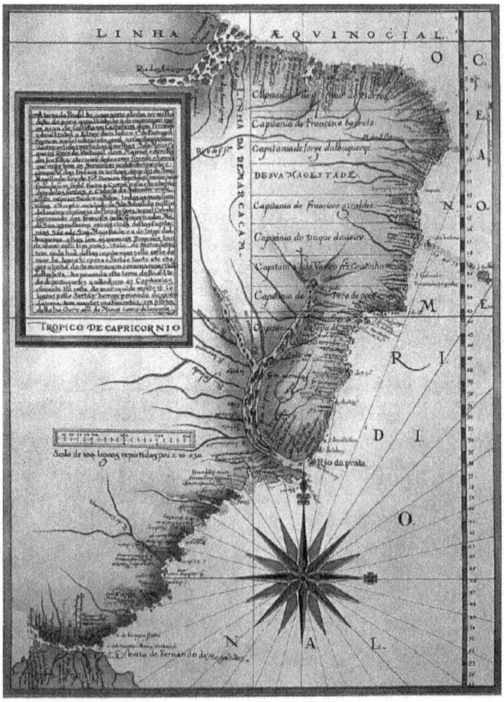

Fonte: Mapa de Luís Teixeira (c. 1574) – Capitanias Hereditárias

Poucos mapas podem ser tão enganosos quanto o das capitanias hereditárias. O primeiro ponto central é a extensão do território. Do litoral até a linha do Tratado de Tordesilhas, as distâncias eram enormes. Para se ter uma pequena ideia, aproximadamente do litoral de Alagoas até a linha do Tratado, caso fosse hoje medida, teria em torno de 1.300 km, mais ou menos a distância entre Palmas, Tocantins, e Maceió, Alagoas. A primeira pergunta que se faz é: os portugueses, de fato, atingiram os limites desta linha no interior do atual Brasil? Deixemos os documentos de época responderem:

> Da largura que a terra do Brasil tem para o sertão não trato, porque até agora não houve quem a andasse por negligência dos portugueses, que sendo grandes conquistadores de terras não se aproveitam delas, mas contentam-se de andar arranhando ao longo do mar como caranguejos.

Este texto é de frei Vicente do Salvador, franciscano que escreveu uma *História do Brasil,* publicada em 1627.

Na prática, as capitanias eram focadas no litoral, e o interior, durante os primeiros anos da colonização, foi abandonado pelo Estado Português. Interessava apenas o processo colonizador no litoral, a construção de engenhos e a exploração de outras riquezas, como o pau-brasil, mas adentrar no enorme território conhecido pelo nome mítico "sertão", era algo fora do pensamento e talvez das possibilidades do Estado colonizador português.

Portanto, o mapa indicando uma ocupação extensa do litoral até a linha do Tratado é apenas uma referência, não uma realidade: a "fronteira" da linha de Tordesilhas era mais imaginada que real. E mesmo assim, nem sempre respeitada.

Ao sul, os limites de Tordesilhas deveriam ser respeitados na região da atual cidade de Laguna, litoral de Santa Catarina. Portugal sempre teve forte interesse em ocupar portos litorâneos para além daquela região, principalmente quando o fluxo de navios espanhóis carregados com ouro e prata vindos do porto de Buenos Aires aumentou com a chegada do poder colonizador no coração do Império Inca. Ao norte, o limite deveria ser aproximadamente a cidade de Belém, na foz do rio Amazonas, igualmente, ocupações portuguesas fora do tratado, principalmente fortes no litoral, eram comuns, sob protestos espanhóis.

Se o litoral era uma referência para as capitanias e o tratado, o interior foi ocupado por uma grande quantidade de colonizadores, mas em caráter extraoficial. A partir do século XVII, a sociedade miscigenada de São Paulo produziu os bandeirantes, que sistematicamente adentravam esse "sertão", com motivos não nobres: escravização de indígenas e busca de ouro e prata. As capitanias sequer eram referência para eles. Pesquisas mais recente também indicam que a ocupação do sertão foi mais intensa, mais rica e mais densa, até do ponto de vista da quantidade de pessoas do que sempre se pensou na História brasileira. Mas para o Estado colonizador, o interior permanecia uma área pouco explorada.

E para o Estado português? O que foram as capitanias? Sabemos que a origem do sistema era a ilha da Madeira. Naquele momento, as capitanias eram uma forma de ocupar uma terra com cana-de-açúcar, escravizados africanos e engenhos. Mas isso, sem que o rei colocasse seus recursos, terceirizando a custosa tarefa. Por lá, na Madeira, as capitanias eram fazendas, três ao total, entregues aos primeiros navegadores que por lá aportaram. Nem sequer chegam ao tamanho que atingiram no Brasil.

Por aqui tivemos inicialmente quinze capitanias ao total inicial, com doze donatários, pois alguns tinham mais de uma. Na prática, destas quinze, apenas duas tiveram relativo sucesso. Sem dúvida, a mais importante delas foi a de Pernambuco, cujos marcos no litoral eram a foz de dois rios, Igaraçu, nas proximidades da Ilha de Itamaracá, ao norte de Olinda (onde há uma fortaleza, o atual Forte Orange), e mais ao sul, na foz do Rio São Francisco, atual limite dos estados de Alagoas e Sergipe. O segredo do sucesso dessa capitania foi seu donatário: Duarte Coelho, era um rico comerciante português, com uma sólida carreira de administrador na Índia e veio para o Brasil com capital e experiência. Fundou a cidade de Olinda, uma das mais antigas do Brasil, poucos anos após a vila de São Vicente. Também foi o introdutor do comércio de escravizados africanos, outra fonte de produção de renda tanto para os comerciantes que traziam os escravizados, como para o rei, que os fornecia de suas feitorias da África. Conectava-se assim o açúcar e a escravidão africana, tal qual na ilha da Madeira. Por volta de 1630, mais de 200 engenhos de açúcar já produziam o produto no Nordeste inteiro, mas em Pernambuco (como vimos, a capitania original era muito maior que o atual estado), era a maior área produtora e Olinda, sem dúvida, a cidade mais rica da colônia.

Duarte Coelho também trouxe para o Brasil parentes, incluindo aí seu cunhado, Jerônimo de Albuquerque, que se casou com a filha do cacique Tabajara da região, que foi batizada com o nome cristão de Maria do Espírito Santo do Arco Verde. Teve com ela, oito filhos. Uma delas, Catarina, casou-se com um nobre da cidade de Florença, Filipe Cavalcanti, dando origem a uma das famílias mais antigas do Nordeste brasileiro: os Cavalcanti de Albuquerque. Mas Jerônimo, genro do donatário Duarte Coelho, não parou por aí, também teve mais cinco filhos com outras mulheres, portuguesas e nativas, registrando todos, para desespero do padre de Olinda. Como podemos observar, o cunhadismo era generalizado também no Nordeste, e a prática da escravidão indígena, nos mesmos termos que já analisamos em São Vicente: troca de mão de obra indígena por alianças entre as tribos. Porém, como em Pernambuco as ligações comerciais com a Coroa eram muito sólidas, deu-se preferência à escravidão africana, como veremos adiante.

A outra capitania que prosperou foi São Vicente. Embora o termo prosperar aqui seja um pouco exagerado quando comparada à de Pernambuco. Seu segredo estava na experiência de Martim Afonso e no cunhadismo iniciado com os nativos do interior. O trabalho indígena foi fundamental para o sucesso relativo daquela capitania, que usou em menor quantidade escravidão africana.

E as outras capitanias? Praticamente todas foram um fracasso, total ou relativo. Algumas sequer receberam os donatários, pois, ao ouvirem ainda em Portugal os riscos e custos de sua ocupação, desistiram da iniciativa. Muitas delas, como as de Ilhéus, Bahia, Porto Seguro e Espírito Santo, foram atacadas por indígenas e destruídas, não raro terminando o donatário como banquete ritual nativo, como foi o caso de Francisco Pereira Coutinho, o "Rusticão", donatário da Bahia, conhecido por sua ferocidade nas guerras da África e Índia, devorado pelos tupinambás.

O fracasso das capitanias não ficou em vão. O rei Dom João III entendeu a diferença entre colonizar algumas ilhas no Atlântico e todo um vasto território como era o Brasil. Por isso, sem extinguir as capitanias (fato que só ocorreria com Marquês de Pombal como administrador geral de Portugal, século XVIII), criou uma nova forma de governo, acima hierarquicamente delas: uma **centralização** que permitisse ao mesmo tempo maior controle do território, com respostas mais eficientes da Coroa principalmente no caso de ataques, seja de nativos ou de corsários, e um fluxo mais direto de capital para as atividades mercantis, o açúcar e o seu componente complementar, a escravidão.

O novo sistema era chamado de **Governo Geral,** e a região escolhida foi a Bahia de Todos os Santos e a cidade ali fundada é Salvador, em 1549. Quais os motivos da criação de uma cidade, uma capital no sentido estrito do termo, naquela região? Vários: em primeiro lugar, a questão geográfica. A Bahia é um espaço defensável do ponto de vista militar, fator fundamental contra os corsários. Segundo ponto, a região do nordeste brasileiro já despontava claramente como o eixo dinâmico da produção de açúcar, já superando em muito a capitania de São Vicente. Em terceiro ponto, talvez o mais importante, não podemos esquecer do eixo social, da articulação entre o poder nativo dos tupinambás e o poder colonizador português: era na região de Salvador que vivia o poderoso Caramuru, Diogo Álvares, um líder entre os nativos. Assim como João Ramalho em São Vicente, Caramuru casou-se com Paraguaçu, filha do cacique Taparica. E foi o elo fundamental entre o colonizador português e o poder nativo tupinambá. Não sem antes ter feito diplomacia em alto nível: após seu naufrágio, Caramuru viveu entre os nativos até ter encontrado Jacques Cartier, corsário francês que estava interessado em criar uma colônia no Brasil. Estabeleceu com ele sólida conexão comercial, sendo o principal fornecedor de pau-brasil para a França. Tal conexão levou o casal Caramuru-Paraguaçu até a França, quando a nativa tupinambá foi batizada como Catarina do Brasil.

De volta ao Brasil, Caramuru encontrou-se com a expedição de **Tomé de Sousa**. Este era um nobre, com ampla experiência colonizadora na Índia e primo de Martim Afonso, o donatário de São Vicente. E repetiu a experiência em Salvador que foi feita pelo seu primo ao sul: aliança com os nativos da região pela via do cunhadismo, sob ordens do próprio rei português.

Jorge Caldeira (2017) cita: "Portanto vos mando que como chegardes a dita baía vos informeis de quais são os gentios que mantiveram a paz e os favoreçais de maneira que sendo-vos necessário sua ajuda a tenhais certa." E continua o historiador: "assim com palavras, o monarca aceitava aquilo que todos os sobreviventes no Brasil tinham aceitado: a aliança com os governantes Tupi".

Lembremos que o anterior donatário da Bahia tinha sido devorado pelos tupinambás. E que o Caramuru tinha construído uma sólida aliança com os franceses, agora refeita em favor dos portugueses. O resumo da experiência das capitanias e o fato principal nem sempre lembrado nos bancos escolares tradicionais é que o poder colonizador português em seu início só pôde se estabelecer em aliança com o poder indígena local. E os colonos que, ironicamente tinham ou naufragado ou sido "lançados", eram exatamente as peças-chave para essa intermediação. Sem João Ramalho, São Vicente e a empresa colonizadora açucareira na região não tinha se firmado. O mesmo se pode dizer da cidade de Salvador, de modo ainda mais amplificado, pois não era mais uma capitania, mas a sede do **Governo Geral** português na colônia. A colonização portuguesa, pelo menos em seu processo inicial, não foi somente um exercício de força bruta, mas uma acomodação, uma experiência de poder compartilhado, uma construção de um modo de conciliar o poder local nativo e os interesses comerciais europeus.

O governador Tomé de Sousa teve papel importante nesse processo de centralização administrativa e de aliança com os indígenas. Ao mesmo tempo, de fortalecimento da presença jesuíta no Brasil. Vimos como os jesuítas foram tão fundamentais nessa conexão entre os dois mundos que se encontravam. O Colégio Jesuíta de Salvador foi fundado nesta época. Ali, anos mais tarde, faria sua formação uma das mentes mais brilhantes do Brasil Colonial, padre António Vieira. Foi no governo de Tomé de Sousa que chegaram à Bahia, Nóbrega e Anchieta, imediatamente enviados, como vimos, para São Vicente.

Tomé de Sousa foi sucedido por Duarte da Costa, mas ele não teve a mesma sorte ou habilidade de seu antecessor. O primeiro bispo do Brasil, Pero Fernandes Sardinha, entrou em conflito com os colonos, em boa parte porque não entendia o processo de aculturação poligâmica entre eles e os nativos. Após muito criticar o governador, que não queria impedir os colonos de manter relações com as indígenas (e isso deve ser entendido menos como uma questão imoral do governador, mas uma aliança fundamental do próprio processo colonizador), o bispo zarpou em um navio para a Europa: queria acionar o rei, o arcebispo de Lisboa e talvez até o Papa para resolver o "problema moral" que via na colonização. O resultado foi um desastre: o navio naufragou na costa da atual Alagoas e o bispo foi devorado pelos nativos caetés. Literalmente, com o perdão da piada pronta, comeram o Sardinha. Este delicioso episódio da história brasileira não passaria despercebido por um dos nossos mais literatos piadistas, Oswald de Andrade, como vimos no capítulo inicial.

A capitania do Rio de Janeiro merece um destaque especial. Ocupando parte do litoral do atual estado do RJ e norte de SP, seu donatário era o mesmo Martim Afonso de Sousa, de São Vicente. Mas ali, a escravidão indígena não teve a força econômica que permitiu a colonização. Não havia um João Ramalho e a prática do cunhadismo para enviar nativos aos trabalhos dos possíveis engenhos. Os indígenas da região eram os Tamoios e eles preferiram outras alianças. Com os franceses. O que nos indica o próximo passo deste início do processo colonizador. Afinal, quem deu direito aos reis portugueses e espanhóis de ter posse da América? O testamento de Adão? Para os franceses, a resposta era um sonoro **não**.

3.7 Histórias de Piratas: os corsários e os que nunca aceitaram Tordesilhas

A imaginação popular é fértil com a figura do pirata. Desde os romances do século XIX, passando pelo cinema atual, a imagem desfigurada de um homem com dentes de ouro, pernas de pau e o indefectível papagaio no ombro é sempre associada ao termo. Mas vimos que o pirata é mais um personagem do século XVIII, quando as navegações já tinham outro aspecto econômico, que o corsário dos séculos XVI e XVII. A imagem de um dos maiores corsários da época, Francis Drake, fala por si:

Figura 3.5 – Francis Drake, por Marcus Gheeraerts, circa 1590.

Fonte: Web Gallery of Art.

O que vemos na imagem é um senhor que frequentava a alta nobreza inglesa, amigo da rainha Elizabeth I, que realizou atividades de corso em navios espanhóis principalmente, saqueando ouro e levando-o para a Inglaterra. Não é um pirata como se costuma pensar. Nem vemos o indefectível papagaio ao ombro...

O corso era uma atividade mercantil legítima, pelo menos para o governo que o apoiava. Comércio e roubo eram quase sinônimos e isso valia principalmente para os governos absolutistas. Regras em alto mar eram meras formalidades. Havia código de honra entre os corsários, mas não em relação às atividades de corso em si: atacar um navio cheio de ouro era apenas o normal.

Por isso mesmo, deve-se questionar um termo que é muito usado quando se fala em ingleses e franceses no Brasil: "invasões estrangeiras". Do ponto de vista dos nativos, os portugueses eram o mesmo. E por esse motivo, os franceses foram além do corso: criaram uma colônia no Brasil.

No Rio de Janeiro a belíssima baía de Guanabara era habitada por um grupo étnico específico, um subgrupo dos Tupis: os tamoios. Sua presença naquela região é bastante antiga e sua ocupação ia desde o litoral norte de São Paulo até a região do rio Paraíba do Sul, terra dos temíveis Goytacazes. Os franceses foram os primeiros europeus a aportarem ali, interessados no pau-brasil. Como vimos, o rei francês nunca aceitou o Tratado de Tordesilhas e construiu naquela baía uma colônia, a França Antártica. Portanto, o País deu um passo além das atividades de corso que já fazia: literalmente, queria fundar um território para chamar de seu na América do Sul.

O nome pode parecer estranho à primeira vista, mas explica-se: França Antártica. Não se pode associar o clima do Rio de Janeiro ao antártico, mas a distância da França até o Atlântico Sul explica o nome. Anti-Ártico, direção oposta ao Ártico, é a origem do termo antártica.

Já sabemos que desde o início do XVI a região do litoral brasileiro era visitada pelos corsários franceses. Rouen, ou no português mais castiço, Ruão, é uma belíssima cidade já na parte final do rio Sena, o mesmo que passa em Paris, e que se conecta, via rio, com o importante porto Le Havre. Cidade que guarda forte conexão com Joana d'Arc, que foi ali queimada em 1431, e palco de violentos combates entre os nazistas e os aliados, por ser um ponto estratégico para se chegar a Paris. E por ser uma cidade onde Renoir e Monet pintaram obras famosas, incluindo sua catedral gótica, uma verdadeira musa para os dois pintores, dada sua beleza.

Em Rouen, o historiador francês Ferdinand Denis, do século XIX, utilizando fontes de época, descreve uma verdadeira festa tupi.

Naquela cidade comercial fluvial, havia presença de indígenas brasileiros. E de mercadores franceses. Ou contrabandistas, na visão portuguesa. Muito da tradição tecelã da região vinha do algodão que havia no Brasil, juntando-se às tinturas que os nativos já dominavam com maestria, com destaque para o pau-brasil. Até o tabaco conquistou a rainha da França, Catarina, a mesma que inspirou o batismo cristão de Paraguaçu. Em 1550, houve uma apresentação simulada de uma tribo tamoio, com direito a indígenas pintados e nus, o que deve ter sido difícil já que a cidade fica na fria e chuvosa Normandia francesa, além de batalhas simuladas entre franceses, portugueses e indígenas. Na ocasião deste Carnaval Tupi na Normandia, estavam presentes a própria Rainha e o Rei Henrique II, representantes do Papa, a rainha Maria Stuart da Escócia (que perderia alguns anos depois a cabeça em disputa do trono inglês para Elizabeth I) e o filósofo Michel de Montaigne. Naquela exposição, o filósofo ficou impressionado com a estética indígena brasileira, escrevendo um texto no qual dizia, de forma revolucionária para a época, que os nativos não eram em absoluto "selvagens", mas seres humanos dotados de alma e consciência. Seus textos seriam mais tarde lidos e reinterpretados por Rousseau, no século XVIII, dando origem a uma tradição que valoriza a igualdade entre os homens e crítica à propriedade privada. Naquela festa, estava o navegador Villegagnon, que cinco anos depois, desembarcaria na baía de Guanabara, criando o projeto da França Antártica.

Nicolas de Villegagnon tinha organizado uma grande expedição exploratória na região do litoral do atual Rio de Janeiro em 1554 e com tais informações, preparou na Corte francesa uma nova expedição, que chegou na baía da Guanabara um ano depois, 1555. Ali instalou uma fortificação, o Forte Coligny, na ilha que hoje leva o nome do chefe da expedição, Villegagnon, que fica ao lado do aeroporto Santos Dumont. Hoje é a sede da Escola Naval.

Era, portanto, um projeto de longo prazo. E para tanto, a necessidade de ter aliados entre os nativos era fundamental.

> O francês que se decidia a viver entre os Tupinambá começava a se conformar, pouco a pouco, em todas as coisas, com o modo de vida de seus companheiros. Adotado por uma aldeia, tomava como seus os interesses dela e seguia os seus costumes. Tal se tornava seu desprezo pelos hábitos que abandonara

> que, por vezes, se pintavam como selvagens e viviam em florestas. Seguindo o exemplo dos chefes, com quem gostava de se comparar, esposava muitas mulheres. – Ferdinand Denis, historiador francês do século XIX, especialista nas relações França-Brasil (Caldeira, 2007.)

Como se vê no texto, a associação entre os franceses e nativos tamoios era mais do que de aliança, estava em curso um processo de aculturação, um cunhadismo francês, porque na concepção dos nativos, portugueses, franceses ou outros grupos indígenas eram a mesma coisa: forasteiros que podiam ser apenas duas coisas, inimigos a serem derrotados, e alguns devorados, ou aliados em processo de interação com os membros da tribo e se casando com as filhas dos caciques. Lembrando aqui que a palavra casamento podia ser ao mesmo tempo uma união nativa, com direito a poligamia, até cristã com batismo, como vimos no caso Paraguaçu-Caramuru.

A França Antártica só deu certo porque tinha aliados franceses já vivendo entre os tamoios. Ou seja, tivemos um ou mais de um João Ramalho francês no Rio de Janeiro. Considerando que o povo que vivia na região era, antes da chegada do europeu, tupi (lembremos, tamoios são tupis) e que o Brasil é um país de miscigenação cultural e étnica, podemos então afirmar que o primeiro carioca era filho de um francês com alguma nativa tamoio. Aliás, carioca é um termo tupi. Seu significado é debatido entre especialistas, mas a hipótese mais aceita é a de "casa do branco", nome dado aos franceses que fundaram a colônia perto de um rio.

Como havia um projeto colonizador sólido por parte dos franceses, também havia a importação dos mesmos dilemas pelas quais a França passava naquele momento histórico. Principalmente, as disputas religiosas. A maioria dos colonizadores eram católicos, mas a presença de uma colônia na região animou fortemente os calvinistas franceses. Uma nova colônia era a concretização da metáfora de uma nova vida, uma terra prometida cristã fora da Europa. Vários calvinistas vieram para a França Antártica e em pouco tempo, a aliança entre franceses e tamoios virou uma guerra entre calvinistas e católicos, e sabemos pouco como os tamoios reagiram a essas desavenças que se transformaram literalmente em guerra.

Para piorar a situação dos franceses, Portugal reagiu à tentativa de uma colônia em seu território. Após o governo de Duarte da Costa, um novo governador geral foi enviado ao Brasil, Mem de Sá. A família Sá era formada por experientes comerciantes e administradores das várias possessões coloniais portuguesas e tão logo Mem de Sá chegou à Bahia, despachou para a região da França Antártica seu sobrinho, Estácio de Sá. Sabendo das divergências entre os franceses católicos e calvinistas, acionou o jesuíta Anchieta em São Vicente. Com seu sólido conhecimento de tupi e sua habilidade diplomática, ele conseguiu reverter o apoio dos tamoios aos franceses. Sem o apoio nativo, a França Antártica foi derrotada e os franceses expulsos, com Estácio de Sá fundando ali uma nova cidade, a primeira colônia portuguesa na região da baía de Guanabara, em homenagem a São Sebastião. A data foi primeiro de março de 1565. Fundava-se assim mais uma cidade que teria enorme importância na construção da trajetória brasileira: o Rio de Janeiro. Curioso notar que Anchieta esteve presente na fundação das duas cidades, São Paulo e São Sebastião do Rio de Janeiro.

A homenagem do nome do santo é dupla. São Sebastião foi um militar romano que se converteu ao Cristianismo e foi por isso perseguido e martirizado. Ele é representado amarrado a um tronco de árvore, cravado de flechas dos seus executores, das quais, de acordo com a tradição, teria sobrevivido. Após isso, foi novamente martirizado, açoitado até a morte. Seu corpo foi enterrado nas catacumbas fora de Roma, na via Appia, onde há hoje uma Basílica dedicada à sua memória.

Mas havia outro motivo para a homenagem. Naquele momento, Portugal tinha um jovem rei, Dom Sebastião I, o Desejado, e todos estavam empolgados pelo monarca. Mal sabiam que aquela homenagem ao Santo e ao Rei na fundação da cidade teria final dramático. A morte precoce de Dom Sebastião mudaria tragicamente a trajetória do Brasil e de Portugal. Mas antes de vermos este episódio, precisamos aqui nos deter e examinar outra tragédia: a construção da economia escravocrata na costa ocidental do Atlântico.

4 ERA UM SONHO DANTESCO O TOMBADILHO: ESCRAVIDÃO E TRÁFICO NEGREIRO

> Era um sonho dantesco... o tombadilho
> Que das luzernas avermelha o brilho.
> Em sangue a se banhar.
> Tinir de ferros... estalar de açoite ...
> Legiões de homens negros como a noite,
> Horrendos a dançar...
>
> *Castro Alves*

4.1 A COMPLEXIDADE DAS SOCIEDADES AFRICANAS: TRÁFICO E ECONOMIA GLOBALIZADA

Castro Alves foi uma das vozes mais ativas no poderoso movimento abolicionista brasileiro do século XIX. De trajetória pessoal intensa, nascido na Bahia, estudante em Recife, formado em Direito em São Paulo, amante de uma artista de teatro portuguesa em passagem pelo Rio de Janeiro, teve um pé amputado devido a um acidente de caça, morreu aos 24 anos de tuberculose em sua Bahia natal. Não sem antes usar seu talento literário e de oratória para criticar a escravidão e apoiar a causa abolicionista que, naquele momento, era o tema mais central do debate público brasileiro.

No trecho do poema acima, retirado da obra *Navio Negreiro*, publicada em 1869, a visualidade da violência da escravidão é adjetivada como *dantesca*. Um "sonho dantesco" é uma contradição em termos: Dante é o autor da obra *A Divina Comédia*, que narra uma viagem do poeta ao inferno, ao purgatório e ao paraíso. Sonho aqui é um pesadelo, uma viagem ao inferno, talvez mais horrenda que a do poeta. A luz refletida no tombadilho dos navios espelha o vermelho do sangue que espirra dos açoites, dos castigos físicos e dos ferros que aprisionam, enquanto o navio balança no mar, em uma dança macabra. A pele negra dos escravizados se confunde com a noite da viagem do navio, uma viagem não apenas física, mas profundamente existencial: o indivíduo que tinha família, amigos, amores, laços culturais, torna-se mercadoria em uma trajetória que é também a de todo o Brasil.

A palavra escravidão é um termo amplo aplicado a uma grande variedade de formas jurídicas de domínio sobre o outro. Não necessariamente relacionada à questão étnica, pois o escravizado nem sempre foi o *outro*, no sentido cultural do termo. Em praticamente todas as sociedades em que vigorou algum tipo de economia monetária e acumulação, houve em algum momento a transformação do corpo humano em posse. Na Grécia Antiga, a escravidão tinha várias formas, sendo uma delas, por dívida. Platão e Aristóteles conviveram e justificaram a escravidão, que para a democrática Atenas era algo tão normal como os templos ou as praças onde se discutia o destino dos cidadãos. Menos os escravizados, claro. A palavra, porém, não é de origem grega, já que naquela sociedade, vários tipos de escravidão coexistiram, com palavras e conceitos diferentes a eles associados. Desde cativos de guerra entre as cidades, até escravizados domésticos, servos pessoais e trabalhadores urbanos.

Na Roma antiga, a escravidão também foi determinante. A palavra usada era *servus*, origem da posterior palavra servo, que passou a significar trabalhador rural medieval. Naquela sociedade, conviveram também vários tipos de escravidão. Desde a captura de povos em guerras, com mão de obra usada nas grandes construções romanas, até escravizados domésticos que conviviam na mesma casa do seu proprietário. Eram escravizados os famosos gladiadores. Assim como os ricos romanos podiam ter filósofos gregos para educar seus filhos. Embora vivessem na mesma casa de seus proprietários e tivessem boas condições de vida, eram juridicamente escravizados.

O termo moderno que se usa, *escravo*, vem do latim, mas não da época clássica romana, mas após a queda do império, já na Idade Média, quando a região do atual leste europeu foi dominada por impérios que tornaram cativos os povos eslavos que ali habitavam e que eram, em sua maioria, cristãos. Portanto, o termo em inglês, *slave*, em francês, *esclave* e o termo em português, *escravo*, originários de **eslavo**, nasceram neste momento histórico e naquela região específica. Pode haver certo espanto, mas o termo teve origem em um **fenótipo** (aparência física derivada do genótipo, origem genética) de povos eslavos, em sua maioria, loiros e de olhos azuis (os eslavos são a etnia que hoje corresponde às regiões de República Tcheca, Eslováquia, Polônia, Ucrânia, Rússia e países próximos).

Já no início da Idade Média, o Império Germânico capturou em guerras de conquista, povos eslavos dessa região, dando origem ao termo: um eslavo capturado em guerra para trabalho forçado fora do seu território original. A mesma região da Europa do Leste foi posteriormente dominada pelo Império Otomano que, por ser muçulmano, tinha uma regra social e religiosa bastante importante: não é possível um islâmico escravizar a outro islâmico, mas é permitida a escravização fora da comunidade religiosa. Tal regra foi um dos motivos da rápida expansão islâmica por um amplo território, convertendo milhares de pessoas à fé. Portanto, vemos que desde o início do termo, algumas conexões se impõem: é escravizado quem está fora do seu território original, perdeu o domínio sobre sua liberdade pessoal e é *outro*, no sentido cultural e religioso do termo. A aproximação da posição social de *escravizado* com a questão étnica não era no início o fator determinante. O *outro* podia ser igual na aparência, mas era outro pela cultura, pela religião, pelas condições sociais.

É um enorme erro associar a rica e sofisticada história da África à escravidão. Seria o mesmo erro dizer que a da Europa é, exclusivamente, a de suas guerras. Porém, tal imagem estereotipada ainda é muito comum. A história africana associada à escravidão é apenas um recorte, uma parte da análise, mas não uma redução de todo um continente a um aspecto apenas de sua milenar existência. Feito esse importantíssimo lembrete, vamos brevemente entender as raízes da escravidão africana em seus diversos aspectos e conectar as costas atlânticas entre ela e o Brasil. Não porque vamos reduzir a África à escravidão, mas porque precisamos conectar tal continente à trajetória da escravidão no Brasil.

A palavra que mais se deveria associar à África enquanto continente é diversidade. Tanto geográfica, que varia de desertos a florestas, savanas e áreas montanhosas, quanto em relação às sociedades, culturas, religiões e línguas. Além disso, do ponto de vista de famílias linguísticas, o continente tem mais diversidade que a Europa, por exemplo, pois algumas das línguas mais antigas do mundo nasceram naquela região.

Mais uma vez, já é tempo urgente de se afastar de premissas pré-concebidas. A África como uma área permeada pela pobreza e, portanto, por isso sujeita à escravidão generalizada é um erro. É exatamente o **oposto**: é precisamente porque a África teve um passado com reinos ricos e sofisticados, com sociedades hierarquizadas e com estruturas políticas complexas, é que existiu a escravidão em suas sociedades. Lembremos: Grécia e Roma em seus períodos de maior expansão econômica eram sociedades escravistas. Por que a também rica África não teria escravidão? Mais uma vez, devemos desassociar escravidão com pobreza crônica: é a economia monetária que permite o acúmulo de capitais que pode transformar o ser humano em mercadoria vendável. Economias com pouca circulação monetária, que têm pouca acumulação de riquezas em certas classes sociais, geralmente não desenvolvem mecanismos de escravidão. Vivemos em uma sociedade industrial, com elevado acúmulo de capital e concentração de riqueza. Mas a escravidão como categoria social jurídica é ilegal e marginal em nossa sociedade (embora ainda existente em condições de trabalho degradantes, análogas à escravidão). Na longa história da humanidade, estes 200 anos de nossa construção social e política que combinam riqueza material, divisão social e ausência de escravidão deve ser visto mais como exceção do que como regra.

Concluindo, foi uma África rica e diversa que construiu sociedades escravistas. E isso deve ser visto como a regra quase geral de todas as sociedades humanas em um longo período. Um ponto que une a sofisticada Atenas dos filósofos, a poderosa Roma dos templos dos belíssimos mármores e o Magreb, a Etiópia ou o Congo, entre outras regiões africanas, é a escravidão.

Isso significa que devemos dizer que a África seria "culpada" pela escravidão que foi feita aqui no Brasil? A frase em si já tem dois erros de conceito: e o primeiro erro é o nome África. Podemos dizer que chineses, árabes e indianos são todos asiáticos e por isso, pensam, agem e têm identidades únicas? Ou o mesmo se diz dos europeus: assim sendo, portugueses e espanhóis, austríacos e russos, são claramente iguais porque são todos "europeus". Como vimos entre nossos povos nativos, a cultura tupi provinha de um grupo linguístico inicial único, que produziu sociedades diversas, tribos que nem sempre eram aliadas e que tinham uma identidade. Assim como tupis podiam entrar em guerra com tupis, e nos dias de hoje há tensões geopolíticas entre indianos e paquistaneses, porque deveríamos nos espantar se "africanos" escravizaram "africanos"? Afinal, se os europeus são todos "iguais", como explicar as duas guerras mundiais?

Houve uma identidade coletiva africana original? Claramente, não. Povos diversos, com línguas e costumes diversos, viam-se como *o outro*. E sabemos que sociedades podem e costumam exercer sobre *o outro*, **poder**: militar, religioso, social. Portanto, o conceito de que foi uma África que escravizou africanos contém uma generalização equivocada. Foram reinos, linhagens reais, povos específicos e poderes dos mais diversos que escravizaram outros povos.

Como o foco desta obra é o Brasil, a história interna da escravidão africana deve ser analisada por obras especializadas. Mas o ponto central aqui deve ser reforçado: já havia uma escravidão na África antes de qualquer português ali chegar, e isto não deve ser analisado como uma suposta "culpa" ou "pecado original" africano, já que a própria complexidade social e cultural daquele continente sequer permite tal generalização, quanto mais um julgamento moral ou ético sobre tal comportamento, que sempre foi generalizado na história humana.

É a inserção da escravidão africana interna no circuito comercial atlântico que deu àquela escravidão uma amplitude mundial. Comparando, se havia escravizados em Atenas, não havia navios de outros povos para comprar e distribuir tais escravizados em outras áreas do mediterrâneo. Assim, uma prática social e cultural como a escravidão, ainda que limitada em certa área geográfica específica, torna-se muito maior do que sua origem. E, quando colocada diante de uma demanda de grandes proporções, essa prática escravocrata ganha novas dimensões, criando uma poderosa rede de traficantes, fornecedores e, o mais importante de todos, vítimas daquele processo. Os números dão conta do impacto que a economia escravocrata teve naquele continente: algo como 4 milhões de pessoas vieram da África para o Brasil entre o início do processo colonizador, século XVI, até a abolição, no XIX. Como essa rede comercial e cruel se formou? Precisamos agora acompanhar a construção do tráfico de escravizados para a costa atlântica brasileira.

A escravidão indígena foi substituída pela africana. Esse conceito é equivocado. Pode-se afirmar, sem sombra de dúvida, que no Brasil colonial, a escravidão era a forma de trabalho, seja indígena ou africana, e ambas conviveram largamente, não sendo possível dizer que uma simplesmente substitui a outra.

Vimos como a relação de cunhadismo ocorreu entre o colonizador português e os nativos, principalmente da etnia tupi. E vimos que havia a troca entre chefes guerreiros tupis e colonos portugueses de produtos e de cativos levados para os trabalhos nos engenhos do litoral, notadamente São Vicente. Mas em larga escala, a escravidão indígena era localizada em relação à africana. Basicamente, em dois lugares a presença do trabalho nativo foi predominante. Na capitania de São Paulo, devido aos fatores que vimos da associação entre colonos e chefes tupis e muito voltada à produção agrícola interna, cultivo de trigo e mandioca e dos engenhos da região.

Em outro espaço do Brasil colônia, a escravidão indígena foi predominante, a região amazônica. Houve também os aldeamentos feitos pelos jesuítas e que podem ser associados a formas de trabalho escravocrata, embora a questão ali fosse predominantemente a catequese. Mas as mais ricas regiões produtoras de açúcar do Brasil foram predominantemente escravocratas africanas. Por que dessa preferência?

Uma parte da explicação se dá na Biologia. O contato entre os nativos e o colonizador expôs as populações indígenas a doenças europeias, na verdade, asiáticas e africanas. A pouca domesticação de animais, a dispersão em áreas pouco habitadas e a quase ausência de grandes aglomerados urbanos, tornavam os indígenas do Brasil suscetíveis às doenças como tuberculose, pneumonia e a mais agressiva de todas, a varíola. Em parte, a queda do poderoso império Asteca teve na "guerra biológica" uma de suas explicações. A baixa imunidade dos indígenas, isoladamente, explica muito da predileção pelo escravizado africano, mas há outros elementos. Afinal, após um impacto inicial devastador, os sobreviventes indígenas poderiam ter, como de fato construíram, sistemas imunes a essas doenças. Se assim não fosse, como explicar uma longa convivência entre colonos portugueses e suas múltiplas esposas nativas? Há outros aspectos que explicam a escolha da escravidão africana em maior escala que a indígena.

A lógica do sistema econômico mercantilista da época era diferente da lógica industrial de hoje. Atualmente, a produção em larga escala e o uso intenso da tecnologia, levam empresas a competirem em um mercado global. Embora nos anos iniciais do século XXI estejamos vivendo uma desglobalização, ou seja, um recuo forte na integração das cadeias produtivas globais, ainda temos um ambiente de competição intenso, onde preços e lucros são regulados pelo mercado livre. Ou mais ou menos livre, na verdade, porque sabemos que são poucos os atores privados realmente globais. Mesmo assim, você, como consumidor de qualquer serviço ou produtos, pode escolher qual empresa irá fornecê-los. O leque de escolha pode ser mais amplo ou muito restrito, mas ainda sim há alguma competição. Cabe ao setor privado trabalhar para abaixar os custos de produção ao máximo, elevando as margens de lucro, enquanto a outra empresa competidora corre a mesma maratona.

Essa é a lógica do capitalismo liberal, que toma força com a industrialização. No entanto esta é de meados do século XVIII e estamos falando nesse ponto de nossa história da construção do sistema colonial, início do século XVI. O capitalismo nessa fase era outro. Era o que chamamos de sistema mercantil ou mercantilismo. Neste momento, é lucrativo o que é caro. Mas isso sempre foi assim, não? A questão central é: como fazer para tornar um produto caro? Nessa época, controlando o fluxo do comércio: em uma palavra, monopólio. Não havia o conceito de livre-comércio. Comércio e roubo, comércio e guerra eram praticamente sinônimos, porque o conceito-chave era dominar as rotas de fornecimento de produtos: não foi por outro motivo que Portugal navegou até o Oriente, para tomar os portos que forneciam as especiarias à força, controlar o fluxo dessas mercadorias e levá-las para a Europa, vendendo-as pelo maior preço possível. E o preço era alto porque só um fornecedor tinha acesso ao produto. No sistema mercantil, o **comércio baseado em monopólio**, a exclusividade de fornecer é o objetivo final.

Voltemos ao uso de trabalho indígena e analisemos o seguinte trecho de um estudo referência sobre escravidão no Brasil:

"Enfim e sobretudo, não existia nenhuma rede mercantil apta a empreitar, de maneira regular e em larga escala, as vendas de indígenas de uma capitania a outra. Aí reside todo o problema". Nesse trecho revelador, o historiador Luiz Felipe de Alencastro, em seu *O Trato dos Viventes*, indica que os traficantes de nativos tinham dificuldade de comercializar seus cativos por via terrestre, dadas as enormes distâncias e a praticamente ausência de caminhos que ligavam as diferentes áreas colonizadas. E por via da cabotagem a navegação pela costa, também era inviável, pois que a própria Coroa portuguesa proibia este tipo de comércio, para forçar o seu monopólio comercial. A única forma de senhores de engenho das regiões ricas do Nordeste terem mão de obra era comprar os cativos africanos que eram fornecidos por mercadores...da própria Coroa! Ou seja:

> O trato de escravizados índios se mostrava incompatível com o sistema colonial. Esbarrava na esfera mais dinâmica do capital mercantil (investido no negócio negreiro), na rede fiscal da Coroa (acoplada ao tráfico atlântico africano), na política imperial metropolitana (fundada na exploração complementar da América e da África portuguesa) e no aparelho ideológico de Estado (que privilegiava a evangelização dos índios) (Alencastro, 2002).

Como já vimos anteriormente, a construção de uma sólida rede mercantil de portugueses traficantes de escravizados em toda a costa atlântica já tinha ocorrido **antes** da chegada dos navegadores ao Brasil. Por isso, as duas costas, a do Brasil e da África estavam ligadas por um altamente lucrativo negócio, cujos líderes eram os maiores comerciantes portugueses, todos eles ligados ao Conselho Ultramarino, quando não o próprio rei. Devemos lembrar, o "pai" das navegações portuguesas, Dom Henrique, iniciou o tráfico negreiro em Ceuta, retirando aquela fonte de renda e poder dos antigos traficantes islâmicos. Concluindo, podemos dizer que a escravidão africana foi a escolhida, embora não exclusiva, exatamente porque era mais uma importante fonte de lucro para o poder colonizador.

No trecho citado, Luiz Felipe de Alencastro também lembra o fator ideológico, preferimos dizer, religioso: para a Igreja e particularmente para os jesuítas, a comunidade nativa era um alvo de catequese, não de trabalho escravizado em engenhos de açúcar. Veremos adiante em outro capítulo, as tensões entre jesuítas e colonos em torno da questão indígena.

4.2 Correntes marítimas que aprisionam: o tráfico entre Brasil e África

É uma cruel ironia que a palavra corrente tenha dois significados: as marítimas, que conectam diferentes pontos do oceano e poderiam libertar pessoas, intercambiando produtos, ideias, numa rede global de trocas. Também significam os elos de ferro que aprisionam. Entre as duas costas atlânticas, as correntes ligaram e aprisionaram.

Na África, a venda de membros do grupo ou família e as dívidas eram fontes de escravidão dentro do mesmo grupo étnico. Mas eram as guerras entre os grupos e estados que eram a maior fonte de cativos. Estes podiam ser usados em trabalhos agrícolas, mineração ou obras, como templos e palácios. E, no grupo vencedor, a posse de escravizados era um sinal de poder político, social e cultural: uma poderosa linhagem de reis e nobres devia ter um certo número de cativos entre os povos dominados, como reforço do status de dominação. Interessante notar que muitos desses escravizados podiam chegar a postos elevados na administração da burocracia estatal destes reis, o que não difere tanto dos mais ricos romanos que tinham filósofos gregos como escravizados para educar seus filhos. Por isso mesmo, dada a diversidade linguística e cultural e a complexidade das relações sociais, não há uma única palavra na África que designe o termo escravo: dentro desse conceito, poderíamos incluir termos como criados, servos, subalternos, trabalhadores forçados, funcionários e, o que pode espantar, até mesmo soldados. Isso mesmo, havia soldados como escravizados, na verdade, alguns reis tomavam parte da tropa de outros grupos ou reinos conquistados como seus, tornando o seu domínio legitimado por ambos, vencidos e vencedores.

Havia trocas de escravizados entre os reinos? Ou seja, um reino que escravizava certo número de pessoas, podia vender para outro? Sim. Há registros bem definidos de rotas escravocratas ligando os reinos da África central a mercadores muçulmanos, tanto da costa do Mediterrâneo, como do litoral do Mar Vermelho e dali para outros portos comerciais na Ásia. Os povos da região da Núbia, atualmente Sudão, sempre forneceram escravizados para o Egito (embora as famosas pirâmides não tenham sido construídas exclusivamente por trabalho escravizado, no sentido que nós conhecemos do termo). Podemos encontrar escravizados africanos até mesmo em imagens na China.

Mais uma vez, nos lembremos de Ceuta: não foram os portugueses que criaram as rotas de tráfico, mas dominaram as que já existiam, do centro da África para o Norte.

Foi o contato com outros povos europeus, inicialmente portugueses, depois franceses, ingleses e holandeses, que tornou aquela escravidão em conexão atlântica e mundial. Mercadores muçulmanos foram substituídos em parte na costa oriental africana, quando os portugueses chegaram depois da viagem de Vasco da Gama. Mas foi no Atlântico que a escravidão africana encontrou seu maior comércio. A escravidão africana se articulou com a colonização da América de forma **que eram a mesma colonização**:

1. Coroa portuguesa comprava os escravizados africanos de mercadores também africanos. Aos poucos, os mercadores portugueses assumiram o papel de fornecedores, substituindo os africanos originais. Na costa atlântica norte, saíram os muçulmanos e entraram os cristãos portugueses. Na costa atlântica subsaariana, os portugueses assumiram

esse papel de forma mais ativa logo no início do processo de ocupação dessas terras;

2. Os escravizados eram enviados ao Brasil por dois portos principais, Salvador e depois Rio de Janeiro. Explica-se essa preferência por questões de navegação, já que as rotas marítimas facilitavam a navegação nesses locais. Desses dois pontos, eram enviados aos engenhos do litoral nordestino ou da região fluminense, com exceção dos engenhos de São Vicente, predominantemente com trabalho indígena.

3. As principais moedas de troca: mesmo quando os portugueses tinham o domínio dos portos africanos, raramente Portugal tomou a fonte de fornecimento de escravizados. A maioria deles vinha do interior daquele continente e seus fornecedores queriam produtos que eles não tinham e valorizavam. A aguardente foi um deles. O mesmo engenho que produzia açúcar, também produzia a cachaça, que foi muito usada como troca por escravizados, fornecida em larga escala para os africanos. Por vários séculos, o maior consumo de aguardente do mundo era na África, hoje é no Brasil. Também o tabaco, como vimos cultivo nativo da América, era muito usado. Outros produtos eram cavalos, estes vindos da Europa e criados no Brasil. O reino Jolofo, também chamado de Diolof, na região do atual Senegal, tornou-se um grande fornecedor de escravizados para Portugal e credita-se seu poder militar expansionista pela posse dos cavalos introduzidos pelos navegadores portugueses. Claro, armas de fogo também eram valorizadas, embora mais como sinônimo de poder e status, do que como uso efetivo pelos reinos africanos que capturavam os escravizados.

Guiné, Angola e Moçambique, na costa oriental, forneceram escravizados, sendo Luanda um dos maiores portos de fornecimento. Nesse ponto, a corrente marítima liga de forma direta à costa angolana ao Rio de Janeiro, que, como vimos, nasce como cidade francesa, é tomada pelos portugueses e torna-se uma cidade rica em grande parte pela presença dessa economia escravocrata. A região do Valongo, na zona portuária do Rio de Janeiro, era o local onde chegavam os escravizados e de onde eram revendidos para os engenhos em vários pontos do litoral. Hoje, há um importante sítio arqueológico que resgata esta triste, mas necessária, memória da trajetória brasileira.

Uma questão que pode surgir nesse comércio tão macabro: porque os escravizados que eram aqui trazidos não se reproduziam, diminuindo assim a procura por novos escravizados na África? Pelo mesmo motivo pelo qual um comerciante quer continuar vendendo seu produto. Se as rotas de tráfico eram dominadas pela elite colonial ultramarina sediada em Lisboa, por que estimular que os senhores de engenho brasileiros parassem de consumir mais escravizados? Pelo lado de um senhor de engenho, a reprodução de um escravizado dentro da fazenda era simplesmente trabalhosa demais. Anos até este garoto tornar-se de fato uma unidade produtora de açúcar. Era mais conveniente comprar um novo escravo, que era facilmente fornecido pelo poder colonizador. Sabemos também que o infanticídio era comum entre as mães escravas. Várias vezes, enforcavam seus filhos recém-nascidos com o cordão umbilical, o que, aos olhos do seu proprietário, era apenas a confirmação de sua suposta animalidade. Podemos apenas imaginar a dor desta mãe que prefere matar seus filhos, sabendo do futuro a eles reservado. Um grito de lamento que talvez ainda possa ser ouvido pelos campos verdes de cana-de-açúcar que produz tão doce produto.

4.3 Longe de casa é minha casa: resistência negra no Brasil

Não era só o assassinato ou o suicídio, atos extremos, que eram a resistência africana no Brasil. Em vários momentos, os escravizados se rebelaram e em alguns pontos até quase conseguiram espaços de liberdade.

Em primeiro plano, podemos situar a resistência no campo da cultura. A escravidão é um processo de desenraizamento, de perdas de referências em todos os campos da identidade de um indivíduo. Mas os que vieram para esse lado do Atlântico tentaram, na medida do possível, recriar essa identidade fraturada. Ao mesmo tempo, como nos lembra o sociólogo Gilberto Freyre, tão controverso em muitos aspectos, mesmo o poder colonizador pode absorver elementos da cultura do colonizado.

A religião pode ser entendida nesse complexo sistema de poder e de aculturação. Sabemos que a Igreja permitia a escravidão desde que os escravizados fossem catequizados, em uma inversão notável de argumento. Na religião islâmica, escraviza-se o outro. Para a Igreja Católica, após o trauma do Cisma do Ocidente, com o nascimento do Cristianismo Reformado, luteranos, calvinistas e anglicanos, a navegação e a escravidão dela derivante é um modo de aumentar os fiéis. Por isso, escravidão e catequese não são discordantes. Os africanos converteram-se à fé católica. São muitos os exemplos de igrejas construídas de forma associativa pelas irmandades, sociedades formadas pelos indivíduos de mesma condição social. Em várias dessas igrejas, o trabalho era voluntário, feito por escravizados convertidos ao cristianismo. Pode-se criticar de nosso atual ponto de vista tal tipo de conversão como uma forma de subjugação. O extrato social escravizado foi retirado de sua cultura e agora adota a cultura do poder dominante. Em linhas gerais, tal ponto de vista não é de todo equivocado. Mas quem somos nós, em nosso tempo histórico, a criticar a conversão de um indivíduo a uma fé, seja ela qual for? Se todo escravizado é antes de qualquer coisa um ser humano, seu espaço de escolha deve ser respeitado, ainda que seja uma conversão a uma fé que originalmente não era a sua. Podemos apenas imaginar os sentimentos religiosos de um escravizado ao exercer sua legítima fé escolhida, ainda que em condições de dominação, quando desejava uma vida eterna isenta da dor de sua cruz cotidiana enquanto escravizado. Caberia a nós questionar tal escolha?

O outro exercício da escolha, de novo sob uma escolha sob condições extremas, é manter sua fé original, mas mesclando-a com a cultura cristã. Não é a definição mais precisa de sincretismo: mistura de diversos elementos culturais e religiosos em um novo campo de significados. O Candomblé brasileiro é exemplo dessa construção cultural de longa duração. São Jorge, um santo padroeiro dos soldados, entendido e venerado como Ogum, um orixá, divindade, também guerreiro, até hoje é celebrado no dia 23 de abril, tanto em igrejas, quanto em terreiros. Ao mesmo símbolo de resistência e de aculturação, o espaço profundo da religião é um desses elementos nos quais a sociedade brasileira desigual pode encontrar certa identidade. Afinal, sabemos que membros da elite e das classes mais humildes frequentam muitas vezes as mesmas igrejas e os mesmos terreiros, rezam para os mesmos santos e orixás.

Outra construção cultural que merece profundo respeito e não à toa é patrimônio cultural brasileiro é a capoeira. Dança que se transforma em luta, foi o terror da polícia do Rio de Janeiro do século XIX, época em que seus praticantes usavam navalhas nos pés e as armas de fogo eram pouco eficientes. Dançar, mas, ao mesmo tempo, praticar técnicas de defesa pessoal eficientes é uma resistência e também, uma aculturação. Menos valorizada do que deveria nos dias de hoje, merece destaque em nossa cultura pela sua impressionante beleza estética e pela força de sua herança cultural. São vários os outros elementos de aculturação que também pode ser entendido como um processo de resistência. Haveria música brasileira no sentido mais nobre do termo sem a presença da cultura africana? Ou culinárias brasileiras? Mesmo práticas tão cotidianas, como o uso do sabão feito de gordura vegetal, o europeu aprendeu com a África.

Entretanto são os quilombos a maior resistência contra a escravização. Porém, precisamos aqui atentar que as relações entre eles e o poder colonizador são mais complexas do que geralmente se imagina. Quase uma diplomacia no sentido mais amplo do conceito, quilombos enfrentaram e conviveram com os poderes instituídos durante anos.

É evidente que a fuga de escravizados era o problema mais temido pelos senhores de engenho. Não apenas pela ausência de mão de obra, mas pela possibilidade de ataques às fazendas. A construção de quilombos seguia uma lógica muito simples: fugir e evitar deixar rastros, afastar-se ao máximo da máquina colonizadora e recriar as sociedades originais que os escravizados perderam. Por isso, a resistência dos quilombos é militar, social e cultural.

Importante notar que a estrutura social dos quilombos era complexa. Não havia somente escravizados fugidos, mas também indígenas e não raro, colonos de origem portuguesa que tinham algum tipo de problema com a lei. Em quase todo o território nacional houve a presença de quilombos e é importante destacar que, como estavam fora da lógica colonial de produzir riqueza para a Coroa portuguesa, na maioria das vezes sua localização é no interior, longe dos olhos do poder. É nesse contexto que temos o mais importante quilombo, conhecido como Palmares, na região da Serra da Barriga, atual estado de Alagoas, naquela época capitania de Pernambuco, situado aproximadamente cem quilômetros do litoral, o que para o contexto da época, era uma enorme distância. Não é à toa sua localização: longe do litoral, mas ao mesmo tempo em uma das áreas mais ricas e produtoras de açúcar do mundo. Sua origem remonta ao final do século XVI e início do XVII, dentro do contexto da União Ibérica e das disputas entre Holanda e Espanha que enfraqueceram o poder colonial português no Brasil. O contexto pleno desses temas será explicado no próximo capítulo.

Os documentos sobre o quilombo dos Palmares são quase todos escritos pelos seus destruidores, o que dá uma óbvia visão parcial. Mas podemos saber por pesquisas mais recentes, incluindo escavações arqueológicas, que ele teve por volta de 20 mil habitantes, o que era igual ou maior a uma cidade colonial. E sua estrutura de poder sempre foi objeto de enorme controvérsia. Muitas vezes atribui-se ao quilombo dos Palmares uma espécie de núcleo de resistência à escravidão em si, como se seus líderes tivessem uma espécie de "consciência de classe" marxista séculos antes do conceito. Tal visão bastante idílica é uma negação da História e da própria tradição cultural africana. Afinal, se havia trabalho escravizado dentro das sociedades africanas por que a recriação de tais sociedades não seria igual? E se havia trabalho escravizado no quilombo, isso invalida sua resistência à escravidão colonial? Evidentemente que não.

Outro fator que não deveria causar espanto. Havia uma suposta igualdade de classes no quilombo dos Palmares? A pergunta já parte de um conceito errôneo: se a sociedade naquela região recria a sua original africana, as hierarquias, os poderes e mesmo as divisões de trabalho seriam as mesmas. Por isso, nesse quilombo, temos reis, sacerdotes, guerreiros, camponeses.

Além disso, a complexidade social e cultural do quilombo já precisaria ser explicitada em sua forma plural: não foi um, mas pelo menos doze unidades de quilombos, unidos por uma espécie de aliança, como uma federação. Havia uma unidade entre eles? Muito provavelmente sim, já que temos referências aos seus líderes, sendo o mais referenciado deles, Zumbi. Este, por sua vez, era sobrinho de outro líder, Ganga Zumba. E sabemos essa linha de poder porque foi Ganga Zumba que firmou um tratado de paz com o governador da capitania de Pernambuco, em pleno Recife, no ano de 1678. Tal fato é revelador da complexidade das relações entre aquela federação de quilombos e o poder colonial instituído, sendo que muito provavelmente, para além desse tratado firmado, houve anteriormente e depois, trocas comerciais. Se havia trocas, havia trabalho com excedente e, portanto, sim, muito provavelmente, trabalho escravizados por parte de etnias subjugadas pelas etnias que estavam no poder. Igualmente, alguns líderes quilombolas devem ter se aliado aos portugueses, no fornecimento de produtos e talvez até de escravizados de outras etnias ou, possivelmente, indígenas. Infelizmente, dada a pouca documentação, muitas das perguntas sobre a estrutura social e econômica desta experiência africana no Brasil ficam sem respostas.

Esse tratado foi o ponto final de um processo de conflitos entre o quilombo e o governo da capitania, já que desde sua fundação, sua existência foi combatida. Nem sempre pelos portugueses, já que durante o Brasil Holandês, expedições foram feitas para tentar destruir o quilombo.

Sabemos que Ganga Zumba foi morto por Zumbi quando firmou o tal tratado com o governador. Pelo tratado, os nascidos no quilombo seriam livres, mas outros, de outras etnias provavelmente, deveriam ser entregues como escravizados. Zumbi não aceitou o acordo e manteve a guerra com o poder colonial. E nesse ponto, vemos uma contradição deste poder: quem foi enviado para derrotar Zumbi foram os bandeirantes, que, aos olhos do poder colonial instituído, eram pouco mais que criminosos organizados. É uma demonstração de fraqueza do governo da capitania e, ao mesmo tempo, poder tanto dos bandeirantes, como dos quilombolas. Conhecedores do sertão profundo e singularmente violentos, os bandeirantes deram conta do trabalho em 1694, sob liderança de Domingos Jorge Velho. Zumbi ainda continuaria fugitivo até ser encontrado, decapitado e sua cabeça exposta no Pátio do Carmo, Recife. Sua morte data de 20 de Novembro de 1695, data que é relembrada no feriado do Dia da Consciência Negra.

Citamos nesse capítulo que os primeiros a combater o quilombo dos Palmares foram os holandeses e podemos dizer que a própria existência do quilombo se deve, em larga medida, a desorganização econômica, militar e social causada no nordeste brasileiro pelo domínio holandês. É o momento de ligar a trajetória desse pequeno e próspero país, de secular tradição marítima e comercial, com as águas quentes e as enormes plantações de cana do Brasil Colonial. Também é o momento de encontrar os bandeirantes, os mesmos que derrotaram de forma definitiva o dito quilombo. Nos próximos dois capítulos, iremos traçar trajetórias improváveis que conectam diferentes cidades: Amsterdã, Madri, Recife, Salvador, Lisboa. Mas tudo começou no deserto do Saara.

5 *LOUCO, SIM, LOUCO, PORQUE QUIS GRANDEZA:* UNIÃO IBÉRICA E O BRASIL NO MUNDO EM GUERRA

> Louco, sim, louco, porque quis grandeza
> qual a Sorte não dá.
> Não coube em mim minha certeza;
> por isso onde o areal está
> ficou meu ser que houve, não o que há.

Fernando Pessoa

5.1 Todos os olhos em Madri: um Brasil Espanhol

No belíssimo Mosteiro dos Jerônimos, no bairro de Belém, Lisboa, há na nave principal, o túmulo de um rei de Portugal. Sustentado por grandes esculturas de elefantes, é motivo de controvérsia até os dias de hoje. No momento em que este livro é escrito, é provável que o rei esteja de fato lá, como o comprovam documentos oficiais que citam o translado do corpo real, da África, onde morreu, para Lisboa (daí a referência aos elefantes no túmulo). Uma análise de DNA poderia dar o assunto por encerrado, já que no mesmo mosteiro, há outros corpos de familiares do mesmo rei. Mas até o momento, não há autorização das autoridades de patrimônio histórico portuguesas para que a bela construção tumular seja aberta. Talvez o mistério do corpo ausente no túmulo seja por demais poético para ser resolvido. Seu nome, Dom Sebastião.

A poesia de Fernando Pessoa citada acima se refere a essa ausência corporal (talvez?) do rei morto. Seu *ser que houve*, sua existência física, desapareceu. Ainda que tenha sido enterrado de fato em Lisboa, o rei está morto. Literalmente. Mas o *ser que há*, o que permanece, não é o físico, mas o simbólico, o mito, a lenda. E por que a morte desse rei? Por sua Loucura, diz o poeta. Loucura com grandeza. Mas o destino, a Sorte, em maiúscula alegorizante, não permite aos homens, mesmo os mais poderosos reis, que tal loucura grandiosa se torne realidade. Podemos ver esse rei no quadro abaixo:

Figura 5.1 – Dom Sebastião, por Cristóvão de Morais, 1571

Fonte: Museu Nacional de Arte Antiga, Lisboa, Portugal

A primeira impressão que fica é sua juventude. Ao lado do cão de caça, vemos um jovem rei com armadura e espada, mas com um delicado rosto, quase de criança. De fato, ele assumiu o governo com meros 14 anos. Mas foi rei ainda mais cedo, aos 3 anos. Seu pai, o rei João Manuel, morreu quando Sebastião sequer tinha nascido. E por uma má sorte, o único filho sobrevivente era ele. Por esse motivo que o parto foi motivo de intensa preocupação. Seu primeiro apelido foi esse: Sebastião, O Desejado.

Durante sua infância, ele teve dois regentes, um deles era seu tio-avô, Cardeal Dom Henrique, que ironicamente assumirá o trono depois da morte do jovem rei. A outra era sua avó, D. Catarina sobrinha do rei da Espanha, Filipe II. Com 14 anos, foi empossado como rei de fato, mas seu governo foi curtíssimo. Sabemos que uma das suas medidas foi o envio de tropas para a desocupação dos franceses da França Antártica, no Rio de Janeiro. Daí o nome da cidade como já vimos, São Sebastião, pelo santo e pelo rei.

O jovem rei foi educado sobre rígida ética religiosa jesuíta, dentro do espírito da Contrarreforma tridentina. Não se casou como seria o normal, mesmo para um jovem, principalmente para o único herdeiro do trono. Há algumas suposições sobre essa sua oposição ao casamento. Há documentos que indicam que sofria de cálculos urinários, o que levaria o rei a evitar contatos sexuais e não ter possibilidade de descendência. Outra hipótese está em sua educação fortemente religiosa que o levou a uma intensa misoginia. O fato relevante é que o rei desejado de Portugal não tinha herdeiros. Pelo menos, diretos.

Devemos fazer aqui uma distinção entre estado dinástico e estado-nação. Nos moldes atuais, uma nação é um território com uma identidade cultural, política, militar e jurídica, definidas. Mas um estado dinástico tem uma multiplicidade desses elementos. Uma dinastia é uma família real, com posições hierárquicas definidas em diversos reinos. Um mesmo indivíduo pode ser príncipe de um reino e rei de outro. Quando o soberano do primeiro reino morre, este indivíduo torna-se rei dos dois. Nesse tipo de arranjo dinástico, o interesse da nação é menor que o interesse da família.

A partir desse importante ponto, devemos analisar o reinado de D. Sebastião. Ele era um Avis, aquela dinastia que assumiu o trono em Portugal e que iniciou o processo das navegações. Mas era também parente próximo de um herdeiro de um império dinástico, a poderosa dinastia Habsburgo.

Fazer a árvore genealógica dos Habsburgo tomaria o que nos resta do capítulo. Resumidamente, um dos maiores imperadores da história europeia foi Carlos V. Na Espanha, rei Carlos I. Já começamos por seus títulos: ele foi ao mesmo tempo, soberano de Espanha,

Países Baixos, Milão, reino da Sicília, Imperador da Alemanha e da Áustria, descendente de dinastias de Castela, Aragão, Áustria e Borgonha. Filho de um rei da França com a herdeira do trono espanhol, Joana (vimos essa triste figura no capítulo sobre Tordesilhas, Joana, a Louca da Espanha, filha dos reis católicos fundadores do país). Carlos V nasceu na região de Flandres e faleceu na Espanha. Viajou por todos os seus domínios durante seu longo reinado e falava holandês, francês, espanhol, português, alemão e latim. Sua esposa, rainha de todos esses reinos, era Isabel de Portugal, o que só mostra a importância do reino português naquele momento histórico. E como esse rei poderosíssimo se relaciona com Portugal, além de sua esposa e rainha?

Os pais de D. Sebastião eram a filha de Carlos V, Joana (não a Louca) e D. João III, da dinastia portuguesa Avis. A mãe de D. Sebastião era chamada de Joana de Áustria, por ser da família Habsburgo. E seu irmão era Filipe II, que assumiu o trono espanhol quando seu pai, Carlos I, morreu (lembremos mais uma vez, Carlos I da Espanha é o mesmo Carlos V, soberano Habsburgo que governava vários reinos). Portanto, D. Sebastião de Portugal e D. Filipe II tinham laços de parentesco, o rei da Espanha era tio direto de D. Sebastião.

Era este o rei de Portugal que não tinha herdeiros: sendo que seu tio era o descendente direto de um dos maiores reis europeus, líder de uma dinastia poderosíssima, os Habsburgo. Qual era o efeito dessa tão delicada situação em Portugal? Resumidamente, havia dois grupos: o português, partidário da manutenção da independência do reino contra a Espanha, tão duramente conquistada por longas guerras, e o espanhol, que desejava uma anexação com uma dinastia que naquele momento era a maior da Europa, ainda mais enriquecida pelo ouro da América. D. Sebastião equilibrava-se entre essas duas tendências.

No entanto, ele tinha também outras preocupações. Naquele momento histórico, por todo o mediterrâneo, forças militares turcas muçulmanas estavam reconquistando portos e cidades que haviam sido tomados por cristãos, sejam espanhóis, italianos ou portugueses. A importante cidade de Túnis tinha sido ocupada e a própria península ibérica poderia ficar ameaçada. Imagine-se o pavor que a mera suposição disso faria em Portugal. A identidade portuguesa cristã estava ligada ao tema da Cruzada contra o Islão. E sua economia, fortemente baseada no comércio marítimo, incluído o Mediterrâneo. Combater o islamismo no norte da África era uma questão econômica e religiosa. Ao fim, uma nova Cruzada. Mais uma, em 1578. A última Cruzada oficial tinha se encerrado em 1270. Dom Sebastião não teve dúvidas: lançou-se nessa nova Cruzada, que como as anteriores, tinha múltiplos objetivos. E igualmente como em todas as outras, a motivação central era a religiosa.

O que ocorreu vários historiadores chamam de tragédia. D. Sebastião, o Desejado tornou-se o Adormecido. Morreu nos areais do deserto em Alcácer Quibir, norte da África. Como começamos a descrever, criou-se a lenda de que seu corpo nunca foi encontrado. Ou na verdade foi, mas os partidários da lenda reforçaram a narrativa. Veem-se nas duas versões os objetivos dos dois grupos principais que existiam em Portugal, os que queriam e os que abominavam a volta do domínio espanhol sobre o reino. Criou-se até a lenda do **sebastianismo**: um dia, o Adormecido voltará das areias do deserto, tal qual um messias, e retornará Portugal à sua merecida glória. É essa a referência na poesia de Fernando Pessoa. Por via das dúvidas, Filipe II, o tio do rei falecido, chamou para si o trono português. Em desespero, o "partido português" tentou evitar a anexação, colocando o idoso cardeal Dom Henrique como rei. Ele tinha 66 anos, o que para os padrões da época era uma idade muito avançada. Mesmo assim, tentou contrair noivado e gerar um herdeiro. Sem sucesso. Dois anos após a morte de D. Sebastião, seu tio Habsburgo, Filipe II entrava em Tomar, a sede templária histórica de Portugal e ali era aclamado rei. Para desespero de uns e certa aclamação por outros. Foi simbólico que Filipe II tenha sido empossado em Tomar: a vinculação com a herança cruzadística era óbvia. Também simbólico que desde o início, houve a lenda da ausência do corpo de D. Sebastião. Para os que achavam que a anexação com a poderosa Espanha dos Habsburgo seria um mau negócio, ficava a esperança de um retorno glorioso do rei adormecido.

E foi um mau negócio? Carlos V, poderoso imperador, chamado de Carlos I na Espanha, legou um enorme império cheio de dívidas, guerras e opositores. Grandes poderes quase sempre geram grandes opositores. Tais oposições eram do ponto de vista político e estatal. Por exemplo, com o rei da França, Carlos V entrou em guerra por praticamente todo o seu reinado já que ele mesmo era também herdeiro de posses na Borgonha, região da França, e queria por isso conquistar o reino francês, além de disputar terras na Itália. Também teve guerras com os Otomanos, no outro extremo de seus domínios, nos Bálcãs. Mas Carlos também enfrentou problemas religiosos graves: durante seu império, a Igreja Católica enfrentou as Reformas. E justamente na região do seu nascimento, Flandres, a calvinista teve muita força. Flandres é hoje parte da Holanda e da Bélgica.

Filipe II, rei da Espanha e agora de Portugal, herdou as dívidas, as guerras e as disputas religiosas de seu poderoso pai. Nascido na Espanha, via-se mais como um espanhol do que como um multicultural europeu como seu pai. E para mostrar seu poder mandou construir o belíssimo palácio El Escorial, a pouco menos de 50 km de Madri, sede de seu império. Era igualmente a clara evidência de que, sendo Filipe II herdeiro por parte de seu pai de tantos domínios, ele tinha escolhido a Espanha como sede de seu poder: o ouro que vinha da América era a maior fonte de renda de seu glorioso império. Assim como a maior fonte de seus inimigos. Junto do palácio de governo, há também o mosteiro, outra clara demonstração de que seu poder era não só estatal e dinástico, mas também religioso: um imperador católico em luta contra os protestantes: luteranos alemães, calvinistas holandeses, anglicanos na Inglaterra.

Como podemos adivinhar de tais arranjos dinásticos complexos e disputas religiosas, talvez tenha sido um mau negócio mesmo a anexação de Portugal pela Espanha. Usando o ouro português acumulado durante a expansão comercial asiática e africana, além dos lucros do pau-brasil e do açúcar brasileiro, Filipe II travou batalhas com vários reis, líderes religiosos protestantes, além de inúmeros piratas ingleses, franceses e holandeses, isso sem contar os turcos islâmicos no oriente. Portugal entrou por tabela em todas essas guerras. Todos os olhos em Lisboa se voltavam para os arredores de Madri, para o palácio El Escorial. E as notícias que vinham de lá não eram animadoras.

Dom Sebastião, por que não voltas?

A partir do complexo acima descrito, voltamos ao Brasil. Se a dinastia Avis se encerrou com D. Sebastião e agora quem governa Portugal é Filipe II de Habsburgo, imperador de vários reinos e particularmente rei da Espanha, portanto pode-se dizer que o Brasil é uma colônia espanhola? Para todos os efeitos jurídicos, sim. As conexões entre Lisboa, a capital do Governo Geral em Salvador, os senhores de engenho e os traficantes de escravizados estabelecidos na África, tudo isso se mantinha sem maiores alterações. Mas o lucro de toda essa economia colonial brasileira ia para Madri. Em Lisboa, ficavam as contas para pagar da sustentação do Império de Filipe II. Uma delas veio com tons dramáticos.

Filipe II casou-se com uma inglesa, Maria Tudor, filha do famoso Henrique VIII, o criador da Igreja Anglicana. O mesmo rei que se divorciou seis vezes. A mãe de Maria, Catarina de Aragão, primeira esposa de Henrique VIII era católica e espanhola. O divórcio com Catarina e a criação de uma nova igreja nunca foram aceitos pelos católicos Habsburgo. Para piorar, Maria Tudor faleceu. E o trono inglês foi reivindicado por sua meia irmã, Elisabeth, que recebeu apoio dos nobres e comerciantes ingleses, que nem pensavam em pagar impostos ao rei espanhol e perder as terras que tinham conquistado da Igreja com a criação do anglicanismo. Filipe II então, para manter sua ascensão dinástica ao trono inglês, não reconhecendo a filha ilegítima de um divórcio ilegítimo a seus olhos católicos e para esmagar a reforma anglicana, tentou uma invasão na Inglaterra. Para isso, usou navios espanhóis e portugueses. A Invencível Armada foi derrotada em 1588 por uma imensa tempestade no canal da Mancha. Armada é o nome para uma frota de guerra. O apelido irônico, invencível, foi dado, pelos ingleses. Foi totalmente derrotada na sua única batalha. A maioria dos que afundaram naquele dia eram navios portugueses. Os mesmos que faziam a proteção das rotas comerciais lucrativas da Ásia, da África e do Brasil. Dom Sebastião, por que não voltas?

Para encerrar esse primeiro plano de tragédias portuguesas, vamos agora dividir nossa atenção em dois planos. Neste capítulo, veremos os efeitos do domínio espanhol sobre o Brasil. O período compreendido entre 1580 e 1640 é chamado de **União Ibérica**. E teve consequências enormes para o processo colonizador brasileiro, tendo sido de fato, uma alteração imensa em nossa trajetória. E no próximo capítulo, outra grande consequência desse domínio espanhol será analisada em mais detalhes, o domínio holandês no nordeste. E para começar, vamos sair de Madri, ignorar Lisboa por enquanto e chegar até a distante São Paulo, terra dos jesuítas e dos bandeirantes.

5.2 Sua memória será discutida: bandeirantes e o sertão

Na cidade de São Roque, distante 70 km da capital paulista, há um patrimônio histórico tombado pelos órgãos estadual e federal, o sítio e a capela Santo Antônio. Com uma singela capela dedicada ao santo, foi construído a partir de 1640 por Fernão Pais de Barros, separado do espaço de moradia, um belo altar em madeira nobre talhada, demonstrando riqueza para os padrões da época, não só pelo acesso à matéria prima, mas pelas horas dedicadas ao trabalho artesanal. No amplo prédio dedicado à moradia do proprietário original, espaços para armazenagens de produtos, descanso de viajantes e um mezanino para estoque de armas e outros mantimentos. Na frente da casa principal, havia uma senzala que foi queimada pelo outro proprietário que comprou a fazenda no século XIX, o Barão de Piratininga, para apagar a triste memória da escravidão, segundo ele. Um fato de muito interesse é que a propriedade que inclui o sítio, a casa e a capela foi adquirida pelo escritor Mário de Andrade em 1944, um ano antes de sua morte. Estava abandonada e em péssimo estado de conservação. Mário comprou o lugar com dinheiro levantado de amigos, já que ele mesmo não teria condições para fazê-lo. Visitou o sítio algumas vezes e doou a construção ao Sphan, Serviço do Patrimônio Histórico e Artístico Nacional, criado em 1937 por sugestão dele mesmo ao então ministro da educação e saúde, Gustavo Capanema. Hoje o órgão chama-se Iphan e é o principal responsável pelo chamado tombamento de espaços físicos de grande interesse cultural e histórico. Atualmente, o termo tombamento também se aplica a bens imateriais, como a capoeira, o queijo artesanal de Minas ou o frevo. Tombar aqui adquire um sentido de proteção, de cuidado e especial interesse em uma memória, na construção e manutenção de uma identidade.

Mário de Andrade, intelectual múltiplo, tinha especial interesse na chamada cultura bandeirante. Não só ele, mas todos os modernistas paulistas. Explica-se esse fascínio pelo crescimento da cidade de São Paulo nos anos 1920 do século XX. De uma cidade isolada do resto do Brasil para um centro dinâmico da economia nacional, São Paulo deixa de ser pobre e passa a ser a cidade mais rica do país em um período curto de tempo. Sem um "passado glorioso" a mostrar, como o imperial Rio de Janeiro, a dourada Minas ou a primeira capital Salvador, restava aos modernistas criar uma narrativa heroica: e quem eram os habitantes da cidade de São Paulo e arredores? Os bandeirantes.

Há uma série de discussões para serem feitas aqui. Pesquisas mais recentes indicam que este suposto isolamento da cidade de São Paulo era relativo. De fato, a economia da cidade esteve pouco ligada aos outros centros do período colonial como o Nordeste ou mesmo o Rio de Janeiro. Mas como uma conexão antiquíssima com os caminhos que levavam ao interior do continente, São Paulo nunca foi de fato isolada. O rio Tietê era uma estrada que levava ao interior e, do encontro com o Rio Paraná, à toda bacia Platina. Era mais fácil chegar pela via fluvial a Buenos Aires partindo de São Paulo do que ao Rio de Janeiro, por exemplo. E de afluentes da bacia Platina, pode-se alcançar por pedaços de rota terrestre outra bacia, a Amazônica. Em outras palavras, quase todo o interior da América do Sul, dos Andes à Serra do Mar, passando pelo Pantanal, Cerrado, sul da Amazônia, Pampas, podem estar conectados por vias fluviais. São Paulo era um porto. Um fundamental porto fluvial. Sabedoria milenar indígena que foi solenemente ignorada em nossa época, na qual precárias estradas escoam a soja do cerrado até o porto de Santos com custos altíssimos. Os indígenas da região como os guaranis, grupo dos tupis, não entenderiam nosso modo de produzir riqueza desperdiçando tanta energia em transporte.

Mas os bandeirantes entenderiam. E voltamos ao sítio de São Roque e ao nosso Mário de Andrade. Quem foram os bandeirantes? E por que sua memória é tão discutida e criticada?

Já vimos que aquele sítio foi doado ao Sphan, um órgão para proteger a memória. Em São Paulo, tanto no estado como na capital, a memória dos bandeirantes está onipresente. Nas estátuas em mármore de Fernão Dias e Raposo Tavares logo na entrada do Museu Paulista, mais conhecido como do Ipiranga, e por falar neles, nas rodovias que cortam o estado, na própria sede do governo estadual, Palácio dos Bandeirantes. E talvez na mais bela de todas, o monumento às bandeiras, de Victor Brecheret, projeto dos anos 1920 do século XX, sendo que Brecheret era uma das principais referências estéticas do círculo intelectual modernista paulista. A construção que fica na região do parque do Ibirapuera aponta para o interior, uma clara referência da conexão da cidade com a expansão territorial que seria a essência do bandeirantismo.

Nem tão bela assim é a estátua de Borba Gato, um ícone da região de Santo Amaro em São Paulo, deliciosamente brega e queimada algumas vezes. E por que ela foi queimada? Pela sua já lendária feiura? Não, pela mesma memória dos bandeirantes. Pois se os modernistas dos anos 1920 e 1930 tornaram a memória do bandeirantismo um símbolo do poder econômico paulista, na prática sabemos que essa memória é uma construção. Um recorte.

Antes de São Paulo ser a rica cidade do café e da indústria, vimos que era uma cidade mais conectada com o interior e com a escravidão de indígenas para os engenhos do litoral. Trabalho compulsório indígena também era usado nas fazendas de São Paulo, onde se produzia para o consumo local e até mesmo para envio, via fluvial, para outras partes da América do Sul. Incluindo aí, áreas da Espanha.

A maior parte dos habitantes da cidade era miscigena com tupis e falava-se nas ruas de terra de São Paulo uma mistura de português arcaico com língua geral, o tupi. Com certeza, ouviam-se missas em latim, com sermões em tupi e português, já que a cidade tinha sido fundada por jesuítas e sua presença era marcante.

Os bandeirantes eram fruto dessa associação que une elementos díspares. Uma cultura e uma sociedade miscigenada entre portugueses e nativos. E uma economia voltada mais ao interior do que ao litoral. Sempre existiu preação, ou seja, os tupis do litoral atacavam sistematicamente outros grupos étnicos do interior. E desde os primeiros colonizadores e seu cunhadismo, o uso de trabalho indígena era generalizado. Como o escravizado africano era caro e fornecido por Portugal via litoral, a economia do interior de São Paulo, mais voltada ao consumo interno que à exportação de açúcar, usava o escravismo nativo como fonte de mão de obra produtora. Importante notar que todo bandeirante é antes de qualquer coisa um mestiço: as imagens de bandeirantes com roupas de couro, botas altas e largos chapéus, com os sempre presentes arcabuzes, armas de fogo da época, deve ser mesclada com feições indígenas, uso de arco e flecha, mais eficiente na caça que a arma de fogo, e, para surpresa de muitos, pés descalços: nas longas caminhadas na mata, a bota mais atrapalha que ajuda, sem contar que o preço de um produto desses estaria fora do alcance da maioria dos bandeirantes.

Heróis paulistas de uma terra indomada e desbravadora? Um exagero, com certeza. A memória bandeirante, com fortes raízes no modernismo paulista, criou um mito. Por isso uma justa indignação para com esses "heróis": mais do que desbravadores do interior, eram antes de tudo, escravagistas de nativos.

Então, devemos queimar as estátuas dos bandeirantes? Victor Brecheret discordaria. Mário de Andrade também. Estavam eles totalmente errados? Bandeirantes eram mestiços e fruto de uma sociedade do planalto fortemente influenciada pela cultura indígena. Conhecimento das trilhas, dos rios, das fontes de alimento e dos perigos da mata ou do cerrado vinha da cultura nativa que está na essência do bandeirante. Em outras palavras, são mestiços de nativos capturando outros nativos. E para produção agrícola interna, mais do que para exportação para a Coroa portuguesa, já que o principal da produção de açúcar não ocorria em São Paulo. Outro ponto que relativiza e torna complexa a figura do bandeirante: sim, ele era um fora da lei. Ignorava solenemente os limites do Tratado de Tordesilhas, negociava com colonos espanhóis no rio da Prata e atacava, furiosamente, às vezes, missões jesuíticas. Mas se o bandeirante era um fora da lei e por isso deve ser criticado, então quem o critica por isso está dizendo que a lei da Coroa colonizadora deve ser obedecida? Mas é justamente essa lei e esse poder que escraviza africanos! Não parece fazer sentido criticar os bandeirantes por serem "fora da lei" e heroicizar os quilombos por serem, exatamente, fora da lei. A lei colonial, sob qualquer ponto de vista moderno, republicano e democrático, era fundada em padrões que não são os nossos: reis com poderes absolutos, sociedade hierarquizada de forma estamental, privilégios de nobreza e monopólios comerciais. Aos nossos moldes pós-Revolução Francesa, seríamos quase todos fora da lei naqueles tempos tão distantes dos nossos.

Talvez a questão da identidade dos bandeirantes deva ser entendida de forma mais simples e ao mesmo tempo mais brutal: são evidentes exemplos de seu tempo. E aliás, quem não é? Mestiços do sertão acostumados com a ausência de um poder estatal efetivo, já que a Coroa mal se conectava com o interior, plenamente acostumados às guerras nativas das quais acrescentaram o uso intenso de escravidão, que entre os tupis era pouco praticada. Não nos moldes de um trabalho compulsório em larga escala. Os bandeirantes tiveram um inimigo em especial: os jesuítas. Curioso notar que ambos eram originários da mesma cidade.

As missões jesuíticas se espalharam pelo interior com uma lógica própria. A Ordem dos Jesuítas tinha o seu próprio projeto colonizador. Fundado na catequese e na criação de cidades, no sentido pleno do termo para a época, com uso intenso de trabalho indígena. Escravocrata? Para os nossos padrões, sim. Os nativos eram catequizados e levados a abandonar suas práticas ancestrais de nomadismo e agricultura distributiva para morar em aldeamentos fixos e produzir alimentos em excedente. O projeto colonizador jesuíta se permitia certa autonomia dos poderes coloniais estatais. Na prática, era como se Ordem dos Jesuítas criasse seu próprio Estado dentro do Estado absolutista. Como o interesse real português estava mais focado no litoral, o interior passou a ser a área jesuíta por excelência. E por isso, alvo dos bandeirantes, que prefeririam capturar indígenas já reunidos e de certa forma aculturados, do que se embrenhar em tribos dispersas na mata. As missões jesuítas eram atacadas com violência pelos bandeirantes. Mas os padres não ficaram apenas observando, armaram os nativos e eles mesmos usaram de armas para se defender. Padres, mestiços de nativos e nativos de ambos os lados, lutando entre si. Difícil apontar quem é herói nesse caso.

Raposo Tavares é um dos nomes mais lembrados quando se fala em bandeirante. Herói ou vilão? Ou apenas um homem do seu tempo? Ele é um dos que adornam a entrada do Museu do Ipiranga, em musculosa estátua de mármore, com os olhos ao longe, buscando novas terras.

E novas terras ele encontrou. Novas no sentido da Coroa portuguesa. Ou seria, espanhola? Um dos pontos que definem esse homem do seu tempo é a União Ibérica. Se a Espanha nunca teve real interesse em ocupar as áreas do interior do atual Brasil que deveriam ser suas pelo Tratado de Tordesilhas, com o domínio espanhol essa divisão tornou-se ainda mais irrelevante. O foco da Espanha era o ouro dos Andes e o açúcar do litoral. O que ficava no meio do caminho tinha pouco interesse. A trajetória de Raposo Tavares e dos bandeirantes tem seu período de apogeu justamente nesse momento e nessa geografia. E por trajetória aqui, deve-se entender sua biografia e suas andanças pelo interior. Nascido em Portugal e estabelecido aos 20 anos em São Vicente, subiu a serra do mar e fixou-se em São Paulo, onde tinha uma pequena fazenda. Desde cedo, desentende-se com os jesuítas pelos motivos já descritos: estes queriam catequizar os indígenas, Raposo e os seus, queriam aprisionar e levar cativos para São Paulo, onde seriam utilizados na agricultura local e alguns, enviados para outros compradores, fosse no Nordeste açucareiro, fosse na Argentina. Raposo atacou missões jesuíticas na região do Paraná, Rio Grande do Sul e fronteira do atual Uruguai, regiões que eram espanholas, mas que colonos brasileiros adentravam sem muitas reservas. Também foi recrutado pela Coroa para combater os holandeses no Nordeste, o que contradiz mais uma vez a noção comum de que bandeirantes eram "fora da lei". Era justamente o período em que Portugal também lutava pela sua independência da Espanha.

De volta a São Paulo, foi organizada uma expedição ao extremo interior do Brasil. Qual era o objetivo dessa expedição? Muito provavelmente, tomar posse de territórios espanhóis fora do limite de Tordesilhas. Vimos como dentro da alta sociedade portuguesa havia dois "partidos", um espanhol e outro, independentista. Aproveitando-se da União Ibérica e que tudo era, teoricamente, território do mesmo rei, membros da sociedade portuguesa desejavam abertamente tomar posse de territórios que não deveriam ser de Portugal. Essa estratégia fica clara com o fim da União Ibérica, quando Portugal retoma sua independência e aproveita a fraqueza militar da sua rival Espanha.

A maior bandeira de Raposo Tavares é uma forma de Portugal tomar esses territórios. Mais do que uma ação pessoal ou particular, muito provavelmente foi uma ação coordenada pela recém-restaurada Coroa Portuguesa diante de uma Espanha enfraquecida. Raposo saiu de São Paulo e com um verdadeiro exército de mais de mil homens, esmagadoramente indígenas e mestiços, chegou até o atual Mato Grosso, na fronteira com a atual Paraguai, atacando uma grande missão jesuítica que lá existia, formada por indígenas guaranis. Após esse ataque, subiu o rio Paraguai e foi até o rio Mamoré, já na fronteira dos Andes. Desceu o rio Amazonas praticamente inteiro até chegar a Belém. Ainda conseguiu voltar a São Paulo, onde veio a falecer. Quando olhamos o mapa do Brasil atual e a expedição de Raposo Tavares, podemos ver uma clara semelhança. A "curva" que a fronteira do Brasil faz com os países vizinhos a leste, Paraguai, Bolívia, Peru e Colômbia, mais ou menos segue a expedição de Raposo. Não foi ele quem criou estes limites, mas foi ele quem atingiu, como um colono português, aquelas regiões. E o fez a mando da recém-restaurada Coroa, pois em 1647, Raposo Tavares esteve em Portugal e recebeu do rei a missão dessa expedição. Assim afirma o historiador português Jaime Cortesão, que viveu no Brasil durante mais de dez anos e lecionou no prestigioso Itamaraty, centro de formação dos diplomatas brasileiros. Parte de sua trajetória intelectual é dedicada à formação territorial do Brasil e ele compara Raposo Tavares a Pedro Álvares Cabral: ambos exploradores a serviço de Portugal. Ambos com missões secretas. E ambos, violentos em seus métodos.

A busca de mão de obra cativa indígena não era o único objetivo dos bandeirantes. A expedição de Raposo Tavares patrocinada pela Coroa portuguesa restaurada estava em busca de ouro e prata.

Portugal, desde o início da colonização, buscou esse objetivo. Sem sucesso. Com a União Ibérica, imaginava-se que os portugueses teriam algum acesso a esse ouro espanhol. Ledo engano, já que o ouro todo ia para Madri e dali, para financiar as eternas guerras de Filipe II. Por isso, Portugal incentivou algumas expedições dentro do Brasil durante e após a União Ibérica para encontrar novas fontes de ouro ou, pelo menos, aceder àquelas da Espanha.

Os bandeirantes pensavam igual. Mas por eles mesmos. A busca de ouro, prata e pedras preciosas era um dos seus maiores objetivos. Tal visão era diretamente derivada da sociedade e do espaço em que se encontravam: vivendo em São Paulo, com seus contatos econômicos e culturais voltados para o interior e em meio a uma sociedade totalmente forjada na cultura tupi. Sabemos que São Paulo era um entroncamento de rotas do Peabiru, o concreto e lendário caminho que levava a Cuzco nos Andes. Era impossível aos bandeirantes não desejar percorrer este caminho e chegar até o Eldorado, a lendária cidade de ouro que os espanhóis teriam descoberto. Lendas à parte, o Império Inca era rico em ouro e prata.

Várias bandeiras saíram de São Paulo e foram ao interior, refazendo partes do Peabiru e literalmente criando rotas. E no caminho, cidades. São várias as cidades hoje do interior do Brasil fundadas por bandeirantes. Desde as mais próximas de São Paulo, até as mais distantes, em um arco que vai de Santana do Parnaíba, distante 50 km da capital, até Goiás Velho, bela cidade barroca fundada em 1729 por Bartolomeu Bueno da Silva, o segundo Anhanguera, mais de mil quilômetros sertão adentro. Seu pai, o primeiro Anhanguera, foi um dos principais bandeirantes e que ficou conhecido, reza a lenda, pelo seu nome em tupi "Diabo Velho". Diante da tribo dos guaiás, que dá nome ao atual estado, colocou fogo em aguardente, para espanto dos indígenas que pensavam que ele tinha o poder de colocar fogo na água. Daí o apelido.

De acordo com a lenda, as indígenas guaiás estariam com belos adornos de ouro, o que teria levado o Anhanguera a fazer seu "feitiço" e obter o segredo do caminho para um possível Eldorado. Outro que foi em busca de ouro e pedras preciosas foi Fernão Dias Paes Leme. Participante da bandeira de Raposo Tavares, tinha ótima condição financeira e status social em São Paulo. Abandonou tudo e foi em busca de esmeraldas. Morreu no Rio das Velhas, Minas Gerais, tendo encontrado suas preciosas esmeraldas. Ou não, pois eram turmalinas, pedras de pouco valor, como ficou comprovado depois que seu filho retornou a São Paulo e tentou vendê-las. E para mostrar como os bandeirantes são figuras contraditórias, ele fundou o mosteiro de São Bento em São Paulo, para onde seus restos mortais foram enviados e lá estão enterrados. Por que um bandeirante tão odiado pelos jesuítas iria fundar um mosteiro? O motivo fica claro: a Ordem dos Beneditinos era opositora da Ordem dos Jesuítas. O que é uma demonstração da complexidade do fenômeno bandeirante no igualmente complexo contexto que envolve Portugal, Espanha e União Ibérica, disputas entre jesuítas e colonos, tribos indígenas rivais e até disputas entre as ordens religiosas. Mais uma vez, classificá-los como simples bandidos ou heróis não dá conta desse contexto amplo.

Voltaremos a falar dos bandeirantes quando finalmente descobrirmos ouro no Brasil. Mas por ora, a partir do ouro dos Andes que tornava a Espanha o país mais rico do mundo naquele momento, vamos até o extremo sul do nosso país, atravessar a fronteira do Uruguai e chegar até uma cidade portuguesa encrava da rota mais preciosa do Império Espanhol.

5.3 O SAGRADO SACRAMENTO: EXPANSÃO PORTUGUESA NO IMPÉRIO ESPANHOL

Meros 60 km via fluvial separam o porto de Buenos Aires, principal ponto de partida do ouro e prata que os espanhóis retiravam em quantidades inacreditáveis, da cidade de Colônia do Sacramento, Uruguai. A cidade hoje é turística, preservando parte do casario colonial de sua fundação. Os turistas argentinos, que simplesmente atravessam o rio, ou os brasileiros, que buscam uma bela região vinícola uruguaia, não desconfiam que essa pequena cidade foi um dos pontos de maior discórdia entre os dois impérios ibéricos em toda a América.

O desejo de construir ali uma cidade vinha, literalmente, desde o início do processo colonizador português na América. A expedição de Martim Afonso já tinha mapeado o estuário do rio da Prata e sabia, por informações dos nativos, que daquele rio podia-se chegar até o coração do Império Inca. E ao ouro e prata deles. Obviamente uma colônia portuguesa ali era ilegal, do ponto de vista do Tratado de Tordesilhas. Mas a oportunidade surgiu. Em 1680, Manuel Lobo, experiente militar português que tinha lutado contra os espanhóis na restauração da independência da Coroa lusitana, fundou a cidade: na prática, uma pequena fortaleza, mas que incomodava sobremaneira os espanhóis. E já que citamos aqui a Restauração, como ela ocorreu?

Os livros de História do Brasil costumam lembrar o ano de 1640 como o fim da União Ibérica e a volta da independência portuguesa da corte espanhola dos Habsburgo. Mas o processo foi mais complexo e tortuoso do que uma simples data. De fato, em 1640 houve literalmente um golpe em Lisboa: no dia primeiro de dezembro, de acordo com narrativas, quarenta fidalgos (o número foi maior), tomaram o governo da cidade e empossaram como novo rei, D. João IV de Bragança, sacando do poder o conde-duque de Olivares, o governador de Portugal sob as ordens de Madri. Foi apenas o primeiro passo de um longo processo político militar que durou 28 anos, encerrando-se em 1668 com o reconhecimento pela Espanha da independência de Portugal. De novo.

A guerra não foi contínua. A Espanha estava em outros conflitos internacionais, o mais sério deles com a Holanda, como veremos no próximo capítulo, e até mesmo dentro de seu próprio reino, como com a região da Catalunha. Foi uma guerra de longa duração e baixa intensidade, com pequenas batalhas seguidas de longos períodos de cessar-fogo. Ao mesmo tempo, Portugal, em sua nova dinastia, os Bragança, fazia acordos diplomáticos para serem reconhecidos por outros reinos europeus, o que daria legitimidade ao novo rei. É daí que nasce uma sólida aliança com a Inglaterra, que perdurará por anos, influenciando inclusive no processo de independência do Brasil, séculos mais tarde.

Outra potência europeia que mantinha uma guerra incessante com a Espanha dos Habsburgo era a Holanda. Em um delicado e contraditório processo diplomático, que veremos com mais detalhes no próximo capítulo, Holanda e Portugal fizeram acordos de paz e de reconhecimento. Muitas vezes, acordos esses em meio a conflitos militares entre eles mesmos, já que a Holanda tinha dominado boa parte do Nordeste açucareiro brasileiro. A paz entre os dois só seria ratificada em 1661. Os ingleses por sua vez apoiaram Portugal, mas com condições comerciais vantajosas: partes do império colonial lusitano na Ásia veria o monopólio comercial português dividido para comerciantes ingleses. Como vimos, monopólio era o centro do lucro em uma atividade mercantil e, portanto, cedê-lo ou dividi-lo como fez Portugal era um evidente sinal de fraqueza.

A vitória militar final portuguesa foi mais devido à fraqueza espanhola. Com tantos inimigos ao mesmo tempo, a dinastia Habsburgo não conseguia manter todos os seus territórios sobre seu controle. Portanto, devemos propor como o fim da União Ibérica duas datas: 1640 e 1668. Nesse processo, Portugal com uma nova dinastia, os Bragança, os mesmos que dariam origem a Pedro I e Pedro II do Brasil, lutou militarmente e diplomaticamente para restabelecer de fato sua independência face à Espanha. E nesse tempo, temos fatos importantes no Brasil. Entre eles, voltemos ao Uruguai.

Em 1680, já consumada a vitória portuguesa sobre a Espanha, o rei português Afonso VI envia a missão para o já citado Manuel Lobo, então donatário da capitania do Rio de Janeiro: funde uma nova cidade para tentar apoderar-se da rota do ouro espanhol. Um ano depois, os espanhóis tomaram a recém-fundada colônia de volta. Em 1683, Portugal a tomou de volta. A Espanha reconquistaria Sacramento em 1705. Em 1715, os portugueses a tomaria de volta...

Poucas cidades da América Colonial foram tão disputadas assim. E por que tamanho interesse? Em parte pelo acesso à rota do rio da Prata. A foz do rio é a mais larga do mundo, são 60 quilômetros, o que permite ações de contrabando e roubo de navios com a tão valiosa carga. Mas há igualmente outros elementos conectados com o Rio de Janeiro, São Paulo e Buenos Aires. E se relacionam com os bandeirantes.

O leitor já deve ter adivinhado: tráfico de escravizados. Uma parte significativa das bandeiras paulistas atacava as missões jesuíticas na região do Paraná e Rio Grande do Sul e já enviava os cativos para Sacramento, que eram por sua vez reenviados para Buenos Aires. A história da escravidão indígena na Argentina ainda é um tema pouco explorado pelos historiadores, mas sabemos que havia uma sólida rota comercial que conectava esses pontos comerciais de tráfico indígena. Durante a União Ibérica essa rota se fortaleceu, já que tudo era parte do mesmo Império. E quando oficialmente as regiões estavam de novo separadas, os interesses comerciais permaneceram fora da lei, mas sendo feitos do mesmo jeito. Enfim, Portugal ao criar uma colônia no sul, fora dos seus domínios legais por Tordesilhas, queria reforçar um fato já existente, o comércio escravocrata, para criar uma situação jurídica: tomar posse de terras que não deveriam ser portuguesas, mas de fato eram.

Uma conclusão aqui se impõe. A interpretação mais tradicional sobre o comércio escravocrata conecta como eixo principal os eixos África-Brasil-Atlântico-açúcar. E de fato, era a maior rota lucrativa para a Coroa portuguesa. Mas outros eixos comerciais envolvendo a escravidão, no caso a indígena, também eram importantes. Não é uma coincidência que o fundador de Sacramento seja o donatário do Rio de Janeiro. Aquela cidade já era um dos maiores porto escravocratas de toda a América. Para esses comerciantes, a expansão dos negócios envolvendo outras etnias, os nativos, e outras regiões, o sul do Brasil, tinha uma lógica.

Sacramento também era um importante porto que podia vender outros produtos do Brasil, como tabaco, algodão e até mesmo gado, abundante nos pampas gaúchos e uruguaios. E como Buenos Aires era uma cidade rica, demandava esses produtos. Na prática, durante a União Ibérica esse intenso comércio era totalmente legalizado. Com seu fim, apenas se manteve, com vistas grossas de ambas as Coroas, Portuguesa e Espanhola. Afinal, era de interesse das duas. O que irritava sobremaneira os espanhóis era a facilidade com que comerciantes portugueses recebiam pagamentos pelos seus produtos em prata. O que era lógico, dada a abundância do metal em Buenos Aires. Mas para o pensamento mercantil da época, manter o controle dos metais e evitar seu escoamento via comércio era fundamental. Isso quando um ou outro navio espanhol carregado com o metal não era, literalmente, roubado na longa travessia até a Espanha.

A colônia de Sacramento marca o máximo da expansão portuguesa ao sul. E foi por isso que a Espanha fundou, mais a leste, a cidade de Montevidéu. Seria uma forma de ter uma presença espanhola forte na região e evitar que toda a atual região do Uruguai terminasse portuguesa. De fato, não foi por outro motivo que essa disputa se estendeu. Em 1750, o Tratado de Madri criou as bases jurídicas e territoriais do Brasil atual quase que inteiro. E devolveu Sacramento à Espanha em troca de amplas terras que hoje são parte da região sul do Brasil. Parecia que questão tinha sido solucionada. Mas não foi.

E quando ela foi resolvida? Só no século XIX, quando a Província Cisplatina, então tomada por D. João VI e mantida por Pedro I, declarou sua independência... do Brasil! Isso mesmo, de 1680 até 1825, o Uruguai foi foco de disputas, primeiro entre Espanha e Portugal, depois entre Argentina e Brasil. Uma solução salomônica foi criada pelos ingleses, poderosos no XIX: um país independente. Mas não para por aí. Uma das causas da guerra do Paraguai está também localizada na questão uruguaia. Mas isso é tema de outro livro. Nada mal para um país que hoje é conhecido por ser um dos mais pacíficos do continente e Sacramento, um destino turístico idílico, com um casario português bem preservado e bucólicas vistas do rio da Prata.

A expansão territorial do Brasil colonial teve na União Ibérica um fator decisivo. Os polêmicos bandeirantes foram parte desse processo, assim como a própria Coroa portuguesa, com já sólidos interesses em áreas originalmente espanholas. Mas se o Brasil é maior do que deveria ser em parte por esse período, pode-se também imaginar o contrário. Foi na União Ibérica que por pouco a unidade do domínio colonial português não foi quebrada em definitivo. Na trajetória da história do Brasil, essa foi uma das bifurcações mais dramáticas e decisivas. E tudo começa nos mares do Norte, em uma cidade muito diferente do calor brasileiro. Agora é hora de viajarmos até Amsterdã.

6 O QUE VENHO A PEDIR OU PROTESTAR, SENHOR, É QUE NOS AJUDEIS E NOS LIBERTEIS: DOMÍNIO HOLANDÊS NO NORDESTE BRASILEIRO

> Não hei de pregar hoje ao povo, não hei de falar com os homens; mais alto hão de sair as minhas palavras ou as minhas vozes: a vosso peito divino se há de dirigir todo o sermão. (...) Tão presumido venho da vossa misericórdia, Deus meu, que ainda que nós somos os pecadores, vós haveis de ser o arrependido. (...) O que venho a pedir ou protestar, Senhor, é que nos ajudeis e nos liberteis: Adjuva nos, et redime nos. Mui conformes são estas petições ambas ao lugar e ao tempo. Em tempo que tão oprimidos e tão cativos estamos, que devemos pedir com maior necessidade, senão que nos liberteis: Redime nos? E na casa da Senhora da Ajuda, que devemos esperar com maior confiança, senão que nos ajudeis: Adjuva nos?
>
> *Padre António Vieira.*

6.1 A cidade dos canais: Amsterdã e o comércio mundial

A Igreja de Nossa Senhora da Ajuda, não muito longe do famoso elevador Lacerda, em Salvador, quase não chama a atenção em uma cidade conhecida por seus belíssimos templos. Relativamente pequena e de construção moderna, datada do século XX, está é uma área anteriormente ocupada por outras construções. A primeira igreja era de pau a pique e teto de palha, daí o apelido, "sé de palha". Foi construída ainda na época do primeiro governador geral, Tomé de Sousa, e nela morou o finado Bispo Sardinha, o mesmo que foi canibalizado por caetés, como vimos. Depois, a partir de 1579, uma nova construção, de pedra e cal, foi erguida. Permaneceu esta construção até o século XX, quando foi demolida para dar lugar à nova igreja atual. É uma pena que o templo onde as palavras acima, de um sermão datado de 1640, não exista mais. O lugar é o mesmo, mas a igreja é outra. Seria muito saboroso apreciar o templo original, imaginando as poderosas palavras de padre António Vieira, um dos maiores nomes da oratória em toda a língua portuguesa, ecoando nas paredes e nas imagens dos santos.

No sermão original, pode ser que os santos tenham ficado um pouco espantados. Chocados até. Ao lermos o trecho acima, entendemos que Vieira não está se dirigindo aos fiéis, mas a Deus: "a vosso peito divino se há de dirigir todo o sermão". Não é qualquer um que deseja dar um sermão a Deus. E ainda mais, para dar um recado duro: "Deus meu, que ainda que nós somos os pecadores, vós haveis de ser o arrependido". Ou seja, se Deus não ouvir Vieira, ficará arrependido. Suavizando um pouco esta quase repreensão ao Divino, Vieira complementa expondo seu ponto de vista: "E na casa da Senhora da Ajuda, que devemos esperar com maior confiança, senão que nos ajudeis?" A referência que Vieira faz é evidente: se a igreja pertence a Nossa Senhora da Ajuda, nós pecadores aqui em Salvador precisamos de toda ajuda possível. "Nos ajudeis e nos liberteis", pede o pregador barroco português, radicado em Salvador. Ajudar e libertar de quê? Mais adequado seria perguntar, de quem?

Em 1630, dez anos antes do sermão acima, uma frota com quase setenta navios e mais de sete mil homens, imensa para os padrões da época, atacou a região de Olinda, Pernambuco, desembarcando na Praia de Pau Amarelo. De onde partiram tais navios? Amsterdã, Holanda.

Vamos utilizar o nome Holanda para facilitar ao leitor, mas o **nome oficial do país hoje é Países Baixos** e é formado por doze províncias: Holanda do Norte, Holanda do Sul, Brabante do Norte, Drenthe, Flevoland, Frísia, Guéldria, Groningen, Limburg, Overissel, Ultrecht e Zelândia. Na época em que ocorreram estes acontecimentos, a região não era independente e fazia parte do reino Habsburgo, incluindo também boa parte do território que hoje é a Bélgica. Em comum, essas regiões tinham a mesma língua, o holandês, ou poderíamos também dizer, o flamengo (flamengo é um dialeto do holandês falado na Bélgica atualmente, cuja base é a mesma língua. Por isso, às vezes, holandeses sejam chamados de flamengos, de acordo com a região e origem linguística). Uma boa quantidade de nomes para resumir em uma sentença: **a Holanda da época não era independente e era dominada pelos Habsburgo, tendo como imperador, Carlos V.** que era nascido em Gante, hoje uma cidade da Bélgica que fica na região de Flandres, localizada entre o norte da França, Bélgica e Holanda. A língua nativa de Carlos V era o holandês (embora, como vimos, ela falava muito bem várias outras línguas, incluindo o espanhol).

Se a língua unia aqueles povos em uma identidade, Carlos V era seu poderoso imperador. Mas Carlos V era católico, e os holandeses, vamos utilizar esse nome de forma didática, eram calvinistas. Interessante notar essa diferenciação de propostas e de identidades: Carlos V via seu império como um estado dinástico, como falamos anteriormente: vários povos, línguas, culturas, mas uma única religião, a católica, e um único imperador. Os holandeses viam seu pequeno território como a afirmação de uma identidade, uma única língua e uma única religião, e essa era a calvinista. A situação piora com a subida ao trono de Filipe II, filho de Carlos V. Nascido na Espanha, com afinidade mais ibérica que germânica, e profundamente católico, mais do que o pai, Filipe II entrou em choque com a região da Holanda e sua sociedade.

E como era a sociedade holandesa da época? Era centrada em uma classe muito específica: os **comerciantes**. E aqui a cidade de Amsterdã adquire uma importância fundamental. Aliás, o nome amplo que se dá aos Países Baixos vem dessa época: como sua cidade mais importante fica na província da Holanda da Norte, tornou-se o centro econômico e social de toda a região, batizando o país como um todo.

A origem comercial da cidade é antiga, com raízes medievais. Desde sempre ligada ao mar e até hoje famosa por seus canais, é banhada pelo rio Amstel, o controle das águas desse rio batizou a cidade, já que Damm significa barragem, dique. Literalmente, a cidade começou como a barragem do Amstel – Amsterdam. Com clima pouco propício à agricultura, pelo menos na época de que falamos, o comércio acabava sendo a única opção de criação de riqueza para seus habitantes.

Durante a época da expansão marítima europeia aliou-se a Portugal no financiamento e distribuição do açúcar brasileiro. O primeiro engenho do Brasil em Santos, como vimos, tinha capital holandês. Os navios portugueses abarrotados com o "ouro branco" desembarcavam diretamente em Amsterdã, de onde o produto era distribuído a toda Europa. Boa parte da riqueza da cidade e de sua poderosa classe de comerciantes era ligada ao açúcar do Brasil, via Portugal. Portanto, não havia nenhum motivo para os holandeses invadirem o Brasil.

O que aconteceu então? A **União Ibérica**.

A guerra entre Holanda e Espanha começou em 1568 e só terminou em 1648. São 80 anos de guerra não contínua, com períodos de paz. Essa guerra teve dupla motivação: por um lado, os ricos comerciantes de Amsterdã não queriam arcar com os altos impostos pagos à Coroa Habsburgo, ainda mais porque esses impostos eram usados nas guerras longas que Filipe II travava em várias frentes, principalmente contra a França. Sem mencionar o alto luxo da corte. Basta ver o belíssimo palácio mosteiro El Escorial, mandado construir por Filipe II (ele e seu pai, Carlos V estão lá enterrados). Para os austeros calvinistas holandeses, uma ofensa financeira e religiosa. E sempre temos a motivação religiosa, já que Filipe II impunha com violência a volta do catolicismo na Holanda.

Inicialmente os holandeses foram liderados por Guilherme de Orange-Nassau. Seu cargo era *stadhouder*, podemos traduzir como "proprietário da cidade", ou um regente com poderes limitados. De novo, a cidade de Amsterdã era o centro das discussões. Guilherme não desejava uma ruptura absoluta com a dinastia Habsburgo, mas uma maior autonomia. Além disso, Guilherme foi ajudante de ordens de Carlos V que nele depositava muita confiança.

Porém, os comerciantes calvinistas viam em Filipe II tudo o que eles mais odiavam: um católico espanhol que não respeitava sua identidade holandesa e que cobrava altos impostos para financiar guerras e luxos de uma corte sediada em outro país. Filipe II não pensava em países, mas em obediências dinásticas: para ele, um imperador com domínios em vários lugares do planeta Terra, incluindo quase toda a América, a pequena Holanda e sua rica cidade

Amsterdã eram apenas súditos duplamente rebeldes, na religião e nos impostos.

Filipe II acusou Guilherme de Orange de traição por se aliar a esses rebeldes. Para o imperador, era uma tripla traição: de religião, de finanças do reino e pessoal, já que a carreira de Guilherme *stadhouder* devia-se a seu pai, Carlos V. E a guerra tornou-se inevitável. Na Holanda, Guilherme é visto como um libertador nacional, o que explica a cor laranja que originalmente havia na bandeira tricolor do país, hoje trocada pelo vermelho. E sim, explica também o famoso uniforme laranja da equipe de futebol daquele país, de tantas memórias nos gramados (Laranja é só a cor, *oranje*, em holandês. A fruta tem outro nome, *sinaasappel*). Guilherme de Orange foi assassinado por um católico, tornando ainda maior seu mito de fundador da identidade holandesa.

Mas o que o Brasil de Antônio Vieira e seu desesperado sermão por ajuda têm a ver com a fria e distante Amsterdã?

Resposta: **açúcar**. Parte da riqueza holandesa era exatamente o açúcar brasileiro. E Filipe II tornou-se rei de Portugal a partir de 1580, em plena guerra de independência da Holanda, que já tinha começado em 1568. Portanto, Portugal, um aliado dos financistas e comerciantes holandeses, foi levado a ser alvo de uma guerra que não era sua. Filipe II cortou os laços com o açúcar brasileiro. Para ele, quebrar financeiramente Amsterdã era um golpe fatal no esforço de guerra contra seu domínio. E nesse ponto, ele estava certo: sem o açúcar do Brasil, a guerra de independência holandesa ficaria muito difícil.

Ao mesmo tempo, os comerciantes holandeses viam o Nordeste brasileiro como uma fonte de renda fundamental para sua sobrevivência econômica. E uma continuação óbvia da guerra na Europa, afinal, o Brasil era espanhol agora. Do ponto de vista deles, tomar o açúcar brasileiro era na prática tomar o *seu* açúcar, já que parte do financiamento e toda a distribuição, eram holandesas.

Algumas datas são importantes para termos uma cronologia dos acontecimentos:

1- Guerra de independência Holanda X Espanha – iniciada em 1568;
2- União Ibérica – o Brasil agora pertence à Espanha – 1580;
3- Primeira invasão holandesa em Salvador – 1624.

Nota-se boa distância temporal entre a primeira invasão holandesa no Brasil e o início da União Ibérica. Por que temos esse lapso de tempo? Porque a guerra entre holandeses e espanhóis não foi contínua, mas um longo processo que envolvia acordos de paz, recuos de ambas as partes e certa acomodação de interesses. Comerciantes com mentalidade prática, os holandeses de Amsterdã queriam lucro mais do que guerra. E Filipe II tinha outras guerras em aberto, como vimos, contra a França, e até contra o Império Otomano, no leste europeu. Assim, durante alguns anos, embora as tensões comerciais e religiosas sempre fossem presentes, os conflitos não eram imediatos.

No meio do caminho há a criação de um ator poderoso: A Companhia das Índias Ocidentais, conhecida pela sigla em holandês WIC. Era a irmã de outra empresa, a VOC, Companhia das Índias Orientais. Esta já tinha comércio no Oriente, incluindo Índia, China e a atual Indonésia, que teve colonização holandesa. Um dos portos que os holandeses tinham tomado dos portugueses no oriente era Moluca, conhecido como o porto do cravo, valorizada especiaria. A expressão portuguesa *maluco* vem daí. Dizia-se que o lucro do cravo na Europa era tão alto que, quando um comerciante cobrava um preço alto demais por qualquer coisa, em Lisboa era dito "preço de Moluca". Por derivação, *maluco* passou a ser sinônimo de coisa fora do normal. Os holandeses não estavam malucos quando tomaram Moluca dos portugueses, isso em 1605. Concluindo, vemos que holandeses e portugueses eram aliados, mas ao mesmo tempo, ferozes concorrentes. Amigos, amigos, negócios à parte.

Foi a WIC a empresa que organizou a tomada de Salvador em 1624. Eis uma novidade na forma de governo da época. Não foi um rei ou um imperador, mas um grupo de comerciantes, uma assembleia, que tomava as decisões em conjunto. A Holanda tinha formalmente um imperador, odiado por eles como vimos, mas não queria ter um rei ou um outro governante que pudesse tomar o poder de forma total. Um grupo de comerciantes que se reúne, toma decisões em conjunto e age em prol dessa coletividade é uma novidade e tanto em uma Europa cheia de imperadores e reis absolutistas. O leitor deve imaginar o ódio que esses pragmáticos e independentistas comerciantes de Amsterdã tinham de Filipe II.

Após um período de trégua entre esses dois atores, em 1621 Filipe II cortou em definitivo os laços entre o açúcar brasileiro e Amsterdã. Então a WIC tomou a decisão: invadir o Brasil. Mas onde? Logicamente, nas áreas produtoras de açúcar. Mas o Nordeste brasileiro é imenso. Qual o ponto central para a invasão? A capital do Brasil, Salvador. O ano era 1624. A mesma Salvador em que o padre Vieira exigiria ajuda de Deus em 1640.

A tomada de Salvador em 1624 foi rápida. A frota era composta por 26 navios e mais de 3 mil homens, o que dá a noção da importância do açúcar para a economia holandesa. Não houve nenhuma resistência. A cidade era holandesa agora. Padre Vieira, recém-ordenado, acompanhou boa parte da população da cidade e refugiou-se no interior. O governador-geral foi preso e levado para Amsterdã. Enquanto isso, o donatário da capitania de Pernambuco, Matias de Albuquerque, assumiu seu lugar e realizou um eficiente trabalho de guerra assimétrica: atacava a cidade e as guarnições holandesas e fugia de novo para o interior. Nesse processo, também incendiava canaviais e engenho e libertava escravizados. Apesar dos holandeses terem se apoderado de boas quantidades de açúcar que já estava no porto de Salvador para o embarque, não conseguiriam produzir mais em um prazo curto, sem a estrutura e a mão de obra necessárias. Ao mesmo tempo, uma grande frota espanhola saiu da Europa e iniciou a viagem de contra-ataque. Temendo um massacre, o que de fato ocorreria, os holandeses abandonaram Salvador. O domínio holandês na Bahia durou apenas um ano. O jovem padre Vieira e boa parte da população baiana voltaram à cidade, aliviados, menos os escravizados que, libertos, fugiram para o interior, em parte dando origem a vários quilombos, entre eles, o de Palmares. Pode-se dizer que a invasão foi mais um fracasso que uma vitória. Mas o lucro do açúcar era tão alto e o desejo de reconquistas as áreas produtoras tão sedutor, que alguns anos mais tarde, nova frota partiria de Amsterdã para o Brasil. E dessa vez, a invasão não foi um fracasso.

6.2 Moça com brinco de pérola: Nassau em Recife

Na cidade de Haia, Holanda, a uma agradável caminhada da estação central de trens da cidade, o leitor encontrará a Maurithuis, ou Casa de Maurício. Trata-se de um belo palacete em estilo clássico que abriga um pequeno, mas altamente prestigioso museu. Sua coleção de quadros não é grande, mas algumas de suas obras são mundialmente conhecidas. Entre elas, o famoso quadro de Rembrandt, *Lição de Anatomia,* de 1632, legítimo representante do chamado período de ouro da arte e da pintura holandesas. Mas sem dúvida, a obra *Moça com Brinco de Pérola*, de Jan Vermeer, de 1665, é a joia mais conhecida do museu. Considerado um dos mais belos retratos femininos jamais pintados, rivaliza mesmo com a *Mona Lisa* de Da Vinci ou o igualmente belo *Busto de Nefertiti* que está em Berlim. E assim como esses outros retratos, além da perfeição técnica e da beleza que expressa, contém alguns mistérios até hoje não solucionados: quem foi afinal a garota que inspirou Vermeer? Ele mesmo foi um pintor de vida reclusa, que passou a maior parte de sua existência na pacata cidade de Delft, na Holanda do Sul e que morreu com apenas 43 anos. Sua viúva teve que vender vários de seus quadros para pagar o sustento de seus filhos, onze sobreviventes dos quinze que o casal teve. Esquecido após sua morte, só foi valorizado recentemente.

O palacete da Casa de Maurício também tem uma pequena coleção de obras de arte pintadas no Brasil, pois seu proprietário e construtor foi o administrador do Brasil Holandês, João Maurício de Nassau-Siegen. Alemão de nascimento, mas ligado por sua família nobre a importantes líderes da Holanda, inclusive Guilherme de Orange, foi um dos conselheiros da WIC, a poderosa companhia comercial que administrava as Índias Ocidentais, ou seja, os interesses dos comerciantes holandeses no Brasil e no Caribe. Esse palacete foi todo construído com a renda do açúcar nordestino. Originalmente, era todo decorado com motivos brasileiros: pinturas, ornamentos diversos, objetos indígenas, animais empalhados. Hoje, a maioria dessa coleção não está mais lá, sobrando apenas algumas poucas pinturas, entre elas, a de uma simpática tartaruga tipicamente nacional. Maurício de Nassau morreu sem ter filhos e nunca se casou. Suas pinturas e coleção particular, boa parte delas adquirida em seu período de vida no Brasil, foi vendida ou doada por ele mesmo ou após sua morte, e repartida em vários lugares.

Não foi dele sozinho a proposta de uma nova invasão ao Nordeste brasileiro, tal decisão era colegiada, feita por todos os líderes da WIC. Mas foi ele o escolhido para ser o administrador da nova colônia. A nova invasão teve a mesma motivação da anterior: apoderar-se do açúcar que era uma das maiores fontes de renda dos comerciantes de Amsterdã. O açúcar que iria dar sustentação financeira a guerra de independência contra o poderoso império de Filipe II.

Mas nessa segunda invasão, o foco foi outro. Ao invés de Salvador, os holandeses atacaram mais ao norte, a cidade de Olinda. É bem provável que o leitor tenha ouvido falar em domínio holandês em Recife. Essas duas cidades, intimamente ligadas, nasceram juntas. Olinda era a sede da rica capitania de Pernambuco, sendo que Recife na prática era o porto por onde os navios com o açúcar saíam para a Europa. Os holandeses invadiram a cidade de Olinda e tomaram o porto de Recife.

Como foi essa expedição militar?

Já com a experiência anterior na Bahia, os holandeses prepararam uma expedição ainda maior: 77 navios e 7 mil homens, mais do que o dobro da frota que tomou Salvador. E o leitor poderá adivinhar quem foi o líder da resistência portuguesa em Olinda? Ele mesmo, Matias de Albuquerque. E o que ele fez? A mesma estratégia que deu certo anteriormente. Perdida a cidade de Olinda para os holandeses, fugiu para o interior e iniciou sua guerra assimétrica, quase como uma guerrilha: ataques pequenos, mas constantes e uma certa política de "terra arrasada", com queima de engenhos, canaviais e libertação maciça de escravizados.

Para alegria de Alburquerque e desespero dos holandeses, o recurso estava dando certo mais uma vez. De que adiantaria tomar uma cidade se o açúcar não pudesse ser produzido? Mas nesse momento, houve um complicador. Um certo Domingos Fernandes Calabar, cuja biografia é bastante nebulosa, troca de lado e passa a dar informações militares fundamentais aos holandeses. Conhecedor da região, Calabar era muito provavelmente um contrabandista. O que isso de fato significa no contexto daquela época? Alguém que fugia dos elevados impostos coloniais, vendendo e comprando produtos fora dos meios oficiais. Se o leitor quiser, um sonegador. Com essa atividade, fez boa fortuna e crê-se que ele deve ter tido até mesmo um ou mais engenhos de açúcar. Há uma visão um pouco idealizada de Calabar como um "homem do povo", o que do ponto de vista da renda é falso. Porém, embora sem ter certeza, Calabar era um mestiço, não se sabe se de mãe africana ou indígena, sendo seu pai português, o que mostra certa mobilidade social na colônia, mesmo que sob fora da lei (melhor dizendo, exatamente por Calabar fugir dos impostos coloniais, conseguiu amealhar sua riqueza). E com tino comercial aguçado e uma pouca fidelidade às autoridades constituídas, Calabar apoia os holandeses. Não se pode dizer que as informações que ele deu a eles foram a única causa da derrota portuguesa, a vitória militar flamenga poderia ter ocorrido mesmo sem ele. Mas seu papel foi muito bem documentado e mereceu elogios do comandante das tropas, Jan Cornelisz Lichthart.

Os combates ocorreram em quase todo o litoral do Nordeste e não apenas na região de Pernambuco. E o centro das operações militares portuguesas era o Arraial do Bom Jesus, distante pouco menos de 10 km do centro de Olinda, no interior, de onde Matias de Albuquerque organizava a resistência. O lugar foi tomado por tropas holandesas graças às informações de Calabar. Atualmente, é um parque com algumas ruínas e áreas demarcadas da construção original, no bairro Casa Amarela, zona norte de Recife.

Apesar de todo seu esforço em apoiar quem estava ganhando a guerra, Calabar não se aproveitou disso. Em meio a um dos combates, tropas portuguesas encontraram um pequeno destacamento holandês em que ele estava. Derrotados, Calabar foi morto e esquartejado, com seus pedaços expostos em diferentes pontos da cidade onde ainda havia domínio português. O mesmo destino mais de um século depois, que teria Tiradentes. Nos anos 1970 do século XX, Ruy Guerra e Chico Buarque criaram uma peça de teatro musicada com o título *Calabar, elogio da traição*. O contexto era uma crítica ao regime autoritário da época, revisitando a posição de Calabar não como um traidor, mas um herói que luta contra o poder constituído.

Após a vitória militar definitiva em 1637, chega a Olinda, Maurício de Nassau como o administrador da nova colônia. Não era apenas um ato de corsários que queriam tomar o açúcar e ir embora. Era um ato de construir em definitivo uma nova colonização no Brasil. Do mesmo modo como os franceses tentaram no Rio de Janeiro e no Maranhão, sem sucesso. E essa colônia teve vida longa, com os holandeses sendo expulsos somente em 1654. Se tomarmos todo o arco histórico da primeira invasão pernambucana, a guerra de resistência, a administração de Nassau e a restauração do domínio português, vamos de 1630 a 1654, ou seja, 24 anos de domínio holandês no Brasil. Ou melhor seria dizer, no Nordeste?

É necessário medir melhor as palavras nesse contexto tão complexo. É preciso uma melhor definição do que teria sido este "Brasil holandês". O domínio ia da foz do rio São Francisco, atual sul de Alagoas, até o Maranhão, sendo que São Luís também foi tomada. Do rio São Francisco para o sul, incluindo a capital Salvador, o domínio permanecia português. Também as áreas do interior do Brasil atual, notadamente o comércio que já existia entre São Paulo e a região do Prata, também não foram afetadas pela Holanda. Portanto, se a colônia holandesa tivesse permanecido não teríamos um Brasil holandês, mas dois países. Claro que isso é apenas um exercício didático, mas explica a diferença entre essas duas áreas colonizadas sobre diferentes domínios europeus.

Portugal ainda tenta recuperar a região mais uma vez, em 1640, logo após sua restauração. Uma frota de navios portugueses ataca o Nordeste e é derrotada. É nesse momento que entendemos o sermão de Antônio Vieira na igreja de Nossa Senhora da Ajuda. Ele, um pregador jesuíta em Salvador, vendo quase todo o rico Nordeste açucareiro nas mãos dos "hereges" calvinistas holandeses, enxerga essa frota de navios como uma esperança de uma restauração católica. Pede ajuda a Deus e ao mesmo tempo argumenta que sendo verdade que a Igreja Católica é a única expressão de Deus, então a derrota militar portuguesa era uma imposição. Pelo jeito, o sermão a Deus não teve o efeito desejado, para desespero de Vieira. Pelo menos, o pregador jesuíta viveu bastante e teve a sorte de ver os holandeses expulsos, o que não deixa de ser certa ironia, já que ele mesmo seria enviado pelo rei português à Holanda para negociar com os mesmos "hereges" que ele tanto condenava, a devolução do Nordeste à Coroa portuguesa restaurada do domínio espanhol. Também sem sucesso.

Na bela e idílica rua do Bom Jesus, muito próximo do marco zero da cidade, na ilha em que está o centro histórico de Recife, situa-se a primeira sinagoga de todas as Américas. O templo judaico foi restaurado e está aberto à visitação, tornando-se um dos lugares de interesse cultural mais importantes de todo o Brasil e que atrai a atenção de visitantes judeus e não judeus do mundo inteiro, notadamente da comunidade judaica norte-americana de Nova Iorque. Mais adiante, saberemos como se deu esta conexão entre as duas ilhas, a de Recife antigo e a de Manhattan.

A sinagoga Kahal Zur Israel é o que restou da presença de Nassau como administrador do Brasil holandês (usaremos este termo aqui, mas já explicamos a delimitação geográfica que ele abrange). Sua vida de apenas sete anos em Recife é lembrada e de certo modo, idealizada. E seu legado, complexo, mas admirável.

Para começar, podemos falar da própria sinagoga citada. Nassau veio para o Brasil para produzir açúcar e gerar lucros para a WIC. Portanto, sem financiamento, sem produção. Quem tinha boa parte das casas financeiras de Amsterdã? Banqueiros judeus. Nassau trouxe alguns desses financistas para Recife e permitiu a eles liberdade religiosa. Isso em uma época em que simplesmente falar de forma positiva de judeus podia ser motivo para questionamentos da Inquisição. Que o diga o padre Vieira. O mesmo do sermão de Salvador. Em viagem a Portugal, Vieira pregou que o reino não deveria expulsar os judeus, como queria a Inquisição. Sua visão era em parte parecida com a de Nassau. Banqueiros judeus e comerciantes eram peça fundamental na engrenagem do açúcar e sua expulsão por motivos religiosos podia colocar toda a economia portuguesa em grave crise. Para contornar o problema religioso, Vieira, que era padre, não nos esqueçamos disso, argumentava que em vez de serem expulsos, seria melhor tentar catequizá-los. Se o argumento era sincero ou apenas uma desculpa, aqui não há espaço para esse debate. Porém, pelo fato de Vieira ter tido uma aparente defesa da comunidade judaica em Portugal foi o suficiente para um processo da Inquisição. De Portugal, Vieira foi obrigado a permanecer em um "exílio" no Maranhão durante oito anos.

A liberdade religiosa que Nassau concedeu não foi somente aos judeus, mas a outras denominações cristãs. Ele sabia que todos no Brasil eram católicos, mas os holandeses eram calvinistas. Para evitar problemas, concedeu liberdade de culto a todos. O século XVII na Europa foi marcado pela Guerra dos Trinta Anos, de 1618 a 1648, um complexo de conflitos que tem na questão religiosa um ponto central. Nassau em Recife entendeu que a religião poderia colocar em risco todo seu projeto colonial. Ele concedeu liberdade religiosa a esses três grupos por um ponto de vista prático, comercial ou por que ele acreditava que isto era um valor humanístico? Em parte, pelos dois, pois Nassau era sim um legítimo humanista, um homem do Renascimento em pleno século XVII depois do Renascimento histórico que tinha se encerrado no XVI.

Profundamente culto, conhecedor de várias línguas e curioso ao extremo, principalmente das realidades biológicas que eram tão estranhas a um holandês nos trópicos, Nassau criou um Jardim Botânico, onde cultivava diversas plantas não só pela beleza, mas pela sua capacidade farmacêutica. Apreciou e tentou aprender a cultura indígena que tanto conhecia a natureza medicinal dessas plantas e trouxe da Holanda um especialista no tema, seu médico pessoal, Willem Pies, também conhecido pelo nome latinizado, como era comum cientistas usarem na época, Guilielmus Piso (em português Guilherme Piso). Também construiu um pequeno observatório astronômico onde trabalhava Georg Marcgraf, cartógrafo e matemático. Ambos realizaram viagens pelo interior do Nordeste holandês, descrevendo espécies animais e vegetais e doenças tropicais. A obra *História Naturalis Brasiliae*, publicada em 1648 em latim na Holanda, seria uma das mais importantes referências na Biologia durante décadas.

Nassau também era um entusiasta da arquitetura. Não apreciou a cidade de Olinda, a então capital da capitania de Pernambuco e que seria natural como sede de uma nova colônia holandesa. Em vez disso, preferiu os mangues do Recife. Como comentamos, a cidade era na verdade apenas o porto de Olinda e pouco habitada, com pequenas e precárias construções. Aproveitando-se da secular experiência que os holandeses tinham de domínio das águas, com seus admiráveis canais, hoje tão presentes como símbolo de Amsterdã, Nassau drenou vários pântanos ao redor do porto, construiu pontes e ruas e literalmente, fez uma cidade: o nome é modesto, Cidade Maurícia, *Mauritsstad* em holandês...

Dois palácios foram construídos, o *Vrijburg*, ou Palácio de Friburgo, que era a sede do governo. E a residência de Nassau, *Schoonzit*, ou Palácio da Boa Vista, ambos na ilha de Antônio Vaz, que era conectada com a de Recife por uma bela ponte de madeira. Esse último palácio também tinha outra ponte, que passava sobre o rio Capibaribe, conectando com o continente na área que hoje tem o nome de bairro da Boa Vista. Uma construção da época holandesa que permaneceu foi o Forte da Cinco Pontas, que hoje tem apenas quatro pontas. Os portugueses demoliram a quinta ponta depois que reconquistaram a região.

As ruas eram limpas e planejadas, ao estilo de Amsterdã, com traçados geométricos. A experiência urbanística daquela cidade com seus canais foi motivo por séculos de admiração em toda a Europa: como uma sociedade podia literalmente vencer o mar? Até o mesmo o poeta alemão Goethe impressionou-se ao conhecer de perto a capacidade técnica que permitiu tal urbanização. Em seu monumental poema *Fausto*, publicado no início do século XIX, uma das referências que o autor tinha da capacidade da técnica de vencer a natureza que faz do personagem Fausto uma espécie de herói moderno, eram os canais de Amsterdã. Nassau, portanto, dois séculos antes, tinha um certo quê "fáustico" em uma nova cidade construída no mangue tropical.

Entretanto foi na pintura a herança mais duradoura do período de Nassau no Recife. Ele não só trouxe cientistas, mas também artistas e dois deles se destacam: Frans Post e Albert Eckhout. Deste último, já vimos o quadro Homem Tapuia no capítulo 1. Eckhout foi convidado por Nassau ainda em Amsterdã para fazer parte de sua comitiva. Sua especialidade era a pintura, em tamanho natural, dos habitantes da região: indígenas, africanos, mestiços, europeus. Destaca-se em sua obra um olhar quase antropológico, atento aos detalhes que eram, a seus olhos europeus, diferentes, exóticos, atrativos. Por isso mesmo, quando voltou à Holanda, seus quadros foram bastante valorizados. Nassau era o seu patrocinador e por isso, o proprietário das obras. Por isso, após a volta de Nassau para a Europa, ele doou a maioria da coleção pintada por Eckhout a seu primo, então rei da Dinamarca, onde estes quadros hoje se encontram, no museu nacional deste país. Apenas o já citado simpático quadro das tartarugas está no museu Casa de Maurício em Haia, como um testemunho silencioso e eloquente da estada de Nassau em terras brasileiras.

O outro nome da pintura holandesa no Brasil é o de Frans Post. Quando veio ao Brasil era um jovem artista, estudioso das tradições da pintura holandesa da época, cujo interesse central era retratar a realidade com um olhar realista, distanciando-se da pintura do Renascimento italiano, com motivos mais mitológicos Greco-romanos e religiosos cristãos. Post teve um olhar ao mesmo tempo panorâmico e atento aos detalhes: retratava tanto a paisagem ampla, com a presença do céu imenso dos trópicos, que tanto o fascinava, quanto os pequenos detalhes das construções, das pessoas, da natureza. Um quadro que expressa sua obra pode ser visto abaixo:

Figura 6.1 – Engenho com Capela, 1667, por Frans Post

Fonte: Fundação Maria Luisa e Oscar Americano – São Paulo - SP

O quadro Engenho com Capela de 1667 pode ser visto em São Paulo, na Fundação Maria Luisa e Oscar Americano. Outras obras suas podem ser vistas no Instituto Ricardo Brennand, em Recife. É uma boa notícia afinal que a maioria dos seus quadros ficou no Brasil. Nassau levou à Holanda alguns, exibidos tanto na Casa Maurício em Haia quanto no prestigioso Rijksmuseum de Amsterdã.

Todas essas obras, melhorias públicas, pontes e palácios custaram muito dinheiro. Havia muitos na Holanda que estavam incomodados com o salário realmente principesco de Nassau no Brasil e acreditavam que as margens de lucro do açúcar brasileiro podiam ser maiores. Por outro lado, o aspecto religioso também pesava contra Nassau, já que os calvinistas holandeses acreditavam que a luta contra a Espanha e contra o catolicismo devia se estender também ao Brasil.

Para complicar a situação de Nassau, a mão de obra começou a rarear. E o motivo é fácil de entender: se a Holanda tinha a posse de um lado do Atlântico, o Nordeste açucareiro, o outro lado, a costa africana, permanecia portuguesa. Ou melhor, espanhola. Pelo menos, durante parte do governo dele aqui. Em 1637, um ato ousado de Nassau foi a conquista de uma possessão portuguesa na África, São Jorge da Mina, fonte importante de fornecimento de escravizados. Ele entendeu claramente que as duas costas eram regiões economicamente ligadas.

Essa conexão econômica é óbvia por si mesma, mas merece uma análise social. Costuma-se dar a Nassau uma visão idealizada de um humanista nos trópicos, amante das artes e das ciências, o que é uma verdade. Mas é igualmente verdade que parte importante dessa presença tão rica em cultura foi feita sob trabalho escravizado africano. O mesmo Nassau que podia dar liberdade religiosa a um grupo tão perseguido na Europa como os judeus, não hesitou em entrar no mercado de escravizados africanos para dar sustentação à sua colônia brasileira. Do ponto de vista de Portugal, a perda de parte de suas colônias africanas e a expulsão, ainda que temporária, do altamente lucrativo mercado escravocrata foi um golpe sério nas já abaladas finanças do reino.

As relações complexas entre Nassau, WIC, Portugal e Espanha, todos sob a sombra toda poderosa de Filipe II tomaram um novo rumo: em 1640, Portugal conseguiu sua separação do Império Habsburgo. Pode-se dizer que foi uma nova separação da Espanha, afinal a sede do governo era Madri e como já referimos, ao contrário do seu pai "europeu" Carlos V, Filipe II era próximo de uma identidade ligada à Espanha. Mas também podemos dizer que foi uma separação dinástica. A família Avis, cujo último membro fora Dom Sebastião, tinha sido substituída por uma nova dinastia, a Bragança. Esse processo de separação foi uma guerra e vimos alguns detalhes dele no capítulo anterior. O que nos interessa é como essa Restauração, assim é chamada nos livros de História de Portugal e na elegante Praça na Baixa de Lisboa que faz homenagem aos heróis nacionais dessa nova independência, se relaciona com o domínio holandês ainda vigente no Nordeste do Brasil.

Inicialmente, Portugal tentou pela via diplomática a devolução do Nordeste açucareiro. Padre Vieira, sempre ele, foi enviado a uma missão na Holanda. Sem obter sucesso, a Coroa lusitana tinha poucos recursos financeiros para iniciar uma nova guerra. Tinha literalmente acabado de obter uma improvável vitória contra o Império Habsburgo de Filipe II. E sem a parte do açúcar brasileiro e do lucrativo comércio de escravizados, ambos sob domínio holandês, financiar uma nova empreitada militar seria impossível. O impasse era enorme: talvez seria melhor simplesmente abdicar de parte do Nordeste brasileiro e concentrar-se na porção ao sul da foz do Rio São Francisco, já que a Bahia continuava a ser uma importante produtora de açúcar, embora em menor quantidade do que a área holandesa. Ao mesmo tempo, Nassau tinha consciência de que agora, Portugal e Holanda eram, de novo, aliados: ambos tinham Filipe II como inimigo e interesses em comum, o açúcar e o comércio de escravizados, um alimentando o outro.

Nassau toma uma decisão também bastante ousada: dobra sua aposta na África, tomando Angola. E por que tal atitude, se os holandeses já tinham São Jorge da Mina, fornecedora de escravizados também? Por motivos econômicos e políticos. Do ponto de vista do fornecimento de mão de obra, Angola era muito mais importante que Mina. Portanto, assegurar uma nova fonte de escravizados era básico para a continuidade da colônia holandesa no Nordeste. Ao mesmo tempo, Angola continuava a ser de Filipe II, e o comércio de escravizados era uma fonte de renda importante para seu Império. Parte significativa do açúcar caribenho, de origem espanhola portanto, era produzida com a mão de obra escravizada angolana. Tomar Angola do Império Habsburgo era enfraquecer a potência dominante: lembremos algumas datas, em 1640, ano da Restauração portuguesa, a Holanda ainda estava em guerra com Filipe II (final da guerra e independência holandesa em definitivo: 1648).

Se Dom João IV, novo rei Bragança, imaginava um acordo entre Holanda e Portugal, agora tal possibilidade tornou-se nula. Pelo contrário. Sem Angola, o fornecimento de escravizados para a Bahia tornava-se quase inviável, correndo-se o risco de uma queda de todo o Brasil sob o domínio holandês. Dentro de uma ótica "se não pode com ele, junte-se a ele", Dom João IV fez uma trégua com a Holanda de dez anos: nesse prazo, tanto Portugal poderia ser armar para tomar posse de suas colônias africanas de volta, quanto a Holanda podia continuar sua guerra contra Filipe II sem arriscar um novo conflito com Portugal. Como se vê, um inimigo tão poderoso torna até mesmo rivais, temporariamente, aliados. Com desconfianças mútuas, claro. Quem quebraria o acordo primeiro, atacando militarmente, Portugal ou Holanda?

Foi quando um acontecimento novo neste delicado xadrez diplomático mudou o rumo da História. A WIC decidiu demitir Nassau do cargo de administrador do Brasil Holandês. Como podemos explicar um fato desses, quando sabemos da competência de Nassau? Resposta simples: competência para quem?

Nassau fez amplas reformas no Recife. Gastou fortunas em seus dois palácios. Trouxe artistas, cientistas e amealhou uma impressionante coleção de peças tropicais em sua intensa curiosidade de conhecer a região. E foi exatamente por isso que a WIC o demitiu. Contrariando uma visão idealizada muito comum, "se fôssemos colonizados por holandeses, seríamos hoje um Brasil de primeiro mundo", a burguesia comercial holandesa queria somente uma coisa: lucro. Vindo do açúcar e dos escravizados, era somente o dinheiro que preocupava a WIC. As reformas urbanas de Nassau eram vistas como gastos inúteis e suas preocupações científicas e sentimentos estéticos em relação aos trópicos, uma excentricidade de um nobre arrogante. Lucro e mais lucro, era só isso que Amsterdã queria.

Mas o Brasil holandês dava prejuízo? Não. Mas não era o suficiente para a WIC. Portanto, Nassau passou a ser um peso e não um benefício. Foi demitido em 1643 e chegou à Holanda um ano depois. Sua coleção particular de quadros e objetos do Nordeste, incluindo plantas e animais empalhados, minerais, madeiras, tecidos indígenas e tudo o que mais se possa imaginar, lotou dois navios inteiros. Nassau saiu do Brasil, mas o país sempre o acompanhou até o final de sua vida. Encomendou a um importante humanista holandês, Kaspar van Baarle, uma história de seu governo no Brasil. Publicado em 1647 em latim, como era costume entre os humanistas, que inclusive latinizavam seu nome, Caspar Barleus, a obra contém relatos minuciosos do período holandês, descrição de animais e plantas, além de mostrar mapas e desenhos detalhados da região. Uma das edições originais está na Biblioteca Brasiliana Guita e José Mindlin, que é administrada pela USP e pode ser consultada online no endereço abaixo, gratuitamente:

https://digital.bbm.usp.br/handle/bbm/7796.

A obra é um testemunho eloquente deste personagem tão fascinante como contraditório, quase lendário, na trajetória brasileira. Militar, diplomata, humanista, urbanista, além de escravocrata ao mesmo tempo. Teve ainda uma longa carreira na Europa após seu período brasileiro, mas nunca fez as pazes com a WIC, trabalhando como militar para o Sacro Império Germânico, do qual era também um nobre de alta posição social. Veio a falecer aos 75 anos, uma idade avançadíssima na época, na Alemanha, onde está enterrado.

6.3 A REVOLTA DOS ENDIVIDADOS: FIM DO DOMÍNIO HOLANDÊS E UMA DISCUSSÃO SOBRE A MEMÓRIA

Sem Nassau, quem governava o Brasil Holandês? A própria WIC, diretamente da Holanda, com administradores indicados por ela. E isso prenunciava um mau negócio. Principalmente, para os senhores de engenho.

Nassau não era generoso apenas para si, mas para outros. Empréstimos para os senhores de engenho comprarem escravizados e produzir açúcar costumavam ser bastante amigáveis. Ao mesmo tempo, dívidas eram cobradas com certa leniência. Como podemos observar, de fato alguns bons argumentos tinha a WIC quando demitiu Nassau. Avolumando-se as dívidas dos senhores e diminuindo o lucro, quando Nassau saiu de cena, os comerciantes de Amsterdã realizaram no Brasil o que mais sabiam fazer:

manejar bem o dinheiro. Cobraram dívidas atrasadas, diminuíram o lucro dos produtores, aumentaram o preço dos escravizados vendidos pela própria Holanda, em grande parte para recompor os gastos despendidos pela conquista militar das regiões africanas.

O resultado? Um surto de nacionalismo nos senhores de engenho brasileiros... ironias à parte, a retomada do domínio português sob o Nordeste brasileiro sempre foi vista como um feito militar: uma tropa formada por indígenas, africanos e portugueses, prenunciando a união dos três povos na formação do Brasil, que lutou contra um invasor e retomou o território. O conflito decisivo foi ao sul do atual Recife, na região de Guararapes, daí o nome da batalha, que na verdade foram duas. Nas duas vezes, as tropas brasileiras venceram os holandeses. Destacam-se alguns nomes importantes como o general André Vidal de Negreiros, nascido no Brasil de origem portuguesa. Mas chama a atenção a trajetória de Henrique Dias, filho de escravizados libertos e que teve brilhante carreira militar, destacando-se como um dos melhores comandantes na guerra. Por sua competência alcançada em combate, os batalhões de negros no Brasil passaram a ser chamados de *Henriques*, e foi elevado a condição de nobre pela Coroa portuguesa. Um exemplo extremo, mas muito significativo de uma ascensão social de filho de escravizados em um Brasil da época.

Tão relevante como a trajetória de Henrique Dias é a de Filipe Camarão, nascido com o nome Potiguaçu, no atual Rio Grande do Norte. De origem tupi, ao ser batizado tomou nome, ironia do destino, do rei espanhol que iria combater anos mais tarde, sendo que o sobrenome "camarão" é a versão portuguesa de seu nome em tupi. Foi um fiel e competente comandante a serviço de Matias de Albuquerque nas várias batalhas travadas contra os holandeses antes do domínio completo de Olinda por eles. Anos depois, iria travar contra o mesmo inimigo nova guerra, dessa vez, vitoriosa. Foi um dos principais líderes da batalha de Guararapes.

Na construção da nacionalidade brasileira, principalmente de um ponto de vista militar, a união desses líderes contra um inimigo comum e a presença tão marcante de indivíduos de origens étnicas e sociais diversas, indígenas, negros, luso-brasileiros, a batalha de

Guararapes adquire um significado simbólico importante. Porém, não devemos nos enganar com esse exemplo, digno e meritório, sem dúvida, desses personagens com trajetórias tão fascinantes. O historiador Luiz Filipe de Alencastro, em obra já citada, é peremptório: a expulsão dos holandeses foi uma revolta de endividados. Boa parte dos senhores de engenho que lideraram a guerra contra o "invasor" holandês, foi aliado durante anos do governo de Nassau. Quando a WIC cobrou as dívidas, o holandês tornou-se "invasor".

Se assim foi, então de onde surge o mito de uma nacionalidade brasileira na luta contra os holandeses? Pelo fato de que foi um intento basicamente brasileiro a luta contra a WIC e a ajuda de Portugal nesse caso foi quase nula. Militarmente diminuído e, o reino português, em péssima situação financeira, a guerra, analisada de um ponto de vista militar, foi mesmo um fato do Brasil. Por outro lado, a Coroa teve importante participação. Guerra e política são, como sabemos, elementos unidos. Na Europa, Portugal da nova dinastia Bragança procurou restabelecer contatos comerciais com a mesma Holanda que combatia em sua colônia. O que pode parecer contraditório, mas explica-se pelo fato de que as rotas de distribuição de açúcar na Europa continuavam nas mãos dos comerciantes de Amsterdã. É por isso que foi assinado um acordo em 1661: a Holanda reconhecia a perda da sua colônia no Brasil e normalizava as relações com Portugal em troca de uma compensação financeira. Tal fato é estranho, o leitor deve notar. Um país que perde a guerra ganha dinheiro com isso. Mas é significativo da dependência que Portugal tinha com outros países na manutenção de sua posição política e econômica. Aos poucos, outro país vai assumir a relação privilegiada com Portugal, tornando-se seu aliado, protetor e em alguns casos, impondo seus pontos de vista: a Inglaterra.

Resta falar das colônias portuguesas na África, que ainda estavam nas mãos dos holandeses. Nesta guerra, teve papel relevante Salvador Correia de Sá e Benevides. Nascido na Espanha, durante o período da União Ibérica, ascendeu militarmente na estrutura de poder do Império Habsburgo e posteriormente, com a Restauração portuguesa, foi nomeado governador do Rio de Janeiro pelo novo governo lusitano. Sua família tinha assento no poderoso Conselho Ultramarino da Coroa portuguesa, tendo muita influência nas decisões do rei. Além disso, tinha vários engenhos de açúcar no Rio de Janeiro, sendo por isso, proprietário de escravizados. Com poucos recursos militares, a Coroa portuguesa pediu a Salvador de Sá que liderasse uma expedição à África para tomar de volta suas lucrativas colônias escravocratas. E assim foi feito, com recursos reunidos com outros proprietários de engenho brasileiros. Em outras palavras, a reconquista portuguesa da África foi mais brasileira que lusitana. E marca também a poderosa ascensão de traficantes de escravizados brasileiros dentro da estrutura de poder do Império Português. É como se as rotas de tráfico que ligavam África e Rio de Janeiro não fossem apenas portuguesas, mas brasileiras, não em um sentido nacionalista do termo, mas a partir de uma lógica de interesses comerciais solidamente estabelecidos em território nacional. Comprar escravizados na África, trazê-los ao Brasil, pelo Rio de Janeiro, e depois produzir açúcar para ser exportado para a Europa passa a ser, cada vez mais, uma atividade liderada por brasileiros: pessoas nascidas aqui, que encaram sua fonte de riqueza aqui e entendem Lisboa como uma referência política e de poder, mas não necessariamente uma referência econômica única. Nesse aspecto comercial, os traficantes escravocratas já bem estabelecidos em território brasileiro vão adquirindo cada vez mais poder econômico e político, dentro da estrutura de poder português.

Ainda falta contar um detalhe que retoma a nossa narrativa inicial: uma conexão entre duas ilhas, Recife e Nova Iorque.

Quando os holandeses foram expulsos do Brasil, uma parte da comunidade judaica permaneceu, oferecendo aos portugueses financiamento do açúcar e sua distribuição, já que eram eles, comerciantes de origem judaica, que tinham boa parte dessa tarefa em Amsterdã. Portugal não aceitou e expulsou os judeus por motivos religiosos. Eles seguiram os holandeses que estabeleceram nova colônia, desta vez no Atlântico norte, justamente a ilha de Manhattan. Ali fundaram uma colônia chamada de Nova Amsterdã, que seria o ponto de distribuição do açúcar caribenho para a Europa. Para defender a ilha, construíram um muro na parte sul, o que daria origem à famosa Wall Street atualmente. O bairro Harlem, mais ao norte, também faz referência a essa origem holandesa, já que *Haarlem* é o nome de uma cidade daquele país.

Os ingleses conseguiram conquistar a ilha, rebatizando-a de Nova Iorque, em homenagem ao duque de Iorque, título tradicional da nobreza inglesa desde a época medieval. Mas se os holandeses foram, os judeus ali ficaram, com a anuência inglesa. Dedicando-se ao comércio, construíram uma sólida comunidade bem integrada na cidade que, desde seu início, tornou-se um dos principais portos comerciais do oceano Atlântico. Literalmente, toda a origem da comunidade judaica nova-iorquina estava em Recife durante o período holandês.

Padre Vieira, novamente, foi um dos poucos que tentou proteger os judeus da Inquisição em Portugal. Como já citamos, isso lhe causou sérios problemas. Mas podemos também ampliar esse debate e dizer que a expulsão dos judeus de Recife foi uma perda de oportunidade econômica. Afinal, expulsar quem tem redes comerciais e financeiras bem estabelecidas não parece ser uma boa receita para a riqueza. Seria então esse o ponto que nos difere, Brasil e EUA? Recife poderia ser uma Nova Iorque no Atlântico Sul?

Na longa trajetória brasileira, a memória do passado muitas vezes é idealizada. Nassau foi um lúcido humanista e não teve dúvidas em usufruir da escravidão africana para construir sua bela cidade. Seríamos muito melhores como país se nossa colonização fosse holandesa? Se a comunidade judaica tivesse permanecido em Recife, as possibilidades de comércio e riqueza seriam tão maiores assim e hoje nosso presente seria outro? Não há um presente B, mas apenas o atual presente, resultado de uma trajetória nem sempre lógica ou previsível, mas fruto de diversas tensões sociais, militares, diplomáticas, culturais. E do acaso, muitas vezes.

Idealizar a Recife de Nassau ou o Brasil holandês é sempre tentador. Imaginar uma Recife como Nova Iorque em termos de riqueza material também. Mas na prática, há tantos elementos em jogo no passado de um país que focar um único ponto como o determinante absoluto dessa ou daquela trajetória, parece exagerado. Se podemos concordar com padre Vieira e ver, como ele viu com lucidez, que a expulsão dos judeus iria ser um golpe forte na economia de todo o reino português, Brasil incluso, isso por si só não explica a trajetória de crescimento comercial de Nova Iorque até hoje.

Na Recife do século XX, viveu boa parte de sua infância a escritora de origem judaica emigrada da Ucrânia, Clarice Lispector. Podemos fazer uma caminhada de meia hora entre sua antiga casa e a rua do Bom Jesus, onde fica a primeira sinagoga das Américas. Não deixa de ser uma trajetória cheia de acasos essa caminhada. No início do século XX, os judeus fugiram da Europa para a América fugindo de perseguições. E o Brasil foi um dos lugares onde eles foram bem aceitos, incluindo a Recife de Clarice. A mesma Recife onde foi construída a primeira sinagoga das Américas e que, poucos anos mais tarde, iria ser fechada e os membros daquela comunidade étnica e religiosa, expulsos. Quantas memórias Clarice deve ter dito em uma hipotética e provável caminhada de sua casa até a rua do Bom Jesus.

7 *QUE A SEDE DE OURO É SEM CURA:* MINERAÇÃO E INTERIORIZAÇÃO DA COLÔNIA

> Que a sede de ouro é sem cura,
> e, por ela subjugados,
> os homens matam-se e morrem,
> ficam mortos, mas não fartos.
>
> *Cecília Meireles*

7.1 Bandeirantes, tropeiros e caminhos: a sociedade mineradora

Com rara sensibilidade, a poetisa Cecília Meireles publicou em 1953 a obra *Romanceiro da Inconfidência*. Composta por quadros sugestivos mais que descritivos, frutos de intensa pesquisa e vivência na região mineradora, Cecília construiu um retrato que é, ao mesmo tempo, poético e histórico. Menos interessada na explicação econômica e social do fenômeno da corrida do ouro e mais na psicologia sensível, nos sentimentos e nas memórias daqueles que dela participaram. Nesse trecho apresentado, e desde já se convida o leitor para mergulhar na obra inteira, preferencialmente em uma viagem de férias às cidades mineiras do ouro, Cecília Meireles apresenta o essencial na **psicologia coletiva e individual da mineração**: o desejo intenso, quase doentio, de encontrar ouro, como se fosse um vício. De fato, é. Os homens ficam mortos, pois não mais têm sua identidade, sua personalidade própria, arrancada pela droga potente do garimpo, mas nunca fartos, ou seja, nunca satisfeitos. Na poesia, mas não só nela, História e Psicologia se encontram.

Quem também não ficava e nunca estava satisfeita com a quantidade de ouro era a Coroa portuguesa. E veremos que a história da mineração é antes de qualquer coisa, uma **história tributária**: e também veremos que, sempre que um Estado arrecada impostos, e no caso o fez em grande quantidade, a primeira e fundamental pergunta que se segue é, para quem, para quais grupos sociais, esses impostos são enviados? Quem se beneficiou com a riqueza do Brasil? Como se vê, pergunta que ainda precisa ser respondida em nosso presente.

Sabemos desde já quem encontrou ouro no interior do Brasil. Os sempre polêmicos, odiados e idolatrados, bandeirantes. O desejo da Coroa portuguesa em fazê-lo desde sempre existiu. Vimos como na carta de Caminha a imagem, ou melhor, a *miragem*, do ouro estava presente. Mas efetivamente, quem adentrava o sertão brasileiro em busca do metal e quem o encontrou, foram bandeirantes. E provavelmente o primeiro a encontrar o metal precioso foi Borba Gato. O mesmo da estátua igualmente polêmica da cidade de São Paulo. A partir da expedição de outro bandeirante, Antônio Rodrigues Arzão, saindo de Taubaté e chegando até a região do Rio Piranga, bacia do Rio Doce, encontrou também ouro. Ao voltar a Taubaté, deixou a seu cunhado, Bartolomeu Bueno, a localização exata de sua descoberta, vindo a falecer pouco tempo depois. Foi Bartolomeu quem promoveu nova expedição, encontrando ainda mais depósitos do mineral. A partir desse momento, a notícia já tinha se espalhado. Vários bandeirantes passaram a frequentar a região, fundando pequenos arraiais, ou seja, acampamentos de viagem. Alguns deles se tornariam vilas e depois cidades. A mais famosa delas é Vila Rica, hoje Ouro Preto. Chama-se assim porque o ouro ali encontrado é recoberto com uma camada de óxido de ferro, dando às pepitas uma coloração escura. Era esse o ouro mais procurado, porque tinha grau elevado de pureza.

O primeiro ponto importante a se fixar é a formação da sociedade mineradora. Um afluxo imenso de pessoas veio para o interior do Brasil em busca de ouro. Inicialmente, bandeirantes, portanto, paulistas, mas em breve, gente de todo o Brasil. A economia do ouro coincide com certa decadência do açúcar brasileiro, agora enfrentando feroz concorrência do produto produzido no Caribe e distribuído pelos holandeses. Portugal tinha dificuldade em colocar seu produto nas rotas comerciais já estabelecidas na Europa. Porém, aqui, precisamos nos distanciar de uma interpretação muito corrente e que merece revisão: os famosos "ciclos".

É provável que o leitor tenha lido em sua formação que a economia brasileira colonial se moveu em ciclos: ciclo do pau-brasil, seguido da cana, do ouro, do café e assim por diante. A realidade prática é um pouco mais complexa. A extração de pau-brasil permaneceu mesmo depois dos primeiros engenhos já estarem plenamente produtivos. E, embora de fato a produção de açúcar tenha tido uma baixa pelos motivos já citados, a mineração não substituiu totalmente o açúcar como fonte de renda importante, o mesmo raciocínio se pode dizer do café e assim por diante. Em tempo, nos dias de hoje, o Brasil é o maior produtor de açúcar e de café, ao mesmo tempo. Estamos então vivendo no "ciclo da soja" e por isso esses dois produtos são irrelevantes em nossa economia? Devemos ter cuidado com algumas simplificações exageradas.

Relativizado o termo "ciclo do ouro", devemos entender a mineração, de um ponto de vista econômico, em dois vetores: interno e externo. E com essas conexões, estabelecer as diretrizes para entendermos a sociedade mineradora, sua formação e sua dinâmica. Vamos primeiro construir um retrato social da região de Minas. No próximo item, articularemos esta sociedade com sua base econômica.

Há alguns mitos sobre o "ciclo do ouro" no Brasil. Como vimos, a própria expressão é um pouco enganosa. Outro mito é o que de a sociedade que viveu este período foi a primeira grande sociedade urbana do interior do Brasil, já que as cidades maiores eram quase todas, ou todas na prática, no litoral. O interior era um enorme sertão: apelido para "desertão", um espaço totalmente despovoado ou muito pouco ocupado. De novo, a realidade é mais complexa.

Pesquisas recentes indicam de forma inequívoca a dinâmica social e econômica do interior do Brasil, ao contrário da tradicional visão acima. Mesmo durante o "ciclo da cana", o interior brasileiro sempre esteve mais articulado com o litoral do que geralmente se pensava. Analisamos em capítulos anteriores a dinâmica do apresamento de indígenas e sua articulação entre interior e litoral. Os mesmos bandeirantes, como também já citamos, não eram apenas caçadores violentos e selvagens, mas comerciantes (escravocratas, nunca é demais lembrar) que construíram vastas redes comerciais incluindo até mesmo colônias espanholas, como Buenos Aires. Portanto, a construção de uma sociedade urbanizada no interior do Brasil, na região de Minas Gerais e Goiás hoje, deve ser vista não como uma ruptura absoluta, mas com uma continuidade de um processo já em curso: a lenta, porém contínua posse de terras no interior brasileiro, feita mais por processos econômicos internos, do que externos, mas articulada com a dinâmica colonial atlântica. O trecho citado a seguir é um pouco longo, mas imprescindível:

> Em 1697, a capitania de São Paulo dominava de modo efetivo um território que ia, pelo litoral, desde o sul da Santa Catarina (Laguna fora fundada por paulistas em 1680) até Parati. No interior, o domínio se estendia por toda a bacia ocidental do Rio Paraná – grosso modo, as áreas dos atuais estados de Santa Catarina, Paraná, São Paulo, Mato Grosso do Sul, Mato Grosso, Goiás (nesses dois últimos, avançando na bacia amazônica) e Tocantins, além das cabeceiras dos rios São Francisco e Doce, no sul de Minas Gerais. Sem a presença do governo-geral nem de qualquer donatário, todo o domínio, todo o investimento econômico e toda a autoridade de governo nessa vasta região, que englobava dezenas de vilas, era resultado exclusivo da ação dos moradores e governos locais.

Prossegue o historiador Jorge Caldeira:

> O sertão nordestino havia se forjado com a pecuária, uma atividade que permitia tanto a ocupação fixa como o trânsito de gente desvinculada da aliança. Nesse final do século XVII, a complexidade ali era grande. Os maiores criadores pernambucanos passaram a contratar paulistas com seus aliados Tupi para fazer guerras de extermínio de nativos que resultavam na abertura de novos territórios para a atividade – como da chamada "guerra dos bárbaros". Alguns se fixaram em espaços como o do Piauí, mas tinham companhia diversa. Entre os vaqueiros viam-se as mais variadas etnias: havia índios e seus filhos mestiços com os portugueses, mas também mulatos, negros africanos dos quilombos, cafusos (filhos de negros com índias). Desse modo, a vida no sertão nordestino apresentava já

uma nova forma, mais semelhante ao modelo pluriétnico retratado por Eckhout que ao da aliança luso-Tupi-Guarani do Sul.

O que o Jorge Caldeira em sua obra *História da Riqueza no Brasil* indica é que a sociedade do interior do Brasil, em um vasto território que ia do sul até o sertão nordestino e nas franjas da floresta amazônica, tinha uma dinâmica social e econômica intensas e com a descoberta de ouro em Minas Gerais, tal dinâmica teve um importante acréscimo e tornou aquela região mineira em um foco. Mas é equivocado dizer que foi a mineração que **criou** uma sociedade no interior. Um interior que supostamente, estava vazio e sem dinamismo econômico anteriormente. Na mesma obra, Caldeira que indica que diferentes grupos sociais, vaqueiros do rio São Francisco, escravocratas do Rio de Janeiro, bandeirantes e mestiços tupi, sem falar claro em imensas quantidades de portugueses emigrados, se reuniram em Minas Gerais, criando cidades e vastas redes comerciais. Todos tomados por aquela febre, aquele vício que Cecília Meireles descreve de forma tão forte.

Mesmo os que não estavam diretamente ligados à mineração, acabaram sendo afetados por ela. A descoberta de ouro no interior do Brasil mudou de fato uma dinâmica social e econômica na colônia. Aliás, mudou até mesmo a geografia do Brasil. Como vimos, as conexões entre os diferentes pontos do território brasileiro do interior já existiam. Mas a demanda por serviços e produtos em Minas Gerais acelerou processos já em curso. Vamos tomar o exemplo do tropeirismo. Se o leitor se perguntar qual o animal mais importante do Brasil no período colonial, sem dúvida apontamos para a mula. Pela sua resistência, era nela que praticamente todos os produtos seguiam pela via terrestre, quando a opção fluvial não podia ser usada. E criar mulas e vendê-las era por si só um negócio fundamental. A maioria dos muares vinha dos campos do Rio Grande do Sul e eles eram enviados para Minas, onde seriam usados como animais de transporte fundamentais, principalmente no envio do ouro, de Minas para o Rio de Janeiro, na famosa Estrada Real, que chegava até o porto de Paraty. Essas mulas seguiam longa viagem, não até Minas, para seu comprador final, mas para um entreposto intermediário, a cidade de Sorocaba, interior de São

Paulo. Daí, outros comerciantes, vindos de Minas, compravam os animais e os levavam até seu destino final. A mula é um produto que carrega outros produtos. Por isso, não era só o animal em si, mas qualquer coisa demandada pelas cidades mineiras, como peles, charque (carne salgada, a única forma de preservação da época). O tropeirismo construiu redes comerciais importantes e foi, junto com o bandeirantismo, fonte de ocupação do interior. Pode-se dizer o mesmo, sentido norte-sul, já que o rio São Francisco, desde sempre, o "rio dos currais", principal área criadora de gado para o transporte e trabalho nos canaviais do litoral, agora podia enviar o produto para Minas.

Há outro mito sobre a sociedade mineradora: por ser mais complexa, por ser urbana e por ter uma quantidade razoável de serviços, ela teria sido mais "democrática": explica-se. Na economia da cana, as diferenças sociais eram abruptas e altamente hierarquizadas. Em uma simplificação extrema, remete-se ao clássico *Casa-Grande e Senzala* de Gilberto Freyre: duas classes sociais, na verdade, **estamentos**. O que seria um estamento? Uma classe social sem possibilidade de mudança, uma determinação social a partir do nascimento. As referências mais populares que temos são as castas indianas tradicionais, mas no caso brasileiro, sem uma conotação religiosa como existe naquele país. Em outras palavras, o *senhor de engenho*, a casa-grande, e o *escravizado,* a senzala. E essa seria a sociedade da cana-de-açúcar, sem outras possibilidades.

Há vários elementos aqui para serem revisados. Primeiramente, pesquisas mais recentes indicam que a sociedade da cana não era em si tão rigidamente dividida. Por estar articulada com redes comerciais atlânticas e por ser dependente da urbanização de polos administrativos portugueses, como Salvador, a economia do açúcar construiu as bases de uma sociedade urbana com complexidade social. Veja-se, por exemplo, o próprio Brasil Holandês: a economia do açúcar possibilitou uma urbanização sofisticada em Recife, com direito a artistas e cientistas.

Mas o essencial ainda permanece: dentro do engenho enquanto unidade produtiva, os estamentos eram distantes e rígidos. Ou pensa o leitor que haveria uma hipótese de um escravizado tornar-se senhor de engenho? Claro que não. O contrário é igualmente verdadeiro, nenhum senhor de engenho poderia tornar-se escravizado. Havia serviços intermediários, capatazes, marceneiros, vaqueiros. Mas escravizados e senhores de engenho continuavam como esses dois polos opostos dentro da fazenda enquanto unidade produtiva.

Na sociedade do ouro, por ser urbana, havia muito mais serviços. Desde pequenos comerciantes, até grandes donos de unidade de mineração, as lavras. Padres, marceneiros, pedreiros das igrejas e das cidades, artesãos e artistas (na prática, era a mesma profissão), militares. E claro, cobradores de impostos. Por ser urbana e mais complexa, com mais classes sociais, tal sociedade permitiria ascensão social: pessoas mais pobres poderiam assim, "subir na vida". Negros alforriados, homens brancos ou mestiços livres, tropeiros. Enfim, uma miríade de possibilidades de vida social urbana. Enfim, estaríamos, na sociedade mineradora, livres dos estamentos. Não é bem assim.

Havia possibilidades de ascensão social nas cidades mineiras? Sim. Era possível uma pessoa de origem mais pobre chegar a atingir uma classe média, digamos assim. Imagine uma escravizada trabalhando como produtora e vendedora de doces. Uma parte dos lucros seria apropriada pelo proprietário e outra, se economizada, poderia ser usada para comprar a alforria. Uma ascensão social imensa, embora do ponto de vista material, muito provavelmente sua vida não iria mudar radicalmente.

Um exemplo belíssimo vem do poeta, jurista e inconfidente Cláudio Manuel da Costa. Ele nunca se casou legalmente, mas viveu por toda a vida com Francisca Ângela de Sousa. Aliás, viviam em duas casas, uma de frente para a outra, porque não era considerado socialmente aceitável um homem de elite como ele manter um relacionamento com uma ex-escravizada. Com ela teve cinco filhos, todos registrados e assumidos, e para ela deixou seu testamento e sua herança.

Então, podemos dizer que esse e outros exemplos confirmam a tese de uma sociedade mineradora mais aberta à ascensão social do que a do açúcar? Infelizmente, há mais otimismo nessa tese do que realidade empírica. A elite mineradora era solidamente formada em terras portuguesas. Quase todos graduados em Direito na prestigiosa Universidade de Coimbra, escolhidos pelo rei ou pelo ministro de sua confiança e tal elite tinha um papel central: administrar a cobrança de impostos sobre o ouro. E para fazer parte dessa elite, só nascendo nela. Em outras palavras, um estamento.

Imagina-se um homem pobre, chegado em Minas com aquela febre do ouro de que fala Cecília Meireles. Ele encontra o metal, acumula riquezas, torna-se rico, constrói um imenso palacete em Vila Rica. E pode até em sua ascensão social, alforriar escravizados de sua posse, criando uma sociedade dinâmica. Esse fato poderia acontecer? Pesquisas em documentos indicam que não. Ou pelo menos, era muito mais a exceção do que a regra. As próprias lavras, ou seja, as unidades mineradoras, eram compradas via leilão da Coroa portuguesa. Resumindo, tinha mais chance de achar ouro quem já era rico o suficiente para poder tentar a sorte de encontrá-lo. Quem não tinha recursos, podia ficar com as faiscações: nada mais perfeito para descrever o fato. Pequenos lotes de terra, onde a Coroa não tinha muito interesse em arrecadar com o leilão de permissão de lavra, nos quais qualquer um podia minerar. *Faísca* era o que eles podiam encontrar: ouro tão pouco e tão rápido quanto a palavra.

Resumindo: nem a sociedade do açúcar foi tão rigidamente estamental como geralmente se pensa, nem a do ouro foi tão aberta à ascensão social. Em ambas, estamentos organizados na elite, quase sempre ligados à Lisboa. Nos dois casos, camadas médias urbanas que podiam construir certa ascensão social, embora não generalizada. E nas duas, a presença da escravidão, como o suporte daquela economia e a base de uma sociedade fundada na desigualdade e na exploração brutal de seres humanos. Açúcar e ouro, portanto, tinham mais similitudes que diferenças.

Mas o leitor deve ainda estar pensando ou quase torcendo: e se alguém achasse ouro, ainda que fosse em uma faiscação? O que mudaria na vida de uma pessoa dessas? Vamos agora sair da sociedade e entrar na análise da economia mineradora para tentar encontrar a resposta. E sem parecer um pouco desapontador, você, leitor, já deve ter a resposta.

7.2 Santo do pau oco: impostos e economia da mineração

A expressão acima "santo do pau oco" é muito conhecida. Usada para significar falsidade, mentira, caráter duvidoso, na verdade é muito concreta. E está intimamente associada ao tema deste item: impostos e economia da mineração.

Pode se achar estranho primeiro citar os impostos e depois a economia. Afinal, a economia vem primeiro, depois os impostos são coletados pelo Estado, presumivelmente para oferecer serviços à população. Pelo menos assim nós atualmente acreditamos em nossos Estados democráticos modernos. Naquela época, a Coroa portuguesa discordaria desta afirmação.

Estamos em um momento histórico chamado Absolutismo. O rei tem poderes totais e sua fonte de legitimidade é divina. Ele é rei e por isso você deve obedecer. Sem questionamentos. Essa visão é explícita em relação aos impostos. Não há nenhum tipo de serviço que o Estado ofereça à população. E a cobrança é feita com a justificativa de que o rei, tendo poder e exercendo esse poder, ele é o proprietário em última análise do Estado e de sua economia. Ou seja, se você minera ouro, é por bondade e vontade real que parte do ouro seja dela.

A mineração em si era em sua maioria feita nos leitos dos riachos que cortavam Minas. Ouro de aluvião é o nome que se dá a esse tipo de mineração, na qual a dragagem dos cursos d'água é feita, quase sempre manualmente, e depois ocorre a separação do ouro e das outras rochas e cascalho. É um processo intensivo em mão de obra. Depois que o ouro era descoberto, a Coroa devia ser comunicada. A vigilância era severa e as punições, violentas. O nome da lavra era "data". E o descobridor iria, obrigatoriamente, escolher sua data e entregar a outra metade, à Coroa. Estas datas eram leiloadas e era comum que o minerador comprasse via leilão a metade de volta. Isso mesmo, ele iria comprar da Coroa a metade da região que ele mesmo descobriu... E como já citamos, apenas quem já comprara da Coroa grandes lavras, ou seja, pedaços de terra cortados por cursos d'água, podia minerar em quantidade. O que equivale a dizer que a mão de obra da mineração era, nas grandes lavras, escravizadas. Nas faiscações, não. Muitos mineradores na verdade eram portugueses que venderam boa parte de seus bens para tentar a sorte em Minas. A maioria perdeu tudo. Seja porque não achou ouro, seja porque, ao achar o metal, perdia quase tudo em impostos. E estes foram intensos e vários.

Duas expressões nasceram nesse contexto histórico. Vamos a mais conhecida: *quinto dos infernos.* 20% de todo ouro descoberto devia ser pago à Coroa. Quando se encontrava o metal, quase sempre em pequenas pepitas ou em pó, ele deveria ser enviado às casas de fundição, estrategicamente construídas nas estradas que levavam das áreas mineradoras até as cidades. Imagine-se a raiva dos mineradores em pagar tal imposto, que destruía facilmente qualquer sonho de riqueza. Os restantes 80% do ouro que ficavam com o seu "sortudo" minerador seriam usados para os custos da atividade, entre eles, a compra dos escravizados, da sua vida na cidade e nos juros dos empréstimos, já que a maioria dos mineradores chegou na região endividada, ou melhor, iludida. Era bastante comum o minerador pedir dinheiro emprestado para comprar a metade da data leiloada pela Coroa. E não raro que quem emprestava dinheiro era... a própria Coroa!

Os custos de vida nas cidades mineiras eram altos. Com ouro circulando e muita gente vivendo ali, os preços se acomodaram para cima, fenômeno tão conhecido na história brasileira, a inflação.

> Enquanto em São Paulo um alqueire de farinha custava 640 réis, nas minas de ouro valia 43 mil réis. E isso também acontecia com outros comestíveis: o açúcar, que valia 120 réis por libra em São Paulo, era vendido por 1.200 réis nas minas. (Mota; Lopez, 2015)

Nesse contexto, quem ganhava mais dinheiro com a mineração era o intermediário comerciante que vendia produtos ou ofertava serviços, mais do que o minerador. Outra vez, estamos no cerne dos vícios da economia brasileira até hoje: intermediários ganhando mais do que produtores.

E o Estado, ganhando acima de todos. Sob sugestão dos colonos, foi criada a Finta. Um valor fixo, de toda a região mineradora, de 30 arrobas anuais. Ou seja, somado todo o ouro arrecadado pelos impostos, a quantidade a ser paga deveria ser a finta: como cada arroba pesa 15 kg, o total da Coroa deveria ser de 450 quilos de ouro por ano. Uma espécie de teto de impostos. O valor da finta variou, baixando para 25 arrobas. E claro, como o leitor pode imaginar, subindo de novo, para 37 arrobas, ou seja, 550 quilos de ouro por ano. No limite do absurdo, a Coroa chegou a propor 100 arrobas anuais: uma bagatela de 1,5 tonelada de ouro por ano.

Além disso, havia impostos sobre os produtos enviados para a região mineradora. Portanto, explica-se parte da inflação desses produtos não só pela lei de oferta e demanda, mas pela tributação. Em alguns casos, os produtos podiam pagar 100% de tributação, como a obra citada acima indica, sobre o preço do sal e do ferro. E pairando acima de tudo, os direitos de monopólio. Em uma sociedade onde o rei é o centro do poder e de sua economia, o rei entregava monopólios, ou seja, a exclusividade de fornecimento de produtos, a certos escolhidos pela Corte. Carne, fumo e aguardente eram monopólios, todos eles, vindos de outras partes de Minas. É provável que se explique a dispersão de pequenas destilarias de pinga em Minas Gerais hoje como forma de driblar o monopólio do produto vindo do Rio de Janeiro.

O ouro enriqueceu ou empobreceu? A pergunta deve ser sempre associada a um pronome: *quem?* Altos membros da elite portuguesa, na expressão feliz do sociólogo Raimundo Faoro, o *estamento burocrático*, vieram do Reino como elite e permaneceram como tal em Minas. Veremos que mesmo eles, ou melhor dizendo, parte deles, também esteve descontente com os impostos a pagar para *el-Rei*. Explicam-se aqui as origens da Inconfidência Mineira, que veremos adiante. Comerciantes, principalmente os monopolistas, foram também altamente privilegiados. Igualmente, já vinham com poder e riqueza da metrópole, sendo que por aqui apenas mantinham os dois. Alguns membros das camadas médias podiam ter alguma ascensão, mas vimos como tal possibilidade era remota. E escravizados, alguns conseguiram a alforria, pelo fato de que uma sociedade com mais serviços podia dar brechas para uma conquista tão sonhada de sua liberdade.

Na prática, o ouro foi abundante: estima-se 80 toneladas durante todo o século XVIII. Boa parte disso, contrabandeado. Por isso, encerramos essa seção com a segunda expressão, herança da mineração brasileira: *santo do pau-oco*. Que melhor lugar para esconder ouro do que imagens dos santos, sempre muito respeitados mesmo pelos soldados que obedeciam às ordens de entrar nas casas e evitar a sonegação? Com todos estes impostos e monopólios, o leitor acredita que teria, caso morasse em Vila Rica naquela época, alguns santos de sua predileção?

7.3 Memorial do Convento: o ouro brasileiro em Portugal

"Prometo, pela minha palavra real, que farei construir um convento de franciscanos na vila de Mafra se a rainha me der um filho no prazo de um ano a contar deste dia em que estamos..."

Eis o resultado da promessa do Rei D. João V:

Figura 7.1 – Palácio Nacional de Mafra – Mafra, distrito de Lisboa

Fonte: Foto do autor.

Figura 7.2 – Palácio Nacional de Mafra – Mafra, distrito de Lisboa

Fonte: Foto do autor

Na belíssima obra ***Memorial do Convento***, o escritor português José Saramago recria, com sutileza e riqueza de detalhes, todas as conspirações, os desejos reais e o contexto da criação do convento de Mafra. A construção foi feita a partir da promessa feita por Dom João V, cuja rainha e esposa, Maria Ana de Áustria, uma Habsburgo, tinha dificuldades em lhe dar um herdeiro. Este veio. Aliás, *vieram*: o casal teve seis filhos e destes destaca-se Dom José I, cujo reinado seria marcado pela presença do todo poderoso Marquês de Pombal. Mariana, em Minas Gerais, é homenagem a essa rainha. O casamento está fortemente marcado por uma aliança política entre o reino de Portugal e o Império Habsburgo. De novo, essa dinastia renova sua importância.

Todo o complexo, um palácio, uma basílica, um mosteiro e uma riquíssima biblioteca, levou mais de 50 anos para ficar pronto e foi, no seu tempo, uma das maiores construções de toda a Europa. Dom João V queria rivalizar com Filipe II e seu El Escorial. Em ambos, a presença da fé como motivador central, já que as duas construções, mais do que palácios, são na essência, mosteiros, um fenômeno tipicamente ibérico. E outra semelhança, o ouro como financiador dessas duas extravagâncias da fé.

O poder absolutista pressupõe uma sociedade hierarquizada em estamentos e o rei é a "cabeça". Usava-se a expressão, tanto em textos jurídicos, quanto em textos literários, de "corpo místico do Estado". Todos eram parte de um grande organismo, mas alguns estamentos eram mais importantes do que outros. Assim como um coração é mais fundamental à vida de um indivíduo do que um pé, havia uma divisão "biológica" das divisões de funções dos vários estamentos. Por mais bizarra que essa visão possa ser hoje, era ela que dava sustentação teórica de uma prática comum e aceita na época: **o ouro pertence a quem o rei quiser**. A riqueza é dele e por ele deve ser distribuída, nunca claro, de forma igualitária. A cada estamento, uma função no corpo do Estado e ao rei, o poder soberano absoluto de decidir quanto cada um pode ou deve receber.

A partir dessa visão de mundo, explicam-se os processos de acumulação de riqueza em grupos estamentais específicos e a alocação dos recursos obtidos com o ouro em projetos que atendem àquela lógica. Há uma visão contemporânea que critica o uso do ouro, foram mais ou menos 140 toneladas, na construção do convento de Mafra: sob esse ponto de vista, aquela obra era um desperdício. Seria muito mais útil o uso do ouro em investimentos na manufatura, na construção de fábricas ou na aplicação em alguma nova rota comercial ou produto agrícola novo. A pergunta que deve ser feita a essa crítica é: útil para quem? Se a sociedade era baseada na vontade do rei, se ele era a "cabeça do corpo do Estado" e o clero, um dos estamentos mais valorizados por estar ligado à salvação, o uso do ouro para construir um imenso monumento dedicado à oração e ao estudo de textos sagrados era a única aplicação lógica possível do ouro. A mais nobre, aliás. O que um rei profundamente religioso iria fazer com o ouro encontrado em Minas? Construir fábricas? Mas isso era uma opção de uma sociedade liderada por uma burguesia industrial, o que não era o caso da sociedade portuguesa da época. Obras úteis ou inúteis devem ser pensadas em relação às sociedades que as constroem. Evidentemente, no curso da História em sua mais longa duração, certas opções podem ser criticadas como equivocadas, pois levaram a crises econômicas ou políticas. Criticar a construção de Mafra é bastante pertinente aos olhos de nossa sociedade bastante acostumada ao conceito de produtividade, investimento capitalista e retorno financeiro. Para Dom João V, tais conceitos seriam considerados mais do que heresia, uma loucura: para que acumular tanto dinheiro se na vida eterna após a morte não se levará nada do que acumulou? A resposta a essa pergunta é profundamente cultural e histórica. E se por um acaso o leitor acredita que esse tipo de pensamento pouco avesso à produtividade do capital acumulado é apenas de um distante século XVIII, lembremos que a Torre Eiffel, no final do XIX, era, rigorosamente, uma peça de decoração para a Exposição Universal de Paris e seria desmontada após o evento. Uma das críticas era exatamente essa: ela é inútil. Hoje é o monumento pago mais visitado do mundo.

É sob esse ponto de vista, as ideias econômicas dentro de uma sociedade específica, que precisamos analisar um dos mais polêmicos tratados da história luso-brasileira: o **Tratado de Methuen**. Sobre ele, pesam enormes acusações. Vamos ver se algumas delas se sustentam até hoje.

Leva o nome do tratado Sir Paul Methuen, diplomata britânico, enquanto pelo lado português, Dom Manuel Teles da Silva foi o encarregado pelo rei Dom Pedro II, pai de Dom João V, o construtor de Mafra. Aliás, o tratado foi o último grande ato político de Pedro II (nenhuma relação com Pedro II do Brasil), já que seu reinado terminaria em 1706 com sua morte e o **tratado foi assinado em 1703**. Portanto, os efeitos do tratado são quase todos sentidos no reinado seguinte, do referido Dom João V.

Quais as acusações que esse tratado recebe até hoje? Talvez o leitor já tenha ouvido o apelido desse tratado, *"panos e vinhos"*. É uma simplificação, mas convém relacioná-la ao contexto: um dos temas do tratado era exatamente sobre esses dois produtos. E o Tratado de Methuen inovou na época: foi o primeiro tratado específico de livre comércio entre dois países na História. Na parte comercial, o tratado estabelecia a eliminação de taxas de importação aos tecidos ingleses dentro de Portugal, enquanto os vinhos portugueses pagariam na Inglaterra uma tarifa de importação menor em um terço do que os vinhos franceses. Ou seja, tecido inglês vendido barato em Portugal e vinho português vendido barato na Inglaterra. Qual é a acusação que geralmente se faz sobre esse tratado?

Como a indústria inglesa de tecidos estava em franco crescimento, o tratado deu à indústria têxtil portuguesa uma desvantagem brutal: era impossível às manufaturas portuguesas competir em preço e qualidade com os produtos ingleses. Isso significou o fim da industrialização nascente portuguesa. Ainda pior, com a Inglaterra, Portugal passou a acumular déficits comerciais crescentes, e tais déficits foram cobertos pelo ouro brasileiro, que naquele exato momento histórico, início do XVIII, estava começando a crescer. Em resumo, o tratado atrasou o desenvolvimento econômico de Portugal e tornou a Inglaterra a potência industrial que ela será no século seguinte, o XIX. Alguns autores dizem mesmo que foi o ouro brasileiro que financiou a Revolução Industrial inglesa. Quando o ouro brasileiro acabou, Portugal ficou sem sua indústria têxtil e a Inglaterra, com todo o ouro brasileiro. Muito provavelmente, o leitor já deve ter estudado algo parecido com essa explicação em algum momento de sua vida escolar.

Seria mesmo a causa do atraso econômico português a assinatura de um tratado? E por sequência de raciocínio, se o tratado não tivesse sido assinado, tudo seria diferente e hoje Portugal seria uma economia industrializada? O mesmo raciocínio já tivemos no Brasil Holandês, uma espécie de "paraíso perdido" idealizado no passado. Será que foi assim que ocorreu?

O contexto político e social do Tratado de Methuen é fundamental para entender seu aspecto econômico. E este é um erro comum: separar estes aspectos, criando um foco exclusivo no tema comercial e a partir daí, retirar uma conclusão atemporal dos supostos efeitos do tratado. Tratados são quase sempre o aspecto final de negociações complexas anteriores e esse contexto é fundamental para entender as razões de Estado do Tratado de Methuen. Para isso, precisamos voltar alguns passos.

Portugal, 1640, Restauração. Como já referido, a monarquia portuguesa retomou sua independência diante do domínio Habsburgo. Porém, vimos que a data é enganosa, porque o processo da Restauração se iniciou em 1640, mas só se encerrou em 1668. Durante o processo de guerra contra a Espanha pela independência, a Holanda ainda tinha amplas possessões portuguesas na África e Brasil. No final do processo, finalmente Portugal era livre da Espanha, tinha recuperado suas colônias na África e todo o Brasil. Um feito e tanto, em todos os sentidos, diplomático, militar e colonial, embora com um enorme problema econômico: o açúcar brasileiro estava em decadência e várias colônias portuguesas na Ásia tinham ficado com os holandeses. Nesse processo longo, a associação com a Holanda na construção do império colonial português, principalmente no Brasil, tinha se encerrado.

Do ponto de vista econômico, houve no período uma tentativa de industrialização em Portugal. Um importante nome foi o de Duarte Ribeiro de Macedo, diplomata, jurista e, porque não dizer, economista, ou pelo menos, um pensador dedicado ao tema, já que a Economia enquanto disciplina ainda estava em processo de formação, sendo na época chamada de Economia Política.

Sua proposta era incentivar a manufatura portuguesa via leis antissumptuárias, também conhecidas como "pragmáticas": em suma, leis que limitavam o uso de adornos e tecidos de luxo. Tal objetivo era diminuir a importação de tecidos caros, quase todos da França e Inglaterra, e diminuir o déficit da balança comercial. Ao mesmo tempo, incentivava a importação de mão de obra especializada desses países. Durante o período de governo de Dom Pedro II, uma pequena, mas bem-organizada indústria têxtil baseada em lã existia em Portugal. Note-se que o objetivo de tais leis não era um processo de industrialização duradouro, mas um foco exclusivamente comercial, diminuir importações dada à escassez de renda interna em Portugal para pagar tais luxos da elite.

O Tratado de Methuen tem um contexto principalmente político. E ele está na Espanha mais do que na Inglaterra. O contexto europeu é marcado pela **Guerra de Sucessão Espanhola.** Carlos II morreu sem deixar herdeiros diretos. O leitor deve adivinhar a qual dinastia ele pertencia? Sempre eles, os Habsburgo. Com sua morte, duas dinastias e podemos dizer, dois países, clamaram o trono espanhol: por um lado, Filipe de Bourbon, duque de Anjou, de origem francesa. A família Bourbon tinha vários laços de parentesco com os Habsburgos espanhóis. Por outro lado, o arquiduque Carlos da Áustria, Habsburgo, dizia que a lógica da dinastia espanhola deveria manter-se em sua família (ele não era parente direto de Carlos II rei espanhol, embora fosse da mesma dinastia). É fundamental notar que duas concepções de ocupação de território aqui se sobrepõem: um Estado dinástico e um Estado-nação. No século XVIII, essas duas concepções coexistiam e nem sempre eram harmoniosas. Podemos resumir para facilitar ao leitor: com a vacância do trono espanhol, França e Áustria disputaram o domínio daquele país.

E não era qualquer país. Embora já decadente por guerras e gastos, ainda era uma potência colonial com minas de ouro e prata na América. A crise dinástica tornou-se uma crise entre Estados e uma guerra europeia. Criou-se uma aliança entre Inglaterra, Holanda e Estados Germânicos, apoiando o pretendente Habsburgo de origem austríaca. E a França, claro, governada pelo poderoso Luís XIV, desejava que seu neto, Filipe, assumisse o trono. Assim foi feito, com intervenção de tropas francesas. Filipe V Bourbon foi sagrado rei da Espanha. Fato revelador, sua coroação foi em Versalhes, não em Madri. Que decadência para a Espanha que um dia dominou o mundo com Filipe II e pouco tempo depois teve seu rei imposto por franceses.

Como consequência, outros países não aceitaram e logo a guerra começou, com ações militares em vários territórios. O que nos interessa aqui é a posição de Portugal. Inicialmente favorável à França dos Bourbon, depois de iniciada a guerra em 1702, a dinastia Bragança portuguesa muda de lado e passa a apoiar decididamente os Habsburgo. Do ponto de vista de países, Portugal se alia a Áustria, Estados Germânicos e Holanda (seu antigo aliado, depois rival e agora aliado de novo...) e... Inglaterra.

E por que a escolha por um lado e não por outro?

Uma série de fatores, entre eles um militar: a França era uma potência militar em terra, enquanto a Inglaterra já tinha uma poderosa marinha. Portugal era essencialmente um país marítimo, todo seu império estava baseado na expansão naval. Tornar a maior potência naval da época sua inimiga era uma boa estratégia para Portugal? A França acusou a "traição" portuguesa, na prática, sua mudança de lado logo após a guerra começar e tentou conquistar o Rio de Janeiro em 1710. Era uma nova França Antártica, dois séculos depois. Foi um fracasso e seu comandante, François Duclerc, morreu. No ano seguinte, novo ataque, desta vez, bem-sucedido. A cidade foi retomada pelos portugueses depois de ter sido saqueada, incluindo aí uma grande quantidade de escravizados, depois levados para a Guiana Francesa. Podemos perceber que, de fato a França tinha se tornado uma inimiga aberta de Portugal. O tratado de Methuen foi assinado antes desses acontecimentos, em 1703. Mas ficava evidente para o reino português a necessidade de ter um aliado com uma marinha poderosa que assegurasse a posse da sua principal colônia. Nesse sentido, outros tratados já tinham sido assinados com a Inglaterra muito antes de Methuen. Portugal, um país recém-saído de um domínio espanhol desastroso e de uma invasão holandesa em sua mais importante colônia precisava encontrar parceiros na Europa para sustentar sua posição política.

Além da questão militar, extremamente relevante para a segurança e sobrevivência portuguesas, houve uma gestão diplomática por parte de Carlos de Áustria (os Habsburgo na península ibérica quase sempre assim eram chamados), incluindo uma visita a Lisboa e acordos para sessão de territórios espanhóis para Portugal (Badajoz e Vigo entre outros, posteriormente devolvidos à Espanha). Enfim, o tratado de Methuen asseguraria amplas vantagens à cultura de vinho de Portugal, naquele momento um dos seus poucos produtos geradores de riqueza não coloniais, frente a toda poderosa viticultura francesa.

Aqui voltamos ao tema dos panos e vinhos. Foi um ato de imposição da Inglaterra o tratado? Não. **A elite portuguesa estava muito bem representada em seus interesses nesse tratado.** A economia do reino tinha duas bases naquele momento: o ouro brasileiro e o vinho português. Este teria um amplo mercado à sua disposição, já que ao entrar na Inglaterra com tarifa mais baixa, poderia ser redistribuído por toda a Europa pelos ingleses. Incluindo aí, com certa ironia, a própria França. Assim como antes os holandeses distribuíram o açúcar brasileiro, agora Portugal precisava de um parceiro europeu para distribuir seu produto, no caso seu próprio vinho. Com isso, a indústria de vinho português prosperou, ganhou mercados e é até hoje, como bem sabemos, uma das maiores e mais respeitadas da Europa. Dizer que Metheun, isoladamente, empobreceu Portugal é um exagero, portanto.

E voltamos ao tema da elite portuguesa: essa elite formada pelo rei, pela nobreza e pelo alto clero, queria industrializar Portugal? Como vimos pela construção do convento de Mafra, as prioridades eram outras. Imaginar que necessariamente o ouro brasileiro deveria ter financiado uma indústria pelo fechamento de mercado às importações inglesas é recriar no passado uma visão de presente. E ao mesmo tempo, forçar uma interpretação única: a de que somente um mercado fechado às importações constrói uma indústria competitiva. Sabemos nos séculos XX e XXI que isso simplesmente não é verdade. A construção de uma sólida economia industrial demanda uma série de fatores articulados e o simples fechamento de mercado às importações não é tomado isoladamente, o único fator determinante. Essa conclusão também vale para o distante século XVIII.

E a indústria têxtil portuguesa? Ela de fato sucumbiu à concorrência inglesa? Vários estudos utilizando métricas bem definidas indicam que não. Os tecidos ingleses adquiriram maior participação de mercado em Lisboa, mas no interior do país as lãs tradicionais continuavam a ser produzidas. Porém, é fato que a concorrência inglesa colocava sérios limites a um processo amplo de industrialização portuguesa. E sim, é fato que as importações portuguesas eram pagas com o ouro brasileiro. Mas os déficits comerciais entre Portugal e Inglaterra são anteriores ao tratado e derivam, como vimos, do contexto econômico do reino, do açúcar brasileiro em decadência e dos conflitos desde a Restauração com a Espanha. Enfim, não foi o tratado em si que criou o déficit português com a Inglaterra.

E em definitivo, não se pode dizer que a Revolução Industrial inglesa foi *toda* financiada pelo ouro mineiro. Isso é um evidente exagero. Supor tal fato como verdadeiro, significaria que a exportação de tecidos para Portugal teria tal tamanho e valor, que daria à Inglaterra literalmente montanhas de ouro pelo superávit comercial. O mercado português simplesmente não era grande o suficiente para isso, o que deveria ser evidente para qualquer observador atento. Ao mesmo tempo, também não condiz com a própria cronologia dos acontecimentos: se a indústria inglesa de tecidos era maior do que a indústria portuguesa, então como o ouro mineiro financiou a indústria inglesa? Se ela já existia e era forte e competitiva?

Os mitos sobre o Tratado de Methuen persistem até hoje. Todos eles podem ser resumidos em um erro de interpretação: foi um tratado econômico. Nada pode ser mais enganoso do que apelidar o tratado como "panos e vinhos". O aspecto econômico do acordo é apenas um, dentro de um amplo espectro de guerras europeias, restauração portuguesa, crescente ameaça francesa, sucessão espanhola e, claro, crescimento da importância da Inglaterra. E aproximação desta com Portugal. Foi uma relação assimétrica entre esses dois países. Um deles, uma potência colonial enfrentando sérios problemas econômicos e políticos e que, por um ato de sorte, encontrou no ouro brasileiro, justo naquele momento, sua sustentação. Porque não dizer, sua sobrevivência mesmo. Por outro lado, uma potência em ascensão, já em acelerado processo de industrialização, com ou sem o ouro brasileiro, que tinha feito uma revolução anos antes (A Revolução Inglesa, em dois momentos, 1640 e 1688) e mudado radicalmente sua forma de governo e sua estrutura social e econômica. Aqui sim, temos a origem da indústria inglesa que, no momento do Tratado de Methuen, já era competitiva em toda a Europa. Fato que incomoda os franceses, levando a uma série de atritos e posteriormente guerras entre esses dois países.

A guerra de sucessão espanhola acabou em 1714. Foram firmados vários tratados, sendo o principal na cidade de Utrech, Holanda. Por ele, Filipe V Bourbon afinal manteve-se como rei espanhol. Mas em uma conquista inglesa, abdicou de ser o rei francês. Com isso ficava afastada a maior ameaça ao poder crescente da Inglaterra: uma França unida com a Espanha. Por um acaso, o leitor já antecipou os movimentos de Napoleão no mesmo sentido de tomar a Espanha, cem anos depois?

Em outras palavras, a Espanha teve um rei nascido na França, o que pode parecer estranho, mas é perfeitamente natural quando relembramos que Estados dinásticos nem sempre coincidem com o conceito de Estado-nação: o que importa era a família dominando um território ou mais territórios. Os Bourbon eram reis na França e na Espanha, mas França e Espanha eram países diferentes. Bom para a dinastia. Bom para a Inglaterra. Aliás, pode-se dizer que uma consequência direta foi o crescente e imparável poder econômico e militar britânico por todo o século XVIII e no seguinte.

E Portugal? Procurou manter-se neutro nesses conflitos após o tratado. Normalizou suas relações com a França e com a Espanha. Igualmente com a Holanda. No entanto, ficava muito dependente da sua relação com a Inglaterra. Veremos que tais relações marcarão não somente a história portuguesa, mas a brasileira. E de novo, se o leitor se lembrar da vinda da família real portuguesa ao Brasil pela marinha britânica no século XIX, já saberá quão profundas são estas relações anglo-lusitanas.

E o ouro brasileiro? Uma parte foi sim financiar os déficits comerciais portugueses com a Inglaterra. Mas a maior dela ficou mesmo em Portugal, para financiar luxos da nobreza e do alto clero, além da construção do magnífico convento de Mafra.

"Encomendem-se à Europa, para meu convento de Mafra, pagando-se com o ouro das minhas minas e mais fazendas, os recheios e ornamentos, que deixarão, como dirá o frade historiador, ricos os artífices de lá, e a nós, vendo-os, aos ornamentos e recheios, admirados." Memorial do Convento, José Saramago.

7.4 E como eu palmilhasse vagamente uma estrada de Minas: urbanização e mineração

E como eu palmilhasse vagamente
uma estrada de Minas, pedregosa,
e no fecho da tarde um sino rouco

se misturasse ao som de meus sapatos
que era pausado e seco; e aves pairassem
no céu de chumbo, e suas formas pretas

lentamente se fossem diluindo
na escuridão maior, vinda dos montes
e de meu próprio ser desenganado,

> a máquina do mundo se entreabriu
> para quem de a romper já se esquivava
> e só de o ter pensado se carpia. (...)

Carlos Drummond de Andrade

Um dos mais densos poemas de Carlos Drummond de Andrade, *A Máquina do Mundo*, publicado em 1951 no livro Claro Enigma, faz referência a uma estrada qualquer em Minas, (Drummond era originário de Itabira) percorrida pelo eu lírico em busca de respostas a seus dilemas pessoais. Sua curiosidade está em encontrar a "máquina do mundo", uma referência a Camões e toda a concepção aristotélica de universo, aqui transformada em metáfora da inquietude intelectual e política de Drummond. Ele encontra a máquina do mundo, como vemos no trecho acima, mas a relação do eu lírico do poema com essa descoberta não é como pareceria ser. O desfecho do poema, deixo ao leitor procurar.

Percorrer uma estrada qualquer em Minas é de fato uma experiência única. E não falamos apenas das dificuldades típicas das estradas brasileiras, nem sempre bem conservadas, para sermos elegantes neste livro. Mas a experiência única de ver belas paisagens e descobertas de cidades ainda mais belas, quase sempre com aquela culinária que torna o voltar a dirigir após a refeição, um desafio e tanto, sempre vale a trajetória. E porque Minas tem até hoje a maior malha rodoviária do Brasil, mesmo não sendo o maior estado em tamanho? Em parte, pela sua urbanização durante o período do ouro.

As chamadas "cidades históricas" de Minas são uma dessas viagens que o leitor deve fazer. Com o devido cuidado ao dirigir, são pequenas estradas que ligam cidades cuja origem é o período minerador, em torno do final do século XVII e todo o XVIII. O termo "cidade histórica" é enganoso. São Paulo, Rio de Janeiro, Recife ou Salvador são mais antigas que Ouro Preto, Mariana ou São João Del Rey. Mas como se mantiveram economicamente ativas desde sempre, transformaram-se (nem sempre para melhor). Já as cidades do momento do ouro tiveram um rápido crescimento, algumas sendo em sua época consideradas grandes centros urbanos. No entanto como o ouro também se esgotou rápido, permaneceram "abandonadas", sem um impulso econômico ativo que as fizesse mudar estruturalmente e em sua arquitetura. São como fotografias de um mundo que já acabou. Hoje, seu ciclo de atividade econômica é o turismo. Esperemos que nesse ciclo, suas riquezas arquitetônicas e culturais sejam preservadas.

Tomemos o exemplo de Diamantina, fundada como arraial do Tejuco no início do século XVIII. Ao contrário das outras cidades mineiras, sua riqueza está em seu nome: os primeiros diamantes foram encontrados na febre pela busca do ouro e ela tornou-se em pouco tempo, literalmente, a joia da Coroa. Toda a extração era monopólio do rei, que o concedia a pessoas de sua confiança. O resultado foi contrabando, sonegação e repressão, muitas vezes com enorme violência. Nesse caso, a distância de Diamantina para as outras cidades mineradoras facilitavam em parte esse verdadeiro cerco da região. De Diamantina a Ouro Preto são hoje pouco mais de 380 quilômetros, uma distância imensa para a época, percorrida por dias em mulas por caminhos tortuosos no meio da mata.

Nas outras cidades, o cerco não era possível nem desejável, mas as disputas pelo ouro quase sempre se tornavam violentas. A primeira delas está na origem mesmo da mineração. Vimos que os descobridores do ouro foram os bandeirantes. E eles imaginaram que seriam, por isso, seus exploradores. A Coroa portuguesa pensava bem diferente disso.

Na linda cidade de Tiradentes, ao sul das chamadas "cidades históricas", mais perto de São Paulo, existe o Rio das Mortes. Quem visita a simpática cidade não deve imaginar o palco de conflitos que existiu ali, embora o nome do rio mantenha essa memória viva. O nome do conflito foi **Guerra dos Emboabas**.

O nome "emboaba" é de origem tupi, embora existam controvérsias sobre seu significado original. O termo quer dizer "de fora", "estrangeiro", "forasteiro". Uma das hipóteses sobre origem desse termo vem do nome de um pássaro de pernas com penas, o que seria a metáfora das botas dos portugueses. Botas estas que os bandeirantes não tinham, por pura falta de renda. Há estudos que indicam a origem do termo como a cor e formato do cabelo.

No caso, os tupis diziam que o "de fora", o "estrangeiro" tem cabelo diferente. Quem chamou quem de emboaba? Os paulistas, os bandeirantes, chamaram os portugueses recém-chegados de *emboabas*. Prova de que bandeirantes usavam o idioma tupi correntemente. A disputa teve vários de episódios de *vendetas*, vinganças muitas vezes pessoais, mas que estavam articuladas com a mais ampla divisão entre bandeirantes e exploradores reinóis. Em um dos episódios mais sangrentos, o comandante das tropas portuguesas cercou um grupo de bandeirantes e lhes ofereceu salvaguardas: que entregassem as armas e voltassem a São Paulo. Foram todos mortos. O local onde ocorreu o episódio chama-se Capão da Traição.

Um dos líderes dos paulistas foi Borba Gato. O mesmo da estátua famigerada. Ele ainda se manteve após a guerra como um proprietário de lavras, sendo por isso reconhecido pelo governador da capitania do Rio de Janeiro, Sá de Menezes. Há vários relatos de sua autoria sobre todo o início das disputas entre emboabas e bandeirantes, o que contradiz uma visão simplificadora de que todo bandeirante era um homem rude e sem conexão com o poder português. A maioria dos bandeirantes, porém, não teve a sorte de Borba Gato. Expulsos de Minas, foram mais ao norte, encontrando ouro nos atuais estados de Goiás e Mato Grosso. Áreas mineradoras de menor produção.

Outra revolta ocorreu em 1720, em Vila Rica, atual Ouro Preto. O governador de Minas indicado pela Coroa portuguesa, Conde de Assumar, teve a iniciativa de tentar evitar o contrabando do ouro. Foi o criador das casas de fundição, já referidas. Nas mesmas estradas de Minas as quais o poema de Drummond faz referência, postos de vigilância da Coroa foram estrategicamente montados e todo o ouro era derretido, "quintado", ou seja, tinha o imposto recolhido, e posteriormente enviado a Lisboa. Um dos líderes da revolta foi **Filipe dos Santos**, português de origem humilde, um dos milhares que emigraram em busca de ouro. Os revoltosos chegaram a tomar a cidade, foram recebidos em audiência pelo Conde que prometeu levar em consideração suas propostas, entre elas, a diminuição dos impostos e o fim das casas de fundição. Após a audiência e a calmaria da revolta, foram todos presos, tiveram suas casas queimadas e o líder, Filipe dos Santos, foi morto. De acordo com alguns, sua execução teria sido a partir do desmembramento de seu corpo, atado a quatro cavalos que foram atiçados a correr. Sendo esse fato específico lenda ou realidade, sua morte em 1720 antecede em 72 anos a de Tiradentes e pelos mesmos motivos: a cobrança de impostos.

Qual a relação entre urbanização e revoltas? Os impostos são evidentes por si só. Mas são as cidades que permitem, por terem um maior aglomerado de pessoas, uma maior circulação de ideias e a consciência de que tinham um inimigo em comum. Muitas das revoltas não nascem como revoluções com propósitos ideológicos bem definidos. Mas isso não lhes tira a autenticidade ou mesmo a legitimidade de se contestar privilégios e opressão. Privilégios esses que eram mesmo o núcleo do Estado português colonial e da própria sociedade como o "corpo místico do Estado". Aos poucos, deixa de ser um debate sobre a posse do ouro e passa a ser uma crítica maior ao sistema como um todo.

Em Minas Gerais tivemos cidades grandes no interior do Brasil. Embora o mito de um sertão abandonado, um "desertão", já tenha sido repensado, não há dúvidas de núcleos urbanos densamente povoados no interior do Brasil são uma novidade. É essa urbanização que altera ainda mais o jogo entre litoral e interior. Minas conectou áreas que até então tinham conexões mais esparsas, embora anteriormente presentes. Vimos o exemplo dos tropeiros, agora vamos nos voltar às estradas mineiras.

A Estrada Real é hoje uma rota turística das mais interessantes do Brasil. Liga Ouro Preto a Paraty, no litoral fluminense. Era pelo porto de Paraty que escoava o minério para Portugal. Quando uma nova bifurcação foi feita para o Rio de Janeiro, em virtude do porto de lá ser maior, Paraty permaneceu abandonada. Mais um exemplo de "cidade histórica"; na verdade, uma cidade que tem um apogeu em um certo ciclo econômico e com a interrupção mais ou menos brusca desse ciclo, torna-se uma fotografia de um momento específico. No caso de Paraty, uma das fotografias mais cativantes do Brasil Colonial.

E já que citamos o Rio de Janeiro, em 1763 a cidade tornou-se capital do Brasil. Ou seja, a sede administrativa da Coroa portuguesa em sua colônia. Sua importância já era crescente pelo tráfico de escravizados, mas com o ouro desembocando em seu porto, era lógica a transformação. Salvador continua a ser uma importante cidade e ainda será até a independência muitos elementos da administração portuguesa, como sedes de tribunais e postos militares. Mas é o Rio que concentrará o foco de Portugal, ao mesmo tempo, as cidades mineiras do ouro, sendo Vila Rica a mais importante, também tinham grande concentração de poder metropolitano. Outro efeito administrativo do ouro foi a divisão de várias capitanias. Minas, que era parte de São Paulo, tornou-se uma capitania própria, assim como Goiás e posteriormente, Mato Grosso. É como se o Brasil em sua configuração territorial atual, passasse a tomar forma.

E é exatamente esse o ponto que precisamos agora comentar: a forma do Brasil. Devemos boa parte de nossa constituição territorial a um luso-brasileiro, Alexandre de Gusmão. Chamamo-lo assim por ser nascido em Santos, no entanto boa parte de sua carreira esteve mais ligada a Portugal, como secretário de Dom João V. Teve impecável formação, inicialmente na Bahia, sob a proteção do padre Alexandre de Gusmão. Isso mesmo, seus primeiros nomes eram iguais, mas Alexandre Lourenço, seu nome de batismo, adotou o sobrenome do padre que o formou e cuidou de sua carreira. Após os estudos, seguiu para Lisboa junto com seu preceptor e por intermédio dele, conseguiu estudar Direito em Paris, na prestigiosa Sorbonne. Formado, volta a Lisboa e dali vai à Roma, onde trabalha como representante do rei português na Santa Sé. Por esse momento, já conhecedor de várias línguas e com amplo domínio das leis que regiam os tratados internacionais, aprofunda-se no Tratado de Utrech, o mesmo que tinha encerrado os conflitos da sucessão espanhola.

Um item fundamental naquele tratado para as relações entre Portugal e Espanha era a cidade de Sacramento. Já fizemos referência a ela. Um dos pontos de discórdia mais intensa entre os reinos ibéricos, pela sua localização estratégica e importância econômica: o fluxo de ouro e prata dos Andes, fluindo para Buenos Aires.

Naquele momento, ambos os reinos ibéricos estavam enfraquecidos. A Espanha saía de uma guerra entre duas dinastias pelo trono, sendo vitoriosos os Bourbon, de origem francesa. E Portugal, como vimos, queria evitar a todo custo guerras, tentando manter sua posição diplomática e econômica estável, justo no momento de início da decadência do ouro. Com a morte do primeiro Bourbon da Espanha, Filipe V, sobe ao trono Filipe VI. E este se casou com a filha de Dom João V de Portugal. Ou seja, o príncipe e depois rei da Espanha, Bourbon, casou-se com a princesa de Portugal, uma Bragança. O exato oposto ocorreu em Portugal, com o filho de Dom João V, futuro rei Dom José I, casando-se com a filha de Filipe V. A união de dinastias era uma forma de estabilizar as relações entre os países.

Por esse ponto, as negociações entre as fronteiras das colônias na América do Sul começaram. Vimos que o Tratado de Tordesilhas, embora formalmente existente, tinha-se tornado letra morta. Ignorado pelos bandeirantes, pelos portugueses, pelos espanhóis, pela mineração... E a ocupação do interior do Brasil era a esta altura tão intensa que era impossível o território voltar a ser espanhol. Foi esse o argumento central de Alexandre de Gusmão, ao negociar o Tratado de Madri, assinado em 1750, que basicamente dizia que todo o território ocupado por brasileiros devia ser posse de Portugal.

Isso incluía não só quase todo o Centro-Oeste atual, mas boa parte da Amazônia brasileira, naquele momento ocupada por aldeamentos jesuítas e por pequenos povoados, igualmente fundados por bandeirantes. Assim como áreas do sul do Brasil, nos atuais Rio Grande do Sul e Santa Catarina, também foram incorporadas como posse portuguesa. O argumento jurídico central de Alexandre de Gusmão é o *utis possidetis*, ou posse útil do território. Se está ocupado, é do ocupante.

A Espanha saiu perdendo nesse tratado? Do ponto de vista territorial, sim. Imensas áreas que deveriam ser espanholas por Tordesilhas, tornaram-se portuguesas e vão formar o Brasil posteriormente. Porém, nem tudo foi perdido para os espanhóis. A colônia de Sacramento, a mesma que foi disputada pelas duas coroas por quase dois séculos, era entregue, em definitivo, para a Espanha. Com isso, finalmente a Coroa espanhola ficava livre do fantasma de contrabando de ouro e prata dos Andes para Portugal. O fato de que agora Portugal ter também sua área mineradora no Brasil também tornava aquela perda mais aceitável aos lusitanos.

O Tratado de Madri de 1750 pode ser visto como o momento mais definidor das fronteiras brasileiras até hoje. Durante o governo seguinte, sob liderança do Marquês de Pombal, algumas alterações ocorreram. Mas ao final do período, como veremos adiante, o essencial desse tratado permaneceu.

7.5 A Paixão de Aleijadinho: Barroco mineiro e a construção de um símbolo nacional

> O Aleijadinho lembra tudo! Evoca os primitivos itálicos, bosqueja a Renascença, se afunda no gótico, quase francês por vezes, muito germânico quase sempre, espanhol no realismo místico. Uma enorme irregularidade vagamunda, que seria diletante mesmo, se não fosse a força de convicção impressa nas suas obras imortais. Era mestiço, mais que um nacional.

Assim, um entusiasmado Mário de Andrade escrevia sobre Antônio Francisco Lisboa, o Aleijadinho, em sua obra *Aspectos das Artes Plásticas no Brasil*. A viagem que os modernistas fizeram nas cidades históricas mineiras em 1924 foi definidora na busca por uma identidade nacional. Ou na refundação da identidade nacional brasileira, já que era esse o projeto modernista dos anos 1920 do século XX. Mário de Andrade escreveu sobre Aleijadinho em 1928 e a partir daí o nome desse artista só cresceu em importância.

Para o escritor, a obra de Aleijadinho unia tudo o que havia de estética em 500 anos de história brasileira e europeia. O texto dele é claro por si: Aleijadinho é o Brasil mestiço não só na etnia, mas na cultura. Ele mesmo, Mário, buscou por toda a vida a identidade multicultural brasileira. E por sua iniciativa foi criado o Iphan, como vimos no capítulo sobre os bandeirantes.

O que Mário de Andrade via nas obras de Antônio Francisco Lisboa?

Figura 7.3 – Profeta Isaías, por Antônio Francisco Lisboa, o Aleijadinho

Fonte: Foto Acervo Digital da Unesp.

Pai português e mãe escravizada africana, ele herdou do pai a formação de mestre de obras. Naquele momento histórico, a formação técnica era adquirida não em escolas ou universidades, mas em corporações de ofício. E o que chamamos de mestre de obras hoje abarca o trabalho de arquitetura, engenharia, decoração e demais técnicas construtivas. O mestre de uma corporação tinha um grupo de aprendizes com os quais dividia os trabalhos. Nasce aqui um dos maiores problemas nas obras de Aleijadinho: teria realmente feito todos os trabalhos a ele atribuídos? As obras tinham uma espécie de assinatura coletiva. Os aprendizes trabalhavam nos mesmos modelos estéticos do mestre. Como Aleijadinho, depois da morte do pai, também teve sua própria oficina de escultura, é impossível saber o que é dele ou o que é de seus aprendizes. O que na verdade, torna essa obra ainda mais fascinante, se tivermos a consciência de que pode ser uma obra coletiva: um mulato de origem humilde, muito provavelmente com outros aprendizes de mesma origem social, produzindo peças que são pérolas do Barroco mundial.

O apelido se dá pelas deformidades do artista, que, de acordo com biografia lendária, no final de sua vida levaram-no ao ponto de sequer usar suas ferramentas, sendo que estas eram amarradas às mãos deformadas pelos seus escravizados. Foi feita exumação de seus restos mortais e de fato não foram encontradas partes dos dedos. Entretanto tal fato pode ser fruto da decomposição natural dos ossos. É altamente improvável que tenha sido hanseníase a causa de sua doença. Naquela época, os leprosos, como eram chamados, eram isolados radicalmente da vida social e sabemos que Aleijadinho trabalhou ou comandou trabalhos de sua oficina até o final da vida, mesmo em estágios avançados da doença. Há hipóteses mesmo de que, embora seja certo que ele teve alguma doença deformante, talvez sífilis, na verdade ele nunca teria tido a imagem grotesca que se geralmente a ele se atribui. De qualquer modo, o fato de um escultor ter algum tipo de doença deformadora, maior ou menor, torna sua biografia misteriosa ainda mais fascinante, tal qual um Beethoven ou um Monet brasileiro.

O período estético era o Barroco. E este é considerado um senso comum: Aleijadinho seria o ápice do Barroco mineiro, mas, ao mesmo tempo, na arte havia a passagem para o estilo Rococó. Enquanto isso, na Literatura, fruto de ser uma arte letrada com acesso à formação europeia, já se tinha estilo Árcade. No Brasil, as novidades estéticas europeias demoravam a chegar e não eram socialmente distribuídas de forma igual.

No entanto, sua originalidade é tanta que as obras são dele, profundamente pessoais. As curvas das estátuas são tortuosas, caprichosas, sem a "perfeição" típica da Renascença. Por isso mesmo os modernistas se encantaram tanto com aquelas estátuas. Uma espécie de beleza rústica, ou como disse Mário de Andrade, *bosquejando*, ou seja, esboçando, delineando, a estética do Renascimento, mas sendo mais gótico, ou seja, mais expressivo e intenso, irregular nas formas. Alguns mais entusiasmados diriam mesmo que foi a deformidade física que fez o Aleijadinho "errar" nas estátuas, tornando-as tão tortuosas e muitas vezes exageradas, com olhos imensos, quase cubistas. Seria mesmo isso ou seria apenas a forma pessoal que um artesão mulato, distante dos centros produtores de estética europeus, construiu na sua experiência pessoal? Aleijadinho não tinha e nem quis ter consciência de criar uma identidade nacional brasileira na arte. Sua preocupação em ser um artesão era mais prosaica: pagar as contas e sobreviver, herdando o trabalho do pai. Por vezes sendo idolatrado de forma exagerada ou estudado com um pouco mais de racionalidade, não há dúvida da originalidade de sua produção e da beleza estética de suas estátuas.

O encanto de Mário de Andrade surtiu efeitos duradouros: temos um esforço, infelizmente nem sempre bem-sucedido, de preservação do Barroco mineiro e por extensão, de todo o patrimônio artístico colonial e temos até mesmo órgãos de Estado dedicados a isso, também nem sempre financiados à altura. Sendo o Aleijadinho um símbolo nacional ou um artesão trabalhando para sobreviver, sua vida e obra, tortuosas e belas, são um sentido em nossa trajetória de identidade nacional.

8 *MOSTRA-LHE MAIS LISBOA RICA E VASTA*: O TERREMOTO E O MARQUÊS

> Ergue de jaspe um globo alvo e rotundo,
> E em cima a estátua de um herói perfeito;
> Mas não lhe lavres nome em campo estreito,
> Que o seu nome enche a terra, e o mar profundo. (...)
>
> Mostra-lhe mais Lisboa rica e vasta,
> E o comércio, e em lugar remoto e escuro,
> Chorando a hipocrisia. Isto lhe basta.
>
> *Basílio da Gama*

8.1 As abomináveis ideias francesas: tradição e modernização em Coimbra e nas Minas

Basílio da Gama foi um poeta nascido em Minas Gerais. Inicialmente, teve formação em colégios jesuítas no Rio de Janeiro e depois em Roma. Já em Portugal, o autor, foi ameaçado de prisão e degredo. E o motivo era exatamente esse: sua ligação com os jesuítas, embora não fosse padre. No momento histórico de que falamos, o homem forte de Portugal era Sebastião José de Carvalho e Melo, o Marquês de Pombal.

Os jesuítas estavam sendo perseguidos e expulsos de Portugal. (da Espanha também). E Basílio muda de lado: passa a dirigir poemas encomiásticos ao Marquês. O que é um poema encomiástico? Exatamente o que o leitor vê acima: o homem forte de Portugal é um herói perfeito cuja estátua encima um globo de pedra preciosa, jaspe. E o nome desse herói enche a terra e o mar...

Deu certo. Basílio tinha uma sólida formação intelectual (herança dos jesuítas...) e foi secretário particular do Marquês de Pombal. Mas eis que a política tem ventos que mudam de rumo. O Marquês perdeu o cargo que tinha e o poder. Basílio manteve ainda certo prestígio, mas sem a influência que tinha antes. Faleceu em Lisboa. Sua obra mais famosa é um poema épico chamado *O Uruguai*. Nele, o principal vilão é um jesuíta.

Uma das avenidas mais elegantes de Lisboa chama-se Avenida da Liberdade. Subindo essa avenida, saindo da praça dos Restauradores, chega-se a uma rotatória na qual há uma grande estátua do Marquês de Pombal, logo no início de um parque. A estátua do marquês olha para o sul, na direção do mar. E igualmente na direção quase em linha reta do Terreiro do Paço, também conhecido como Praça do Comércio, um dos lugares mais turísticos de Lisboa. É como se a estátua olhasse com orgulho sua obra: a elegante avenida comercial, o mar distante e a praça reformada. Mar e comércio são temas muito ligados a Pombal. Dizem os portugueses que, quando há uma crise, eles pedem para Pombal descer do pedestal e assumir o governo.

Quem foi esse senhor tão comentado, odiado e idolatrado? Qual sua herança para Portugal e para o Brasil? E aqui vai uma pequena indagação: qual a relação entre ele e o vinho português?

Foram 27 anos, entre 1750 e 1777. Anos de reforma em Portugal. Na Europa, o momento histórico é chamado de **Iluminismo**. O nome é um resumo de vários movimentos intelectuais, artísticos e políticos, cujo tema central era o *Aufklärung*. Palavra alemã de impossível tradução, une dois termos, uma preposição, AUF, que significa na *direção de*, e a raiz KLAR, significando luz, claridade. Ou seja, na direção da luz: *esclarecimento*. Foi criado por Immanuel Kant e em inglês foi traduzido como *Enlightenment*. O termo em português, Iluminismo, deve ser entendido em seu sentido de movimento, ou seja, o Ser Humano não é dotado de uma razão total, mas pelo seu esforço mental, adquire, progressivamente, capacidade de discernir, de construir, de melhorar. Progresso, razão e reformas. Nossa sociedade atual de certo modo é herdeira direta desse modo de entender a homem e sua relação com o mundo. O século XVIII foi chamado por isso de *Século das Luzes*.

Nomes como Voltaire, Rousseau, Barão de Montesquieu, John Locke, Adam Smith e reformas políticas em países absolutistas. Algumas dessas reformas eram intensas, como na Áustria, governada pela rainha Maria Teresa, hoje nome de uma imponente

Praça de Viena, não à toa conhecida como quarteirão dos museus. Incentivadora das ciências e de reformas educacionais e administrativas, modernizou o Império Habsburgo, tendo sido a única mulher governante daquela longa dinastia, a qual o leitor já deve estar acostumado. Nada mais apropriado do que uma governante esclarecida ser a nome de uma praça cercada de museus dedicados às artes e às ciências.

Na mesma linha, outra rainha esclarecida governou o Império Russo. Catarina II, ou como é mais conhecida, Catarina, a Grande, deu um golpe de Estado em seu próprio marido, o czar Pedro III (que coincidentemente foi assassinado pouco tempo depois de deposto) e modernizou o maior país do mundo, trazendo filósofos franceses para sua sofisticada corte em São Petersburgo. Como patrona das artes, o Museu Hermitage, um dos maiores do mundo, foi criado naquela cidade em seu governo. Um de seus amantes, Gregory Potemkim, conquistou a Crimeia para o Império Russo e fundou o porto de Sebastopol, um dos mais estratégicos para a marinha russa.

Há outros exemplos de reis absolutistas reformistas. O Iluminismo condenava poderes absolutos e está na base ideológica de movimentos revolucionários como a Revolução Americana de 1776 ou a Francesa de 1789, porém muitos reis adotaram reformas. O processo é complexo, mas poderia ser resumido como "adiantar-se às reformas antes que elas virem revoluções". Por serem "perigosas", afinal criticavam com argumentos sólidos as bases do poder constituído, o Iluminismo era conhecido como "as abomináveis ideias francesas". Em 1789, quando estourou o início da Revolução em Paris, aí sim os reis começaram a ver quão "abomináveis" podiam ser as consequências: não das ideias, mas de não se reformar a tempo.

Ao mesmo tempo, a outra revolução, a industrial, já estava em acelerado processo. Estava evidente para todos os países europeus que a Inglaterra tinha encontrado uma fórmula que lhe permitia ser o país mais poderoso do continente e talvez do mundo: diminuição ou extinção de monopólios, iniciativa privada, aumento do crédito, relação entre técnica e produção. E quem tem dinheiro como a

Inglaterra, também tem poder e exércitos modernos e poderosos. Ou marinha, no caso inglês.

Em Portugal, o rei Dom João V tinha falecido. Seu reinado coincidiu com o apogeu do ouro brasileiro. Vimos como boa parte desse ouro foi apropriado pelas elites portuguesas, o próprio rei, a nobreza e o alto clero. Quando seu sucessor ascendeu ao trono, Dom José I, em 1750, estava evidente a todos uma certa noção de atraso em Portugal. Como era caracterizado esse atraso?

Uma parte, muito pequena, da elite portuguesa via o país como defasado em relação às outras monarquias europeias. Portugal tinha poucas fábricas, enquanto o resto da Europa, com a Inglaterra bem à frente, já estava modernizando suas estruturas produtivas. Boa parte das universidades europeias já tinha temas de ciência moderna em seus cursos. Descobertas científicas e técnicas eram divulgadas a todo o momento. Enquanto isso, em Portugal, Coimbra, a mais importante universidade, ainda era quase toda eclesiástica, em moldes não muito diferentes da Idade Média. Isso sem falar no poder desmedido da Inquisição em Portugal, que ainda atuava, constrangendo a divulgação de livros ou ideias "abomináveis".

Nesse contexto, surge a figura de Sebastião José de Carvalho e Melo, o Marquês de Pombal. Sua carreira como diplomata em Londres e Viena lhe dava uma experiência internacional que o novo rei, Dom José I, desejava. Ele de fato queria modernizar Portugal, seguindo os comentários que vinham de outros lugares da Europa, embora ele mesmo, rei, não soubesse exatamente o que fazer para concretizar tal projeto.

É comum chamar Pombal de "primeiro-ministro do rei". Tal conceito é errado. Como governo absolutista, não há primeiro-ministro eleito pelo parlamento. Não havia parlamento em Portugal. Pombal era um ministro escolhido pelo rei. E a qualquer momento, por ordem e vontade real, ele poderia perder o cargo. Ministro todo poderoso, como veremos, a fonte de sua força política era a mera vontade real.

As relações entre Pombal e os jesuítas são importantes para o Brasil. Inicialmente, os jesuítas apoiaram Pombal no governo. E a razão é diretamente ligada ao Brasil. Quando Alexandre de Gusmão idealizou as bases do Tratado de Madri, um território enorme, chamado de **Sete Povos das Missões**, deveria ter seu destino alterado.

Hoje parte da fronteira do Brasil com a Argentina, essas localidades foram fundadas por jesuítas e tinham uma lógica própria, não estatal: a Companhia de Jesus desejava ali criar uma forma de governo autônoma em relação aos reis, tanto espanhóis, quanto portugueses. O Tratado impunha que essas terras, pertencentes à Espanha, deveriam ser entregues a Portugal. Para os dois países, essa pacificação era fundamental, como vimos. Pombal inicialmente era contra o Tratado de Madri, pois achava um mau negócio Portugal trocar o importante porto de Sacramento, cujo acesso ao contrabando de prata espanhola era vital, por um enorme território no interior do Brasil sem, pelo menos naquela época, uma riqueza evidente.

Os jesuítas simplesmente se recusaram a entregar as terras à Coroa portuguesa e reagiram, usando os indígenas como seu exército. Foi um momento em que as relações entre jesuítas e Pombal mudaram de rumo. Tropas portuguesas e espanholas foram atacadas por indígenas em 1753, iniciando um conflito sangrento chamado de "Guerra Guaranítica". Ao mesmo tempo, o irmão de Pombal, Francisco Xavier de Mendonça Furtado, governador do Grão-Pará, a capitania que equivalia a praticamente toda a Amazônia brasileira, enviava informações preocupantes para o irmão ministro: algo semelhante pode ocorrer no Norte do Brasil, pois, naquela região, a ocupação de missões jesuíticas também obedece a uma lógica própria, não estatal.

Pombal, temeroso de perder territórios no sul e no norte brasileiros e ainda mais preocupado com a perda de poder dentro do próprio reino para os jesuítas, se volta contra seus aliados iniciais. A Guerra Guaranítica se encerrou em definitivo somente em 1776, com a expulsão dos jesuítas da região e o literal extermínio dos guaranis. Alguns poucos sobreviventes, fugiram para o que hoje é território paraguaio. Durante esse período, o Tratado de Madri foi anulado. O argumento espanhol era de que Portugal não tinha entregado a Colônia de Sacramento, como combinado. Portugal contra-argumentava que a Espanha não tinha entregado o território de Sete Povos das Missões...

Em 1777, foi firmado o Tratado de Santo Ildefonso. Finalmente, Sacramento era entregue à Espanha. E os territórios dos Sete Povos, à Portugal. Na prática, esse tratado é praticamente o mesmo Tratado de Madri de 1750, mas com as fronteiras na parte sul refeitas, à base de muito massacre de nativos guarani, e com os jesuítas perdendo poder em Portugal, de onde vão ser expulsos, e sem as missões tanto na região amazônica quanto no sul do Brasil. O território hoje dos Sete Povos é um belo ponto turístico do Rio Grande do Sul, mas é também um memorial de que o Estado brasileiro moderno foi forjado pela força sobre os povos nativos, ainda que aculturados pelos jesuítas.

É bastante interessante notar que todo o governo de Dom José I e todo o período pombalino, de 1750 a 1777, equivale aos anos dos dois tratados das fronteiras do Brasil. Uma coincidência, claro. Entretanto uma demonstração de que, durante todos esses anos, Pombal entendia o Brasil como a salvação da economia portuguesa. Daí seu esforço em pacificar as fronteiras dessa colônia com a Espanha, seja ao norte, seja ao sul. Pombal nunca quis entregar Sacramento aos espanhóis. E veremos como essa entrega, afinal, vai ainda ficar pendente na memória de parte das elites portuguesas até Dom João VI no século XIX. Na verdade, até Dom Pedro I.

O ano de 1755 fica marcado na memória portuguesa e principalmente lisboeta. Muito próximo do famoso e turístico elevador de Santa Justa, em estilo *art noveau*, há outro ponto de visitação da cidade: o Convento do Carmo. De origem gótica medieval, hoje ele se mantém com seus pilares e arcos ogivais, mas sem o telhado e parte das paredes. Para os lisboetas, é mais do que apenas uma construção muito "gira", "legal" ou diferente na linguagem da cidade, mas um testemunho do terremoto de Lisboa.

Muitas vezes na História, o acaso constrói condições totalmente novas nas trajetórias das sociedades. Uma epidemia ou uma erupção de um vulcão, como ocorreu em Pompeia. Nesse contexto, o terremoto de 1755 que acometeu Portugal e foi especialmente terrível em

Lisboa entra para a História como um desses acasos, trágicos, que mudam e moldam sociedades, ideias e desviam trajetórias.

O dia era primeiro de novembro, dia de Todos os Santos. As casas tinham velas acesas, já que toda casa tinha um oratório dedicado ao santo ou aos santos de veneração daquela família. Por definição, no dia de Todos os Santos, todas elas tinham velas votivas. Um terremoto de enormes proporções, começando por volta das 9h da manhã, destruiu centenas de edificações. Logo em seguida, um maremoto, ou como usamos a terminologia japonesa atualmente, um tsunami, destruiu a parte baixa da cidade. Nas partes mais altas onde a água não alcançou, foi o incêndio que se seguiu, já que as velas caindo nas casas e o pânico generalizado das pessoas correndo à rua gerou fogo nas construções, quase todas de madeira. Os historiadores portugueses indicam que 2/3 da cidade tornou-se inabitável, incluindo todos os hospitais, e a quase totalidade dos armazéns do porto de Lisboa, em uma época na qual uma viagem marítima levava semanas. De acordo com um pesquisador português, o impacto correspondeu a 75% do PIB do país no ano. Um índice superior ao de uma guerra e comparável mesmo ao impacto da II Guerra na Alemanha.

Toda a parte baixa da cidade era constituída pelo Paço Real da Ribeira e pela Ópera do Tejo, grandes e suntuosas construções onde os reis moravam e toda a corte gravitava. Nada disso sobreviveu e hoje só temos ideia do que era por desenhos e pinturas. A atual Praça do Comércio, o ponto central da baixa Lisboa, é toda uma nova arquitetura onde ficava o Paço Real. Foi feita por Pombal. E é dele uma frase resoluta: "É preciso enterrar os mortos e cuidar dos vivos". Pombal encontrou no terremoto uma oportunidade: pela sua visão pragmática e pelo sua formação internacional, ele entendeu que aquela tragédia tinha que ser entendida de uma maneira racional, *iluminista*, se o leitor preferir. Reconstruir a cidade, a economia nacional e, literalmente, reconstruir as bases intelectuais sobre as quais Portugal se assentava.

O rei Dom José I não pensava assim. Passou o resto do seu governo vivendo em um "palácio" improvisado feito com tecidos e madeira. Nunca mais quis entrar em um prédio feito de pedras ou tijolos. Ele e a família só não morreram na tragédia, porque estavam em passeio no campo, devido ao feriado religioso. Em parte, o poder de Pombal tomou proporções enormes devido ao terremoto, já que o rei agora passava mais tempo em orações e novenas pelo agradecimento de estar vivo.

O terremoto foi comentado em toda a Europa. Particularmente, os iluministas viram naquele episódio uma prova de que Deus não existe: afinal, porque um país católico, justo no dia de Todos os Santos, teria um castigo assim tão terrível? Por outro lado, os religiosos dentro e fora de Portugal tomaram o exato sentido oposto: um castigo divino assim só existe por falta de fé e talvez essas ideias iluministas que questionam o sagrado seja a prova do desvio desta fé.

Qual o impacto desse terremoto no Brasil? Do ponto de vista político e econômico, claro. Em uma palavra: arrecadação.

Foram criadas no Brasil as Companhias de Comércio. Eram casas monopolistas que iriam fornecer, com exclusividade, certos produtos, concentrando nas mãos do rei a arrecadação de impostos e evitando a sonegação. Ao invés de vários comerciantes vendendo a mesma mercadoria, apenas um, comandado por um comerciante de confiança do rei, quer dizer, de Pombal, iria fornecer o produto. Com o preço mais alto possível, claro. Bom para ele comerciante, bom para o rei, bom para Pombal que arrecada recursos para reconstruir Lisboa. Péssimo para o colono brasileiro, que agora tem que pagar a conta do terremoto. Ocorreram várias revoltas contra essas Cias de Comércio, uma delas no Maranhão, conhecida como Revolta de Beckman. Revoltas essas sempre reprimidas com violência.

Se o leitor acredita que Pombal era violento na colônia por uma necessidade de exercer o poder, em Portugal não era diferente. Uma conspiração feita por alguns membros da nobreza, os Távora, tentou um regicídio, ou seja, a tentativa de assassinato do rei. Pombal prendeu os envolvidos e mandou que eles fossem torturados em praça pública e depois executados, enquanto toda a nobreza assistia ao espetáculo grotesco. O que contradiz a figura de um iluminista racional.

Voltando à colônia, Pombal estimulou a pesquisa de produtos tropicais que pudessem dar lucro a Portugal. Para isso, trouxe cientistas do resto da Europa e reformou o ensino em Coimbra, a mais antiga universidade portuguesa. Afastou boa parte dos temas religiosos dos cursos e fez questão de trazer biólogos, mineralogistas, químicos e engenheiros. Nesse processo de pesquisar e buscar novas fontes de renda, Pombal introduziu no Pará, onde governava seu irmão, o cultivo de um arbusto cujos frutos estavam sendo utilizados para fazer uma bebida estimulante muito apreciada pelos filósofos iluministas, porque ela melhorava a concentração, afastava o cansaço e permitia mais horas de leitura: o **café**.

Os primeiros pés de café do Brasil foram plantados em Belém, perto do palácio do governador. Mal sabia Pombal e nem os brasileiros, que aquela planta africana um dia seria a base da economia do Brasil durante mais de cem anos também da industrialização. Afinal, o mesmo café quente que afastava o sono dos filósofos leitores, bem como o cansaço dos operários nas longas jornadas fabris. O Brasil e seu café são parte fundamental da industrialização mundial. E Pombal tem parte nisso.

Por falar em bebida, Pombal tinha para com o Tratado de Methuen um olhar ambíguo. Por um lado, ele reconhecia as vantagens para Portugal que o tratado permitia, principalmente, a crescente exportação de vinho, que na época de seu governo representava nada menos que 50% do valor das vendas de Portugal ao exterior. Ao mesmo tempo, o tratado criava dificuldades para Portugal ter uma indústria têxtil competitiva. Pombal atacou nas duas frentes.

Preocupado com os preços cada vez mais baixos do vinho português no mercado internacional, Pombal buscou eliminar os produtores de baixo custo e, como se diz em linguagem moderna, agregar valor ao vinho. Note-se que a maioria do vinho português não era consumido na Inglaterra, mas ela comprava de Portugal e revendia para toda a Europa, em um processo parecido com a associação entre a Holanda e o açúcar brasileiro. Vinho ruim teria preço baixo, assim Pombal cria em 1756 a Companhia Geral das Vinhas do Alto Douro e fez a primeira região demarcada de vinho da história (os húngaros dizem que o vinho da região de Tokaj veio antes, mas deixemos esta batalha para os enólogos). Só poderia ser vendido vinho do Porto se fosse desta região específica. Assim, Pombal excluía vários fornecedores e aumentava o preço. A reação foi uma revolta contra a Cia, reprimida por Pombal na cidade do Porto com direito a 26 pessoas enforcadas em praça pública. Os franceses seguiram o modelo pombalino em reação e daí nasceu a prática, até hoje, das Denominações de Origem Controlada, DOC, tão comuns no mundo do vinho.

Pombal não revogou o Tratado de Methuen, que permaneceu em vigor até 1842. Para ele, assim como a maioria dos diplomatas portugueses, incluindo Alexandre de Gusmão, não havia incompatibilidade entre a indústria portuguesa e a importação têxtil inglesa. O problema era a assimetria entre os dois países do ponto de vista político e militar. Assim, sem entrar em choque com a Inglaterra, Pombal estimulou a indústria portuguesa. E o fez criando escolas técnicas que pudessem qualificar mão de obra para as manufaturas (não apenas as têxteis) ao mesmo tempo em que também criava escolas de comércio para disseminar as novas técnicas de racionalização de custos que já existiam em outros países; em suma, o que seria hoje uma escola de administração. Algo semelhante Getúlio Vargas fez no Brasil nos anos 1930 do século XX, quando criou a fundação que leva o seu nome.

**Figura 8.1 – Sebastião José de Carvalho e Melo, Marquês de Pombal
Câmara Municipal de Oeiras**

Fonte: Museum With No Frontiers.

Em quadro datado de 1766, pintado por Louis-Michel van Loo, hoje na Câmara Municipal de Oeiras, pequena cidade perto de Lisboa, Pombal exibe suas conquistas. O quadro não foi encomendado por ele, mas por comerciantes que tiveram vantagens em seu período de governo. O que vemos na obra?

Pombal sentado em uma poltrona apontando para o estuário do Tejo, ao fundo, com navios na barra do porto. O comércio, sua principal preocupação, está aqui apresentado. Alguns também interpretam como uma mão que expulsa os jesuítas do reino, modernizando a educação portuguesa. Podemos também o Mosteiro dos Jerónimos e a Torre de Belém, ícones do poder português do passado nas navegações. Como se Pombal quisesse ligar o passado glorioso da nação ao presente. E a seus pés, desenhos e projetos arquitetônicos. Foi Pombal quem reconstruiu a parte devastada da baixa de Lisboa, criando a Praça do Comércio, hoje um dos símbolos da cidade. A praça tem um formato regular, com uma rua que parte do centro, a partir de um grande arco, chamado Arco da Rua Augusta. Alegorias greco-romanas adornam esse arco e ao centro, uma estátua do rei Dom José I. No outro lado, já perto do rio Tejo, duas pequenas colunas, aparentemente sem função. O formato retangular dessas ruas, o arco e as colunas, imitam uma loja maçônica, pois muito provavelmente Pombal foi iniciado maçom ou em Viena ou em Londres. Se não tivessem sido expulsos, os jesuítas com certeza não teriam gostado da praça.

A mais importante herança pombalina para o Brasil está em Coimbra. A primeira universidade portuguesa tem uma origem muito interessante. Inicialmente fundada em 1290 pelo culto e poeta rei Dom Dinis, foi criada em Lisboa. Em virtude das guerras contra os mouros, foi transferida para Coimbra, onde permanece até hoje. É uma das mais antigas universidades do mundo. Durante toda sua longa história, sempre teve ligações com o ensino eclesiástico e com o estudo de Direito para a administração real. Vários importantes nomes da alta cúpula governativa de Portugal formaram-se lá. A partir do XVIII, as universidades europeias passam a ter um ensino mais voltado às ciências e às técnicas. No entanto, Coimbra permanecia ainda fiel ao seu modelo original, medieval em uma época pós Renascimento. Foi Pombal quem trouxe cientistas e técnicos para a cidade. E o que isso significa para o Brasil? Não só a formação de pessoas com um viés racionalista e científico, o que era uma novidade imensa na minúscula elite brasileira que tinha acesso a estudos fora do país, mas as "abomináveis ideias francesas" de liberdade, igualdade e fraternidade, princípios iluministas de crítica ao regime, passaram a circular em Coimbra. E de lá, chegaram ao Brasil. Livros proibidos e ideias perigosas circulavam nas estreitas ruas de Vila Rica e Salvador. O resultado veremos a seguir.

9 A MIM, O QUE MAIS ME DOERA, SE EU FORA O TAL TIRADENTES: REVOLTAS CONTRA EL-REI

> A mim, o que mais me doera,
> se eu fora o tal Tiradentes,
> era o sentir-me mordido
> por esse em quem pôs os dentes.
> Mal-empregado trabalho,
> na boca dos maldizentes!
>
> Assim se forjam palavras,
> assim se engendram culpados;
> assim se traça o roteiro
> de exilados e enforcados:
> a língua a bater nos dentes(...)
> Grandes medos mastigados.

Cecília Meireles

9.1 A imagem de Tiradentes: Inconfidência Mineira e construção do imaginário

No mesmo poema já citado anteriormente, o belíssimo *Romanceiro da Inconfidência*, Cecília Meireles se coloca literalmente na pele de Tiradentes. Para ela, o que lhe causaria mais dor (*doera* – forma verbal no Pretérito Mais-que-Perfeito) se ela fosse Tiradentes era se sentir mordida: e pela boca dos seus traidores. A boca aqui faz referência não apenas a dor dos dentes que mordem, mas aquela que acusa, que trai, que abre a boca para contar o segredo – e é esse o significado de Inconfidência. *Confidência*, segredo, acrescida a palavra do prefixo de negação: inconfidência significa que alguém contou o segredo, ou bateu com a língua nos dentes, na linguagem popular. O medo de ser traído, de ser descoberto e finalmente, de ser executado, é um medo mastigado pelos inconfidentes mineiros, engolido, disfarçado. Mas alguém abriu a boca e contou o segredo. Justo para Joaquim José da Silva Xavier, cuja profissão, entre outras, era dentista.

A Inconfidência Mineira é um marco na construção da identidade brasileira e uma mudança na trajetória do Brasil. Feriado nacional, Tiradentes, herói brasileiro. Mas ele não foi o único a criticar o regime de poder de Portugal. E certamente não foi o primeiro. Vamos tentar rastrear o sentido das várias revoltas até a Inconfidência e descortinar os segredos não tão bem guardados das ruas de Vila Rica.

Durante todo o período colonial, sempre ocorreram revoltas. E quando se tenta encontrar o eixo articulador de quase todas elas, ou todas na verdade, veremos sua causa principal: a **questão fiscal**. Ou dito de outro mais simples e direto, impostos.

Vimos como o interior do país, longe de ser uma área isolada ou com economia meramente de subsistência, era, de acordo com várias pesquisas recentes, um espaço econômico e social dinâmico:

> Os estudos recentes indicam uma sociedade mais complexa, com um mercado interno ativo no qual gêneros básicos eram comercializados para suprir esse mercado, e também um amplo sistema de comércio regional e ofícios artesanais. Em todas essas atividades – agricultura, comércio e artesanato – encontramos proprietários e não proprietários de escravizados, bem como trabalhadores livres e cativos. Encontramos inclusive proprietários trabalhando ao lado de seus escravizados. Por toda a parte havia cativos, até mesmo nos domicílios caracterizados como pobres. Não havia região ou atividade econômica sem escravizados. Mas é importante enfatizar que em todas as atividades, exceto na produção de açúcar, também havia trabalhadores livres sem escravizado – Francisco Luna e Herbert Klein (Caldeira, 2007).

Em vez de uma interpretação tradicional que coloca as rebeliões coloniais divididas entre **nativistas e emancipacionistas**, podemos a partir das novas pesquisas sobre a sociedade colonial repensar um pouco este tema. O que seriam rebeliões nativistas?

Seriam as revoltas contrárias a certos pontos específicos do sistema colonial, mas sem uma ideologia definida e sem o propósito de independência, ainda que regional. Já as rebeliões emancipacionistas, como a Inconfidência Mineira e a Conjuração Baiana, seriam revoltas contra todo o sistema colonial, com ideologia definida, no caso o Iluminismo, e propondo a independência, mesmo que seja das regiões onde ocorreram, Minas e Bahia, não de todo o Brasil.

Essa divisão em essência não está de todo incoerente, mas poderíamos borrar um pouco tal linha divisória tão bem-marcada: qual o ponto em comum entre essas duas classes de revoltas? A defesa contra o sistema fiscal de Portugal. Ou seja, impostos. Quase sempre se analisa apenas o caráter político e social dessas revoltas, o que é importante. Mas não devemos esquecer que o **caráter fiscal das revoltas**, tanto nativistas quanto emancipacionistas, é determinante. E o que isso propõe como interpretação histórica? Que a economia brasileira colonial na prática tinha uma dupla trajetória: um pedaço dessa economia voltado à exportação e ligado com a Coroa portuguesa, menos propenso à revoltas, porque dependia da metrópole. E uma economia interna, literalmente no interior do país, articulada com uma dinâmica social própria, que se chocava com a mão pesada fiscal da Coroa, quando essa mão alcançava aquela região.

As duas economias se entrelaçavam. Não haveria uma economia interna sem essa articulação internacional colonial. Mas é fundamental hoje, em vista de novas interpretações da economia colonial baseada em dados e pesquisas documentais, entender como esse choque é central na definição do que é uma revolta colonial: Coroa e seus impostos de um lado, colonos e produção econômica interna, de outro.

O primeiro exemplo deste processo é bem ilustrativo. São Paulo já nasceu como exemplo desta articulação entre interior e exterior. Polo de fornecimento de escravizados indígenas para engenhos do litoral e ao mesmo tempo, polo fornecedor de produtos agrícolas para o interior, incluindo uma sólida rota comercial entre a vila e as regiões do rio da Prata, incluindo Buenos Aires. E aqui, deve-se atentar a uma instituição da administração colonial muito importante, mas um pouco negligenciada em nossa história: a **câmara**

municipal. Desde o início da colonização foram criadas câmaras municipais, herança de uma tradição medieval. Antes mesmo da construção dos Estados Nacionais europeus, havia várias "cidades livres", como eram chamadas as que tinham um governo próprio. Seguiam um modelo de cidade-estado, parecido com o que existia na Grécia Antiga, e na Idade Média europeia tinham uma autonomia em relação aos nobres locais e mesmos aos reis. Como faziam comércio e eram sede de trabalho de artesãos fundamentais, tinham uma concentração de riqueza que despertava a cobiça de senhores feudais. Não à toa, as cidades medievais eram sempre muradas. Em Portugal, a câmara municipal como uma instituição de governo local data do século XVI, quando essas cidades já estavam subordinadas ao rei e ao Estado.

No Brasil, tivemos a criação das primeiras câmaras municipais ao mesmo tempo que eram formadas as capitanias. Ou seja, ao invés de uma interpretação comum que indica que a administração colonial tinha seu poder exclusivo da Coroa, via donatários das capitanias, podemos acrescentar que as câmaras municipais eram uma forma de poder local, com interesses regionais e nem sempre coincidentes com aquele poder que vinha de Lisboa. Cabia às câmaras municipais cobrar taxas municipais sobre as terras da região, regular a venda de produtos, através da fixação do preço e da qualidade (em um modelo muito semelhante ao medieval), além de construções locais, como pontes, ruas e fontes de abastecimento de água para pessoas e animais. Os escolhidos para participar das câmaras eram os chamados "homens bons", a elite econômica, social e política local. Porém, não devemos nos iludir pelo nome. Nem sempre esses líderes eram realmente ricos, em um sentido moderno do termo. Muitas vezes, dada a situação econômica geral da vila, eram mais iguais que diferentes em relação ao resto da população. Dado bastante curioso, o prédio da câmara municipal geralmente ficava na praça central, perto da igreja, e era comum ter dois andares, sendo que o de baixo era geralmente reservado para a cadeia pública, já que as leis no Brasil colônia obedeciam a esta dupla lógica: as leis reais, que deviam ser cumpridas em todo o território, e as leis locais, de acordo com a sociedade local e com juízes locais, também escolhidos pelo mesmo processo dos vereadores.

Feita essa explicação de jurisprudência, podemos passar a primeira revolta registrada no Brasil colonial. E a data é reveladora, 1641. Local, a vila de São Paulo. E o que ocorreu um ano antes, em 1640? A Restauração portuguesa. O enviado legal da Coroa levou quase um ano para chegar à vila de São Paulo e quando anunciou que Portugal estava separado da Espanha (vimos que na prática a guerra entre os países ainda continuou depois disso), os colonos paulistas não aceitaram.

E por que essa revolta? A vila de São Paulo já comercializava livremente com Buenos Aires, levando escravizados indígenas para lá, vendendo produtos agrícolas como trigo e importando couro e charque. Isso sem citar a importante prata que poderia fluir de Buenos Aires para São Paulo, como pagamento pela venda dos escravizados nativos. Prata essa que não era taxada nem por autoridades portuguesas, nem por espanholas. Enfim, chama-se a isso de contrabando. Mas podemos questionar o termo. Afinal, o imposto cobrado, caso efetivamente fosse cobrado, seria usado para benefícios sociais ou regionais? Claro que não. O ouro e prata da Espanha foram usados para um belo mosteiro, verdade seja dita, El Escorial, e igualmente para as guerras e privilégios da corte de Filipe II. E sabemos bem que quando Portugal ganhou sua independência da Espanha, o ouro mineiro foi usado para outro belo mosteiro, Mafra, e para os mesmos privilégios das elites portuguesas. Qual era a legitimidade disso no contexto social de uma vila no interior do Brasil? A legitimidade de um rei absolutista, dentro do pensamento político-teológico da época. Legitimidade essa que, aos nossos olhos de hoje, pós-Revolução Francesa, é apenas uma construção discursiva ideológica. Para os colonos da região de São Paulo, a Coroa portuguesa avançar sobre seus ganhos comerciais era simplesmente não aceitável.

Essas ideias são de longa duração. Criticar o rei, enquanto representante divino de poder legítimo? Para esses colonos, sem nenhuma outra ideia política bem definida para colocar no lugar, também não era aceitável. Fica fácil demonstrar o dilema dos comerciantes paulistas: queriam continuar ganhando dinheiro fazendo comércio com Buenos Aires, mas não tinham uma ideia bem concebida de criticar *El-Rey*, o legítimo e divino representante do poder para sua concepção de mundo. Como sair dessa situação? Criando um novo rei.

O aspecto um pouco patético disso é que o "rei" paulista não queria ser rei. Afinal, negar o poder do rei legítimo português e assumir para si esse papel era crime punido com morte. Quem seria o rei de São Paulo? Um comerciante local, líder político, membro da câmara municipal, proprietário de terras e de escravizados nativos, **Amador Bueno**. Ele mesmo, filho de um espanhol emigrado para a América e de uma indígena tupi. Os colonos paulistas, quando ouviram na praça da Sé, na qual cabia toda a população da cidade, a notícia de que não poderiam mais vender ou comprar de terras espanholas, foram aos berros de "viva o novo rei" até a casa de Amador Bueno. E se o leitor pensar que isso seria bom, imagine-se em um belo dia de descanso, você ser aclamado por uma multidão como rei, na prática isso significaria que o representante legal de Portugal, equivalente a um oficial de justiça, iria voltar a Salvador com a notícia de que um certo Amador Bueno se tornou rei por vontade própria. Em três meses, tropas portuguesas colocariam Bueno em uma forca. Sabendo disso, ele fugiu para o mosteiro de São Bento e pediu ajuda aos padres. Estes, com certo bom senso, conseguiram controlar a multidão. O oficial português recebeu satisfeito a notícia de que o rei de São Paulo seria Dom João IV e voltou à capital, Salvador.

E o comércio, que era ilegal na época das capitanias, passou a ser legal durante a União Ibérica e voltou a ser ilegal depois da Restauração? Simplesmente continuou, agora apenas com mais cuidados em relação à fiscalização portuguesa. Assim, contrabando (ou se o leitor preferir, comércio livre), poder local e economia interna se chocavam, pela primeira vez registrada, contra o poder real, a economia monopolista e os impostos da Coroa. Não seria a última.

Seguindo a linha de conflito entre sociedade e economia do interior contra os impostos da Coroa, podemos citar a já comentada Guerra dos Emboabas. Igualmente envolvendo São Paulo, seus bandeirantes em Minas, pela disputa do ouro. O mesmo pode-se dizer da também já citada Revolta de Vila Rica de 1720, na qual Filipe dos Santos foi executado. Nas duas, o tema central é o imposto. Mas há uma exceção a essa regra de revoltas. A **Guerra dos Mascates**. Nela, o tema deixa de ser o imposto e passa a ser uma disputa de poder, embora seja uma reação à Coroa portuguesa.

Talvez o termo guerra aqui seja um pouco exagerado. Foi um conflito regional e social envolvendo duas cidades: Olinda e Recife. Olinda era a sede da capitania de Pernambuco, ao mesmo tempo, a referência dos senhores de engenho tradicionais. Já Recife tinha se tornado, após a expulsão dos holandeses, a maior cidade e a referência dos comerciantes e financiadores. Boa parte dos senhores de engenho tinha dificuldades financeiras, já que sem os holandeses para distribuir o açúcar brasileiro na Europa, a venda diminuiu muito e as dívidas aumentaram. E com quem esses senhores tinham dívida? Com os comerciantes de Recife, em sua maioria portugueses ou brasileiros, mas ligados com os interesses portugueses. Trata-se de um conflito quase eterno entre quem produz e quem vende o que foi produzido, acrescido de um conflito de status social: a velha elite de senhores de engenho não aceitava que a sede da capitania fosse transferida de Olinda para Recife: para eles, tal transferência era uma perda de status e, portanto, em sua visão, um rebaixamento de sua condição social e política. Daí o termo com o qual os recifenses eram chamados: *mascates*, ou seja, comerciantes de miudezas. Não nos enganemos, os comerciantes de Recife eram os mais ricos e com mais contatos com a Coroa e, desse modo, integrados com os lucros do açúcar na economia atlântica.

O conflito se iniciou em 1710 quando olindenses indignados com a construção do pelourinho de Recife, invadiram a cidade e derrubaram o mastro, que era o símbolo dos açoites públicos e, portanto, da justiça. Ato contínuo, vingança dos recifenses que também invadiram Olinda, retribuindo o ato e destruindo o pelourinho da cidade.

Um ano depois, entre conflitos e pedidos de intervenção real por parte dos dois lados em disputa, a Coroa interveio. E ficou claro para qual lado. Basta ver que Recife manteve sua trajetória de crescimento econômico e de centro comercial, enquanto Olinda passou a ser aquilo que chamamos de "cidade histórica": uma parte da cidade permaneceu sem alterações devido à interrupção ou diminuição drástica do ciclo econômico. Recife foi nomeada sede da capitania e os senhores de engenho tiveram que amargar lucros menores na compra do seu doce açúcar, enquanto os comerciantes recifenses ganharam muito enviando o produto para a Coroa. Seja nos impostos ou na margem de lucro do açúcar, o aperto colonial era forte para sustentar o poder metropolitano. Pernambuco será durante anos, incluindo após a independência, um foco de resistência ao poder central, seja de Lisboa ou posteriormente do Rio de Janeiro imperial.

Agora que temos uma linha de interpretação que passa por várias revoltas, podemos entrar na Inconfidência Mineira e ouvir os sussurros perigosos e subversivos dos habitantes de Vila Rica. Mas antes, precisamos rastrear uma trajetória em Portugal que muito impactou o Brasil.

Em 1775, Dom José I não pôde acompanhar a inauguração da Praça do Comércio, no meio da qual está até hoje sua estátua equestre, pois estava totalmente insano, sem noção da realidade. Sua esposa, a espanhola Mariana Vitória, irmã do rei da Espanha, Carlos III, tornou-se regente. Nesse momento, as relações entre Portugal e Espanha tinham se normalizado, desde que o irmão de Carlos III, Fernando VI, tinha se casado com uma rainha portuguesa (o mesmo tinha ocorrido com o próprio Dom José I). O fantasma de uma anexação ou uma guerra entre os dois países era algo afastado. Ainda estavam tensas algumas discussões entre as fronteiras no sul do Brasil, resolvidas com o Tratado de Santo Ildefonso em 1777. No mesmo ano, Dom José I faleceu. Sua esposa espanhola ainda permanece como regente até que sobe ao trono a sucessora, Maria I de Bragança. É essa a rainha que ficará apelidada no Brasil de "a Louca", embora muitos portugueses discordem do título. Veremos esta discussão mais adiante.

Quando Maria I chegou ao poder, sua primeira medida foi a demissão do Marquês de Pombal. E quais os motivos dessa sua aversão ao homem forte do governo de seu pai? Em uma palavra, religião. Conhecida como "a Piedosa" (ou invés de "a Louca") em Portugal. Sua devoção religiosa era intensa e toda sua formação foi feita a partir de preceitos católicos. Ela nunca perdoaria um homem como Pombal que expulsou jesuítas, trouxe cientistas para as universidades e abriu Portugal às "abomináveis ideias francesas", ainda que ele mesmo, Pombal, tenha ficado anos luz em ser um governante "democrático". A repressão que o marquês fez à família Távora também ficou gravada na memória da rainha. Pombal sai do governo e vive o resto de sua vida em sua quinta, sem ser perseguido, mas com um amplo desgosto de ver parte de sua obra modernizadora ser refeita. "A viradeira" é o nome desta política de Maria I. E ela não se limitava a questões religiosas e educacionais. Ela também incluiu questões econômicas.

Durante todo o reinado de Dom José I, o Brasil tinha se tornado a "vaca leiteira" de Portugal, como era chamado. O ouro brasileiro em grande quantidade financiava as construções pombalinas, entre elas a reconstrução de Lisboa destruída após o terremoto, e os déficits comerciais com a Inglaterra. O que é interessante notar, é que esses déficits foram sendo decrescentes no período pombalino, mesmo que, durante todo ele, o famigerado Tratado de Methuen estivesse valendo.

Além do ouro, outros produtos brasileiros reexportados por Portugal como açúcar, couros e o início do café, também foram fundamentais na diminuição desse déficit. Destaca-se também o algodão, em um momento no qual o produto americano exportado para a Inglaterra estava em falta, devido à guerra de independência. Ao mesmo tempo, as medidas de Pombal para aumentar o preço do vinho foram efetivas. Tudo isso contribuiu para que o quase impossível ocorresse: a balança comercial tornou-se superavitária para Portugal.

Os historiadores portugueses têm hoje com nitidez, com pesquisas documentais, que a indústria portuguesa têxtil cresceu durante os anos de Pombal e após, mesmo com o Tratado de Methuen valendo.

> Nos anos de 1796-1807, para os quais dispomos de dados globais para o comércio externo português, a reexportação de produtos coloniais manteve o papel dominante nas exportações portuguesas, correspondendo a quase dois terços do seu valor global. A novidade estava na crescente procura do algodão brasileiro, com um peso cada vez mais relevante, a par da

exportação, cada vez mais significativa, do cacau e do café. A grande exportação metropolitana para a Europa era o vinho, sobretudo o do Porto, para além de outros produtos tradicionais, como o sal. No conjunto desses anos, a balança comercial revelou-se favorável a Portugal. (Ramos, 2019).

Prossegue o historiador:

> a marca mais singular desta prosperidade comercial da viragem do século, porém é a crescente importância que os mercados coloniais adquiriram, não já apenas como fornecedores de matérias-primas, mas agora também como consumidores de exportações metropolitanas. Na verdade, embora a reexportação de produtos europeus representasse cerca de metade das exportações portuguesas para o Brasil, a verdade é que as exportações de produtos manufaturados portugueses (sobretudo têxteis – algodão, lanifícios e linho – e ferrarias) para o mercado brasileiro superaram em muito o vinho e outros produtos alimentares.

Durante todo o período pombalino, houve incentivos de todo o tipo para a produção industrial portuguesa: como concessões de exclusividade para certas empresas e crédito pelo Estado. Tal processo de industrialização portuguesa sofrerá mudanças com a invasão napoleônica em 1808. Por que esse contexto lusitano é importante para entender a Inconfidência Mineira? Por articular três elementos: crise do ouro, mudança de governo e ideias iluministas.

Dona Maria I revogou os incentivos à indústria portuguesa internamente, ao mesmo tempo que proibia, de forma total, qualquer manufatura no Brasil. As duas coisas podem ser entendidas como contraditórias, mas são perfeitamente coerentes: os mesmo donos de manufaturas portuguesas que perderam créditos da Coroa, querem agora defender seu mercado cativo no Brasil. E se os déficits comerciais portugueses eram decrescentes como vimos, o ouro brasileiro escasseava rapidamente. Dona Maria criou o Alvará de proibição de manufaturas no Brasil em 1785, no mesmo momento em que a indústria portuguesa dava sinais de sólido crescimento. Nessa lei, toda e qualquer manufatura brasileira era proibida, com a exceção de fabricação de tecidos grossos de algodão, fundamentais para o ensacamento de produtos para exportação e de roupas para os escravizados. Na prática, a lei proibia o que não existia, já que o Brasil não tinha manufaturas de tecidos leves. Porém, para a elite mineira, a proibição de manufaturas no país era uma óbvia evidência de que a colônia, mantida sob domínio português, nunca teria futuro. Afinal, já estamos quase no século XIX e qualquer pessoa com razoável lucidez sabia que a indústria era o fundamento de qualquer economia.

O ouro era o ponto mais central: nesse aspecto, há mais continuidade do que diferença entre Pombal e Dona Maria I. Impostos e somente isso, a Coroa queira da região mineradora. A rainha também deu favores à nobreza e ao clero, retomando o governo de Dom João V, o que igualmente custava ainda mais recursos. Ela não iniciou nenhum novo convento de Mafra, nem teria recursos para tanto, mas concedeu títulos e isenções de impostos para nobres e clero.

No entanto, o ouro dava respostas cada vez menos animadoras para o novo governo. E isso não se relaciona com nenhum fator político ou social, é apenas uma questão de mineralogia: simplesmente não havia ouro o suficiente para as necessidades de novos gastos de D. Maria I com a classe dos privilegiados da corte.

Dos três elementos que citamos, a crise do ouro e a mudança de governo e seus efeitos, ainda falta examinar o que deu sustentação à Inconfidência: e uma carta que foi enviada aos EUA explica muito deste item.

Em 1786, o então embaixador americano na França, Thomas Jefferson, recebeu uma carta sob um pseudônimo. Na carta, havia um pedido de ajuda para uma futura rebelião que deveria ocorrer no Brasil. Na mesma carta, o autor brasileiro dizia que os EUA eram um exemplo a ser seguido: uma república, com igualdade política entre os cidadãos e liberdade de empreender. A Revolução Americana tinha ocorrido em 1776.

Sabemos quem foi o autor, um certo estudante de medicina brasileiro chamado José Joaquim Maia e Barbalho, que estudava em Coimbra e que estava tendo uma temporada de estudos em

Montpellier na França. A mesma das ideias iluministas e que em breve seria sacudida pela sua própria revolução (que começaria em 1789, a mesma data da Inconfidência Mineira). Jefferson por sua vez, ele mesmo, ninguém mais, ninguém menos que o principal redator da Constituição americana, comunicou ao Congresso e ao presidente George Washington o ocorrido e respondeu ao jovem estudante brasileiro, dizendo que não era possível ele se comprometer a ajudar uma rebelião no Brasil sem conseguir apoio interno. Na prática, os EUA não eram ainda a grande potência militar que um dia seriam, e a sua própria guerra de independência tinha acabado há pouco tempo, em 1783. Thomas Jefferson seria presidente dos EUA poucos anos depois. O contato entre esse inconfidente e o futuro presidente americano é um dos elos mais significativos entre a Inconfidência Mineira e o exemplo da Revolução Americana. E o que une o dois? A mesma ideologia, o Iluminismo.

Sem a força das ideias, a decadência do ouro ou a proibição de manufaturas na colônia poderiam ter criado uma revolta colonial muito parecida com as que descrevemos anteriormente, como a de Filipe dos Santos em 1720. Legítima, sem dúvida, em sua revolta contra uma opressão colonial. Mas sem um projeto pronto e acabado de poder. Sem uma visão política de longo prazo. E como essas ideias tão subversivas para um governo como o de D. Maria I vieram parar na distante Vila Rica? Pelo contrabando de um objeto muito valioso, livros.

Em um luminoso ensaio historiográfico, o intelectual mineiro Eduardo Frieiro revisita a notável biblioteca particular do cônego Luís Vieira da Silva, que vivia em Vila Rica e que esteve envolvido na Inconfidência. A obra chama-se, provocativamente, de *O Diabo na Livraria do Cônego* e foi publicada em 1946. O número de livros impressiona, mesmo para os padrões de hoje, eram mais de 700, muitos em latim e versando sobre religião, o que é evidente quando sabemos que Luís Vieira era um padre. Mas havia também volumes de Diderot e D'Alembert, a famosa Enciclopédia, e eis aí o *diabo*, na deliciosa provocação do intelectual mineiro: livros iluministas na casa de um padre e em plena época de efervescência das "abomináveis ideias francesas".

Livros eram raros e caros em Minas. E na maioria das vezes, se não fossem os relativos à religião, eram simplesmente proibidos. A biblioteca do padre foi toda confiscada e hoje sabemos por esse ato autoritário como era a leitura nas Minas setecentistas. Claro que esse padre é realmente fora do padrão. Mas a presença de livros indica que ideias circulavam em Minas. E ideias perigosas para o poder da Coroa.

Também não podemos esquecer que parte dessas ideias tem origem justamente na época pombalina. Pois foi durante o governo de Pombal que Coimbra passou por uma reforma em seu padrão educacional e alguns estudantes brasileiros, como vimos no caso do jovem médico em temporada na França, tiveram acesso justamente a essas ideias.

Vários dos inconfidentes estudaram em Coimbra, como Cláudio Manuel da Costa, Alvarenga Peixoto e Tomás António Gonzaga, este último português de nascimento, mas radicado em Vila Rica. E todos esses citados, além de participantes da Inconfidência, também foram poetas. A Alvarenga Peixoto se impute o dístico da bandeira de Minas, *Libertas Quae Sera Tamen*, retirado do poeta latino Virgílio. E Tomas António Gonzaga é autor do poema satírico *Cartas Chilenas*, criticando o governador de Minas indicado pela Coroa portuguesa. Ele também é autor do famoso *Marília de Dirceu*, odes apaixonadas pela sua noiva Maria Doroteia, noivado esse interrompido pela prisão do poeta inconfidente. Ele foi exilado após a Inconfidência e ela viveu reclusa até falecer com 85 anos em Vila Rica.

Já que estamos citando alguns inconfidentes e suas ideias, devemos agora examinar ainda que brevemente a vida deste símbolo nacional: Joaquim José da Silva Xavier, o Tiradentes. Sua profissão era alferes, ou seja, soldado. Nunca teve uma promoção em sua vida, o que muito provavelmente se deve a não ter uma família rica ou influente, ao contrário dos poetas inconfidentes citados acima, todos muito bem socialmente e com estudos no exterior. Com mais dívidas que dinheiro, já que ele mesmo tentou a sorte com o ouro, mas ele nunca veio, tinha um segundo emprego: dentista prático. Nunca teve formação nenhuma em algo sequer próximo da Odontologia, e pelo seu apelido pode-se perceber qual era a única prática odontológica que ele dominava, geralmente com o uso poucos instrumentos, um bom alicate e algumas doses de aguardente. Embora não fosse uma pessoa com leituras sofisticadas, era muito bem-informado, já que sempre estava acompanhando as últimas notícias e ideias que vinham da Europa trazidas pelos ricos estudantes de Coimbra. Pode-se imaginar os olhos de Tiradentes lendo os livros "perigosos" da livraria do cônego. Seu papel na revolta seria fundamental. E em que consistiria exatamente essa revolta?

A palavra seria derrama. A cobrança violenta dos impostos atrasados. Vimos no capítulo sobre mineração a grande carga tributária que existia na região mineradora. Na maioria das vezes, a quantidade de ouro recolhido não atingia uma cota pré-fixada pela Coroa. Depois de propor uma taxação fixa por escravizado usado na mineração, a capitação, a Coroa propôs uma quantidade de 100 arrobas anuais. Uma quantia totalmente inviável. Se essa cota não fosse atingida, seria decretada a derrama: cobrança forçada dos impostos atrasados. E como eles seriam cobrados? O nome diz tudo: as tropas poderiam entrar de casa em casa, tomando bens pessoais, literalmente, com a invasão forçada nos lares. Nunca a frase "imposto é roubo" fez tanto sentido... Eis o plano dos inconfidentes: durante a derrama, e ela tinha esse nome pelo sentido de derramar sangue, ter violência na cobrança de tributos para sustentar os luxos da nobreza e do clero em Lisboa, os revoltosos iriam atiçar a população ao conflito. Tiradentes, por ser soldado, iria envolver os militares, já que a totalidade da baixa tropa, como ele mesmo, era de brasileiros, muito mal pagos por sinal. O governador de Minas, o odiado Visconde de Barbacena, seria morto e seria decretada uma república, no mesmo espírito iluminista que criou os EUA. E não seria uma república no Brasil, já que essa noção de nacionalidade ainda não existia, mas regional, em Minas.

Além da república, as dívidas dos mineiros seriam todas perdoadas com a Coroa. Aliás, todos estavam endividados. Incluindo os mais ricos e talvez *principalmente* eles. Quanto mais lavras de ouro, mais caros tinham sido os leilões de mineração e mais altos os quintos atrasados. É evidente que muitas das dívidas eram simplesmente impagáveis. Outro fator determinante: seria permitida a instalação de fábricas em Minas, revogando o odioso alvará de D. Maria I, o que indica claramente uma visão de economia mais ampla que os inconfidentes tinham. Muitos deles, leitores e viajantes com experiência internacional, sabiam que Minas Gerais tinha enormes depósitos de ferro que poderia ser valioso na construção de uma futura indústria metalúrgica mineira. De fato, até hoje, o estado ainda tem na mineração uma de suas bases econômicas mais sólidas e foi lá que Dom Pedro II, quase cem anos depois da Inconfidência, criou a Escola de Minas de Ouro Preto, a primeira escola de mineralogia do Brasil, onde estudou Santos Dumont.

E nessa linha quase premonitória dos inconfidentes, um dos projetos era justamente a criação de uma universidade. Não qualquer uma, mas que tivesse um padrão iluminista, científico, moderno, próxima da Coimbra recriada por Pombal.

Agora um tema controverso: a abolição da escravidão. Liberdade, como há na bandeira de Minas, não combina em nada com a manutenção de parte da população do novo país, escravizada. Lembremos que esse dilema também ocorreu nos EUA, mas foi revolvido de modo prático: libertemos os cidadãos americanos da opressão inglesa, mas os escravizados dos estados do sul, assim permanecem. Sabemos que esse dilema foi uma das causas da sangrenta Guerra Civil Americana do século XIX.

Havia argumentos contrários à escravidão:

"Alvarenga, grande proprietário de escravizados, era por sua libertação, por julgar que eles se animariam na defesa da nova ordem em que teriam lugar. Segundo ele, 'um negro com uma carta de alforria na testa era capaz de tudo". (Mota; Lopez, 2015).

A bela frase de Alvarenga Peixoto não ecoou nos documentos deixados pelos inconfidentes. Os chamados Autos da Devassa, o longo e bem documentado processo de punição dos revoltosos, foram estudados por gerações de historiadores. Um deles, o americano Kenneth Maxwell, indica que muito provavelmente o fechamento da questão sobre a abolição foi deixado para depois, já que muitos inconfidentes eram proprietários de escravizados. Talvez, construída a república em Minas, eles fossem alforriados, mas com o pagamento de indenização a seus proprietários. Situação de virada de mesa: de devedores da Coroa portuguesa, para credores da nova república.

E o que ocorreu de fato? Voltemos ao poema inicial de Cecília Meireles: "a língua a bater nos dentes". Inconfidência de pelo menos um deles. Certo Joaquim Silvério dos Reis, fortemente endividado com a Coroa, denuncia o movimento ao governador visconde de Barbacena. Todos os principais nomes foram presos e a derrama suspensa. O poeta Cláudio Manoel da Costa morreu ainda em Vila Rica, ou morto, talvez até pelos próprios inconfidentes, temerosos de que pudesse falar algo comprometedor a eles, ou cometeu suicídio, pelo desespero de sua situação. Após pouco tempo, foram levados para o Rio de Janeiro e lá permaneceram presos até o julgamento e sentença.

Vários foram condenados à morte. Mas na última hora, D. Maria I, "a Piedosa", praticando sua virtude magnânima de Rainha, mudou a pena para exílio, ou degredo como se dizia na época. Tomás António Gonzaga foi exilado em Moçambique, onde refez a vida. Já outros, foram exilados em Angola. A dívida de Joaquim Silvério dos Reis foi perdoada. Sabe-se que outros também tiveram dívidas perdoadas por igualmente colaborar com a Coroa. Ou seja, não houve somente um traidor da conspiração. E de fato, do ponto de vista prático, foi essa a Inconfidência: uma conspiração, mas não uma revolta que chegou a acontecer.

O único que teve a condenação da morte confirmada foi Tiradentes. Em parte, porque era necessário um morto para servir de exemplo para que outras tentativas de rebelião não ocorressem. Mas igualmente pela posição social de Tiradentes, uma pessoa de origem social diversa da dos ricos inconfidentes. Ele mesmo, sabendo que seu destino estava já selado, assumiu para si toda a culpa durante o julgamento, como se fosse o líder da revolta. Foi enforcado e esquartejado, no Rio de Janeiro. Partes de seu corpo foram espalhadas na estrada que levava do Rio até Vila Rica. E sua cabeça, decepada, foi colocada em uma estaca, dentro de uma pequena gaiola, no centro de Vila Rica. Aí ficaria até ser decomposta, como uma lembrança macabra e opressora do poder da Coroa Portuguesa. A surpresa é que poucos dias depois, a cabeça desapareceu e nunca mais foi encontrada, para o deleite também um pouco macabro do turismo de Ouro Preto. Uma das lendas diz que Tiradentes tinha uma namorada, que teria roubado a cabeça.

Quase todos sabemos como era a aparência física de Tiradentes, certo? Sua construção é a de um Cristo, barbudo e com longos cabelos, esperando a morte de forma serena e forte. A verdade é que Tiradentes passou três anos preso no Rio de Janeiro e dentro das podres prisões coloniais, a raspagem da cabeça e da barba eram obrigatórias, para evitar perigosas infestações de piolhos que poderiam se espalhar pelos guardas para toda a cidade. Portanto, quando ele foi morto, estava sem os longos cabelos que tanto marcam sua imagem. E mesmo em vida, sendo ele um soldado, não poderia pelas regras militares ter tido em algum momento cabelos longos ou barba por fazer.

A memória de Tiradentes foi esquecida durante quase todo o Império. Afinal, ele era um republicano. E quem assinou sua sentença de morte foi D. Maria I, a mãe de Dom João VI, avó de Dom Pedro I e bisavó de Dom Pedro II. É no final do II Reinado, com o movimento republicano ganhando força no Brasil, que existe um resgate de sua memória. E ironicamente, um dos principais nomes, se não o principal mesmo, da construção de sua memória, é justamente o mesmo pintor que construiu também a mais importante memória imagética da independência: Pedro Américo.

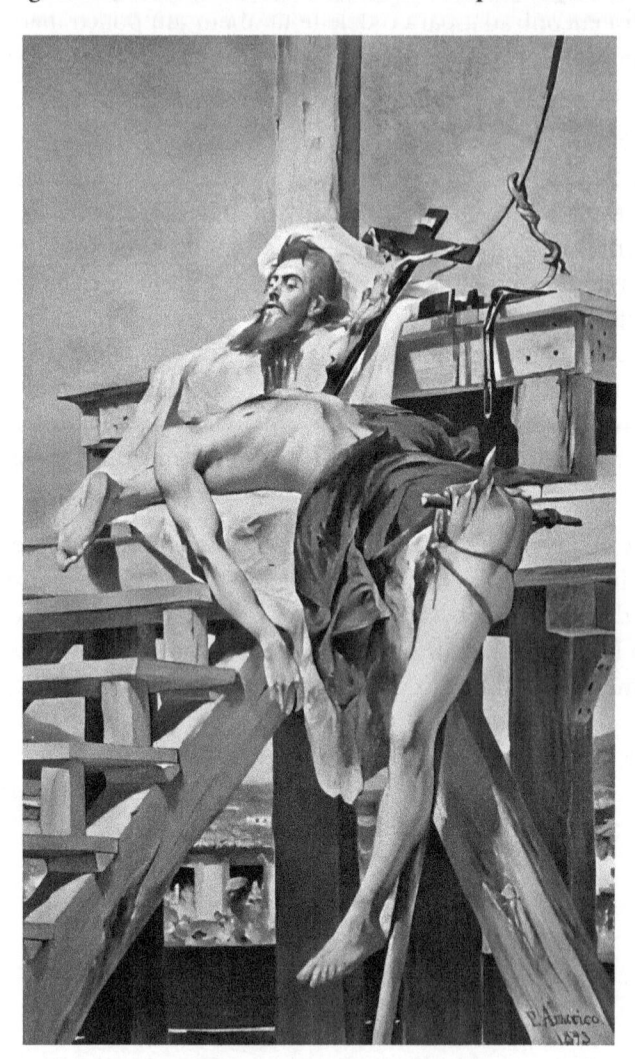

Figura 9.1 – Pedro Américo, Tiradentes Supliciado, 1893

Fonte: Fundação Museu Mariano Procópio.

Paraibano da cidade de Areias, interior do estado, a trajetória pessoal de Pedro Américo merece uma biografia detalhada. Era o pintor predileto de Dom Pedro II e seu amigo. E foi dele a encomenda do monumental *Independência ou Morte*, hoje no Museu Paulista, chamado de Museu do Ipiranga. É um símbolo máximo da formação do Brasil como país independente e claramente, uma obra de homenagem à monarquia. Com a república, Pedro Américo torna-se não exatamente um proscrito, mas um pintor sem o apoio de Pedro II. É nesse momento que o Barão do Rio Branco, o maior nome da diplomacia brasileira e centro de um impressionante círculo de intelectuais do mais alto nível, lhe sugere uma pintura sobre a Inconfidência Mineira. O quadro retrata um Tiradentes esquartejado, com uma dramática referência ao Cristo, e ao mesmo tempo, uma imagem clássica, com o torso do personagem evocando as grandes esculturas e pinturas do Renascimento. Estava em definitivo criada a imagem de um herói, renascido do esquecimento histórico, da república que se iniciava.

E durante essa república, sua imagem e mensagem foram sendo alteradas de acordo com os momentos. Cada período usava e, muitas vezes, abusava, da memória de Tiradentes, tomando-a como sua. Grupos políticos e sociais diferentes também se apropriavam de sua imagem. Por exemplo, no Regime Militar de 1964 a 1985, sua referência era marcante, já que ele mesmo fora um soldado. Sua morte era vista como um exemplo de dever à Pátria e de obediência ao regime de então. Na mesma época, militantes de esquerda usavam o mesmo Tiradentes como símbolo de uma revolução comunista redentora da opressão militar.

Nos dias de hoje, início do século XXI, em um Brasil violentado pela corrupção sem freios da classe política e com um Estado cuja carga tributária é o dobro do *quinto dos infernos* da mineração, Tiradentes poderia ser visto como um herói que criticou o excesso de impostos e morreu por isso. E você, leitor, quem é o seu Tiradentes?

10 *ERA NO TEMPO DO REI*: A VINDA DA FAMÍLIA REAL PARA O BRASIL

> Jamais, jamais mortal subiu tão alto!
> Ele foi o primeiro sobre a terra.
> Só, ele brilha sobranceiro a tudo,
> Como sobre a coluna de Vendôme
> Sua estátua de bronze ao céu se eleva.
> Acima dele Deus, - Deus tão-somente!
>
> Da Liberdade foi o mensageiro.
> Sua espada, cometa dos tiranos,
> Foi o sol, que guiou a Humanidade.
> Nós um bem lhe devemos, que gozamos;
> E a geração futura agradecida:
> NAPOLEÃO, dirá, cheia de assombro
>
> *Gonçalves de Magalhães*

10.1 Jamais, jamais mortal subiu tão alto: Napoleão e o pêndulo de Foucault

Nesse trecho de Gonçalves de Magalhães, o poeta introdutor do Romantismo literário no Brasil, Napoleão é modestamente colocado abaixo apenas de Deus. Comparado a um sol que guia toda a humanidade, é quase um semideus: uma espécie de Aquiles ou Aníbal moderno. E ele mesmo, Napoleão, não iria discordar dessa comparação. Que o digam os quadros que o retratam como um conquistador imenso, não faltando o mítico cavalo, numa referência ao amado Bucéfalo de Alexandre, outro nome da Antiguidade ao qual ele se comparava. E por que o nome dele está associado à palavra liberdade? Se ele foi um general, um imperador e um conquistador de povos e reinos, pode parecer estranho, contraditório até ter sua memória ligada à libertação dos povos.

Em Paris, localiza-se o Panteão. Originalmente uma igreja, foi transformado em um local de veneração dos principais nomes da história francesa após a Revolução. Uma parte importante da ideologia iluminista era a crítica do poder da Igreja e do pensamento católico. Vimos como os jesuítas foram expulsos por Pombal de Portugal. Também citamos que os jacobinos tinham o projeto de uma educação pública, laica e científica, para todos os franceses. Assim, tomar uma igreja e transformá-la em um local de enterramento e memória de nomes ligados à ciência, artes e política seria uma forma de demonstrar a mudança de mentalidade que os revolucionários franceses queriam. É no Panteão de Paris que estão enterrados nomes como Rousseau e Voltaire, dois próceres do Iluminismo. Há também nomes da Ciência contemporâneos, como o casal Curie, Pierre e Marie, com seus caixões de chumbo devido à radiação de seus corpos. Ademais temos grandes escritores, como Zola, Dumas e Victor Hugo.

Se os maiores nomes da França estão quase todos no Panteão, então Napoleão lá também estaria, certo? Bem, como lemos no poema de Magalhães, ele não foi um grande nome, mas o *maior dos nomes*... Sua tumba, imensa, está no Hôtel National des Invalides, um antigo hospital militar transformado em um museu da guerra. Afinal, se os maiores franceses estão em um único lugar, o maior dos maiores franceses precisa de um lugar de repouso só dele. Curiosamente, a tumba fica em um plano abaixo do visitante, para que todos se curvem ao seu ocupante.

No mesmo Panteão, há uma elegante experiência científica. Concebida pelo físico Jean Bernard Foucault, no século XIX, ela demonstra a rotação da Terra a partir da fixação de um pêndulo de baixo atrito no teto da cúpula da catedral. O chamado pêndulo de Foucault oscila constantemente, evidenciando a rotação terrestre. Em um espaço dedicado à Razão do Iluminismo, a dança cadenciada da bela esfera metálica nos lembra que na História, a partir da Revolução Francesa, a Teologia perdeu espaço para a Ciência. E o Estado tomou o lugar da Igreja como organizador da sociedade.

O que significou Napoleão na História, tanto da França quanto de quase toda a Europa? A continuidade do projeto iluminista revolucionário, mas agora fora das fronteiras francesas. Napoleão invadia impérios, derrubava governantes absolutistas ou derrotava seus exércitos, impondo-lhes submissão política. É a versão exportada da Revolução Francesa. Com uma evidente contradição: ele mesmo tornou-se imperador e casou-se com a filha do imperador austríaco, Maria Luísa, após seu divórcio da primeira esposa, Josephine. E nessa altura deste livro, o leitor já deve imaginar a qual família a segunda esposa de Napoleão pertencia, certo? Mais uma Habsburgo (aliás, Maria Luísa era irmã de Leopoldina, a esposa de Dom Pedro I do Brasil. Portanto, Napoleão e Pedro I eram concunhados).

Napoleão via a si mesmo como um libertador dos povos. Sua missão era dar luz aos que viviam nas trevas do Absolutismo, da Igreja e da ignorância, espalhar o projeto iluminista, as leis construídas pela discussão em parlamentos e não pela imposição do rei. Além de rebaixar a nobreza e o clero e exaltar os comerciantes burguese, submeter dinastias, refazer fronteiras. Um projeto modernizante. Tudo isso feito por um conquistador militar casado com a dinastia mais tradicional e absolutista da história europeia. Não é fácil definir as contradições históricas, ideológicas, psicológicas, desse homem. E, modéstia à parte, o poema de Gonçalves de Magalhães esbarra em um ponto sem discórdia: todas as futuras gerações de certo modo são herdeiras das ações militares e políticas deste general francês. O que não quer dizer necessariamente que todas as suas ações foram "boas". Ou somente positivas. A Espanha que o diga.

10.2 O SONO DA RAZÃO PRODUZ MONSTROS: INVASÃO IBÉRICA E O OLHAR DE UM CAVALO

No Museu do Prado, localizado em uma das avenidas mais belas do mundo, em Madri, há uma ampla sessão dedicada ao pintor Goya.

Francisco José de Goya y Lucientes, nascido em 1746 e falecido em 1828, teve sua vida marcada por acontecimentos marcantes, em uma época cheia de revoluções, guerras, novas ideias, descobertas científicas. Ele veio ao mundo antes da Independência Americana e da Revolução Francesa, vivenciou o ápice do Império Napoleônico e algum tempo depois, a morte do grande general em 1821, em uma ilha no meio do Atlântico. Foi contemporâneo das independências da maioria das colônias de seu país, Espanha, na América. Deve ter lido em algum jornal que a maior colônia portuguesa, o Brasil, tinha feito sua independência em 1822. Viu as novas descobertas científicas do início do século XIX. Teve plena consciência de que o século que se iniciava era o do poderio absoluto da Inglaterra. Foi um leitor dos maiores iluministas e acreditou que a Razão, a Ciência e o Progresso, tornariam a humanidade melhor. Uma época excitante de se viver. Ao mesmo tempo, vivenciou revoluções e guerras de extrema violência, que fariam duvidar se realmente a Razão estava prevalecendo.

Tal contraste extremo entre a razão iluminista e a barbárie mais crua afetaria sua vida, seu olhar, sua pintura. No Museu do Prado em Madri há duas pinturas de Goya sobre um dos acontecimentos mais traumáticos da história da Espanha: a invasão de Napoleão, iniciada em 1807. Tais pinturas são testemunho dessa divisão dramática entre Razão e Barbárie que Goya expressou como poucos em toda a História. E como a Espanha foi invadida?

A palavra invasão aqui adquire uma complexidade especial. Nada referente a Napoleão é fácil de definir. Inicialmente inimiga da França, a Espanha muda de lado em 1807, assinando o Tratado de Fontainebleau. Por esse tratado, França e Espanha iriam dividir Portugal. E por que tal tratado? Uma das estratégias do Imperador para dominar a Europa e derrotar seu maior inimigo, a Inglaterra, era o **bloqueio continental**. Por essa tática, esperava sufocar a economia industrial inglesa e de quebra, expandir a francesa. Nenhum país do continente deveria comprar ou vender da Inglaterra, caso contrário seria invadido. No século XIX, Napoleão antecipou as famosas sanções econômicas que os EUA e aliados usam e abusam até hoje contra países opositores. O problema prático é que a Inglaterra era a maior potência industrial do mundo e substituir tal presença econômica com uma simples vontade de Napoleão estava mais no plano do desejo do que da realidade. Comparando com os dias atuais, seria como se algum país, digamos, os EUA, decretassem que nenhum outro país poderia comprar ou vender da China. Imagine o caos econômico e político que isso geraria.

Os tempos eram outros e não havia a interdependência econômica que hoje existe. Mesmo assim, a presença econômica britânica no mundo era simplesmente grande demais para ser apagada por uma canetada de Napoleão. Todos os países europeus passaram a orbitar em torno deste dilema: Inglaterra ou França?

A Espanha sempre quis dominar Portugal e o fez por diversas vezes. Quando um país poderoso como a França ameaçava invadir o vizinho Portugal por desrespeitar a imposição napoleônica, o rei Espanhol Carlos IV viu nisso uma oportunidade. Lisboa era um importante centro de trocas comerciais entre as colônias portuguesas na África, Ásia e principalmente no Brasil, para Londres e dali para o resto da Europa. Assim, a conquista de Portugal seria um ponto de enfraquecimento importante para os britânicos. Uma invasão francesa de Lisboa por mar era impossível, pois o poderio naval britânico era superior. Só restava a opção pela via terrestre: tropas francesas teriam que passar pela Espanha para atingir Lisboa. Por que não se aproveitar desse fato para que os espanhóis retomassem o controle sobre seu vizinho lusitano?

A própria monarquia espanhola passava por um mau momento, com disputas internas, e o rei Carlos IV foi deposto por um golpe de Estado pelo seu filho, Fernando VII. Este rei também era partidário de uma aliança com os franceses, em grande parte para legitimar seu poder, já que tinha ascendido ao trono por vias ilegais. Por isso, quando as tropas napoleônicas entraram triunfantes em Madri, Fernando VII viu isso como uma salvação de seu reino: a Espanha tinha um aliado poderoso, iria conquistar Portugal com pouco esforço militar próprio e Fernando VII seria legitimado pela população por isso.

Deu tudo errado. Napoleão tinha outros planos para a Espanha e para os dilemas de poder de Fernando VII. Mas antes, tinha um problema a resolver: Portugal.

Desde 1800, a paz estava dando bons resultados econômicos em Portugal. Exportava vinhos para a Inglaterra, que os distribuía para toda a Europa. O ouro brasileiro já tinha entrado em decadência, mas seus longos anos de exploração resolveram os problemas econômicos crônicos do reino. As colônias asiáticas e africanas ainda eram ativos bastante lucrativos e o Brasil era, sem dúvida, a joia dessa coroa colonial, não só pela produção agrícola, mas pela exportação de manufaturas para o mercado interno brasileiro. Os anos de bonança passaram rápido: em 1807, a França impôs o dilema que vimos acima: ou Portugal se aliava a ela, ou se mantinha aliado com a Inglaterra. E sofreria militarmente com isso.

O governo do país era exercido pelo príncipe regente Dom João, posteriormente rei com o título Dom João VI. Sua mãe, a rainha Dona Maria I tinha caído em profunda depressão com a morte do marido e do filho mais velho e passava os dias rezando em penitências pelo que ela via como uma punição divina. Também as noites, já que eram comuns suas andanças, terço e vela nas mãos, sozinha, nos longos corredores do Palácio de Queluz, vestida de negro. O que deve ter sido uma visão um pouco assustadora para os funcionários do palácio, uma bela construção em estilo francês, conhecida como a Versalhes portuguesa, feita com o dinheiro do ouro do Brasil.

Dom João e seus conselheiros tentaram fazer o que qualquer rei da Europa teria feito: em um conflito entre duas potências econômicas e militares, França e Inglaterra, manter a neutralidade o máximo de tempo possível. Mas o tempo foi curto e a escolha se impôs: não havia a menor possibilidade de uma aliança com a França, como a Espanha escolheu. Lisboa era conectada a Londres por uma aliança econômica já muito bem estabelecida há décadas e todo o império português era marítimo: dar as costas aos ingleses era correr o sério risco de ver Lisboa bombardeada. E talvez pior, Salvador ou o Rio de Janeiro, tomados pelos britânicos. Assim, Dom João tomou a iniciativa de uma escolha drástica: se Napoleão invadisse Lisboa, toda a Corte iria para o Brasil.

É quase certeza que o leitor deve ter lido ou estudado algo sobre a **fuga da família real para o Brasil**. A palavra fuga aqui deve ser questionada. A ideia de uma transmissão do núcleo de poder de Lisboa para a América tinha sido levantada no século XVII por ninguém menos que padre Vieira, no contexto dos conflitos com a Holanda. No século seguinte, o Marquês de Pombal propôs, sob influência de seu irmão, governador do Grão-Pará, algo semelhante. Somente no século XIX, a velha ideia pôde ser aplicada.

De novo, precisamos repensar a relação entre país e dinastia. As dinastias pensam primeiro em si mesmas. E depois, em seus países, vistos como seu domínio. Uma invasão de Napoleão em Portugal iria colocar o país em risco, mas a dinastia estaria salva do outro lado do Atlântico. E com um enorme território, rico e já base da sustentação do reino, a seu dispor. E os portugueses, seus súditos? Bom... eles que se ajustassem com os soldados franceses, conhecidos pela violência física, sexual e pelas pilhagens generalizadas.

Com a aliança firmada entre Portugal e Inglaterra e a outra aliança, entre Espanha e França, era evidente que a península ibérica tinha se tornado algo muito semelhante ao que foi a Europa do Leste durante a Guerra Fria do século XX: duas potências, com seus interesses específicos em disputa, impondo sua agenda geopolítica a outros países. Mas a França de Napoleão mudou de ideia na Espanha. Uma vez com suas tropas solidamente instaladas em vários pontos do território espanhol, incluída a capital Madri, Napoleão dá ordens para que o rei Fernando VII fosse preso. Também foi preso seu pai, o rei deposto Carlos IV. Fato imediato, o novo rei espanhol, o francês José Napoleão Bonaparte, convocou uma assembleia nacional e criou uma constituição, limitando os poderes dele mesmo e extinguindo o Absolutismo espanhol. Agora ele era o rei, um rei fantoche de seu irmão, o todo poderoso Napoleão, e, ironicamente, estava impondo a liberdade aos espanhóis, ao recriar naquele país modelos políticos iluministas de monarquia parlamentar.

Os espanhóis viram esse fato do único modo que ele era: uma simples e direta invasão de seu território e usurpação do poder soberano do rei. Outra ironia, os mesmos iluministas espanhóis que criticavam a monarquia absolutista, queriam que Fernando VII fosse recolocado como rei. Ou seja, viam o rei francês como um impostor, o que de fato era, mas não queriam mais o rei legítimo como monarca absoluto. O mesmo sucedeu nas colônias espanholas que iniciaram movimentos de independência sob o argumento de que o rei atual era um fantoche. Como se vê, as afinidades ideológicas nem sempre são tão claramente definidas como pensamos.

A partir de 1808, um amplo movimento foi crescendo na Espanha contra o domínio francês. Ele unia desde iluministas até absolutistas, diferentes no modo de enxergar o modelo político, mas concordantes em odiar o rei estrangeiro. É nesse contexto de oposição que ocorrem dois episódios mostrados por Goya nas duas pinturas hoje expostas no Prado:

Figura 10.1 – El 2 de mayo de 1808 en Madrid o "La lucha con los mamelucos" – 1814, por Francisco de Goya y Lucientes

Fonte: Museo del Prado – Madri

Figura 10.2 – El 3 de mayo en Madrid o "Los fusilamientos"- 1814, por Francisco de Goya y Lucientes

Fonte: Museo del Prado – Madri

A segunda pintura é mais famosa que a primeira e quase sempre aparece em um contexto de crítica mais ampla a toda e qualquer força de ocupação. Mas as duas são necessárias para entender a potente e duradoura mensagem de Goya.

A primeira pintura chama-se *El Dos de Mayo de 1808 em Madrid*, ou como é mais referenciada, *La Carga de los Mamelucos*. Em uma Madri convulsionada, com pessoas exigindo a volta do rei ao poder e a desocupação francesa, houve um ato de rebelião espontânea. Populares atacaram tropas francesas, entre elas, a que é mostrada no quadro, um grupo de cavaleiros mamelucos, ou seja, das colônias francesas do norte da África. No quadro, veem-se as espadas tipicamente árabes e os turbantes islâmicos, lutando junto com soldados franceses contra os madrilenos, que os atacam com violência, usando de todas as armas que tinham, muitas delas, facas domésticas e objetos como paus e pedras.

A segunda pintura foi a resposta no dia seguinte dos franceses, chama-se *El Três de Mayo em Madrid*, e mostra, com a crueza que só Goya podia mostrar, a violenta repressão do general napoleônico Murat contra populares. Muitos deles, arrebanhados sem nenhum critério e sumariamente fuzilados. Nos dois quadros, a matança dá o tom dessa época que se queria racional, iluminista, liberal e humanitária.

O erro é analisar apenas a segunda imagem como um grito contra a opressão. Ela de fato é. Mas com a primeira, a mensagem de Goya adquire um sentido mais universal. Ele era um espanhol, portanto via o domínio napoleônico como ilegítimo, e entendia a revolta popular expressa no primeiro quadro como um ato de resistência heroica a um poder opressor estrangeiro. Mas convido o leitor para olhar com atenção os dois quadros. Nenhum ser humano olha para o expectator. No segundo quadro, o triste personagem de braços abertos tem um olhar de indignação, de piedade e de revolta contra a morte iminente do fuzilamento. Mas ela não olha para o observador do quadro. E no primeiro quadro, somente um tipo de ser vivo olha diretamente para o expectator: os cavalos no centro. Enquanto um madrileno pacientemente enfia uma faca no cavalo branco no primeiro plano, os dois outros animais, sabendo de seu triste destino, olham para os humanos que observam o quadro e se perguntam: há aí, no homo sapiens que me vê, algum sinal de Razão? "O Sono da Razão produz Monstros", é a inscrição em uma gravura feito por Goya, alguns anos antes desses acontecimentos. Ele via a racionalidade tão valorizada pelos iluministas como a salvação de uma humanidade violenta. Poucos anos e muitas guerras depois, Goya entende que talvez só os cavalos devem ter tal racionalidade, porque o humano, em suas lutas políticas e guerras cruentas, pouco se esforça para mantê-la. Uma mensagem universal e poderosa em um olhar de um cavalo. Sabendo que o século XX seria imensamente mais violento que o XIX, os cavalos de Goya continuam a perguntar ao observador do Museu do Prado de Madri: onde está a Razão?

Em 1808, enquanto Madri estava dominada pelos franceses e o rei preso, outras tropas napoleônicas marcharam para Lisboa. Em pânico, os portugueses não ofereceram resistência. O que é hoje visto como um erro estratégico, já que as tropas francesas estavam mal equipadas e eram em número menor do que se pensava. Ainda pior era a situação, pois naquele momento já enfrentavam oposição ferrenha na Espanha. Mas o príncipe regente Dom João, com o apoio inglês, não pagou para ver. Com toda a corte portuguesa, incluindo nobres, serviçais e os vários aduladores do poder, todos muito desejosos de evitar o pior diante do invasor, tomaram apressadamente os navios na região de Belém, Lisboa, para vir ao Brasil. Se a ideia de mudar a corte era antiga, o fato em si foi uma fuga, porque não se esperava a velocidade das tropas francesas. Houve um desespero total na cidade. Suprema das ironias, do mesmo lugar de onde partiram várias expedições triunfantes para conquistar os oceanos aos portugueses, incluindo aí a de 1500 liderada por Cabral, agora partir em fuga outra: a expedição que traria um príncipe, uma rainha e toda a elite lusitana para o outro lado do Atlântico. Lisboa foi ocupada pelo jovem general francês Jean-Andoche Junot. E Napoleão, o rei que derrubou do trono monarcas absolutistas, como na Espanha, aprisionou o Papa, obrigou o imperador Habsburgo a submeter-se a ele e só foi derrotado pela combinação de inverno russo e a mais poderosa marinha do mundo, a inglesa, viu um príncipe e sua corte escapar de seu poder. Um príncipe português.

10.3 Os efeitos da pisadela e do beliscão: Um rei português nos trópicos

Provavelmente é o livro mais bem-humorado de sua época:

"*Era no tempo do rei*", começa a obra *Memórias de um Sargento de Milícias*, de Manuel Antônio de Almeida, publicado no Rio de Janeiro, em 1852. Na época de sua publicação, o Brasil já era independente, mas a história se passa justamente no momento de falamos: na corte de Dom João VI no Brasil.

Descrevendo a origem de um meirinho, algo como um oficial de justiça, chamado Leonardo, oriundo de Portugal, ele descreve a viagem desse imigrante ao Brasil:

> Ao sair do Tejo, estando a Maria encostada à borda do navio, o Leonardo fingiu que passava distraído por junto dela, e com o ferrado sapatão assentou-lhe uma valente pisadela no pé direito. A Maria, como se já esperasse por aquilo, sorriu-se como envergonhada do gracejo, e deu-lhe também em ar de disfarce um tremendo beliscão nas costas da mão esquerda. Era isto uma declaração em forma, segundo os usos da terra: levaram o resto do dia de namoro cerrado; ao anoitecer passou-se a mesma cena de pisadela e beliscão, com a diferença de serem desta vez um pouco mais fortes; e no dia seguinte estavam os dois amantes tão extremosos e familiares, que pareciam sê-lo de muitos anos.
>
> Quando saltaram em terra começou a Maria a sentir certos enojos: foram os dois morar juntos: e daí a um mês manifestaram-se claramente os efeitos da pisadela e do beliscão; sete meses depois teve a Maria um filho, formidável menino de quase três palmos de comprido, gordo e vermelho, cabeludo, esperneador e chorão; o qual, logo depois que nasceu, mamou duas horas seguidas sem largar o peito. E este nascimento é certamente de tudo o que temos dito o que mais nos interessa, porque o menino de quem falamos é o herói desta história (Manuel Antônio de Almeida, 1852)

A vida deste menino, também chamado de Leonardo como o pai, é o fio condutor de uma das narrativas mais engraçadas, irônicas e deliciosas da vida urbana no Rio de Janeiro da época de Dom João VI. Merece que o leitor revisite este livro, com um olhar menos obrigatório e pesado do que geralmente as provas de vestibulares exigem.

A viagem de Leonardo não foi a viagem da corte portuguesa. Esta foi em época anterior à descrita no livro. Mas alguns aspectos caricatos permanecem até hoje, embora devam ser matizados. Como foi essa dramática viagem de uma Lisboa em fuga até o Rio de Janeiro? E tal como Leonardo e sua Maria da Hortaliça, qual o efeito desta viagem no Brasil?

A viagem começou em novembro de 1807. Havia uma expectativa de algo como três mil pessoas. Foram quase quinze mil. Os navios estavam lotados, faltou comida, água, higiene básica. E quando uma infestação de piolhos tomou conta de todos, homens e mulheres tiveram que raspar suas cabeças. Doenças graves podem ser causadas por esses animais. A ideia original era chegar no Rio de Janeiro. Foi obrigatória uma parada antes em Salvador. A frota chegou ali em janeiro de 1808.

Além da necessidade de reabastecer os navios com mantimentos básicos, a parada também tinha um aspecto estratégico: o Brasil era um enorme território, com fidelidades políticas regionais expressadas nas câmaras municipais e com uma referência ao rei português distante. Era muito coerente que a primeira etapa da construção de um novo espaço de poder nesse território fosse a cidade de Salvador, uma das maiores da colônia e justamente a antiga capital. Foram recebidos pelas maiores autoridades locais, o governador e o arcebispo. A corte ficou um mês na cidade, entre incontáveis missas, procissões e genuínas demonstrações de apreço e até admiração pela presença do rei na colônia. Apesar das ideias iluministas e da crítica cada vez maior aos poderes dos reis, tais ideias eram restritas a uma minoria letrada. A maioria da população ainda via o rei como uma figura sobre-humana, uma espécie de guia de todo o povo, em uma construção de poder simbólico que tinha raízes profundas tanto na cultura portuguesa quanto na cultura africana, ambos presentes na formação de Salvador. Um rei em pessoa na cidade? Era motivo de orgulho, mais do que de revolta política. E os reis tinham plena consciência desta necessidade de mostrar poder e, ao mesmo tempo, proximidade com seus súditos. Por isso, rituais como o beija-mão eram mais "democráticos" do que usualmente pensamos: desde nobres até escravizados passavam horas na fila para poderem tocar, com reverência, a poderosa presença física de um rei em seu trono.

Para além dos aspectos simbólicos, foi em Salvador que ocorreu a assinatura de um tratado que mudaria a história econômica da colônia. **Dom João quebrou o monopólio português de comércio sobre o Brasil: de um ponto de vista econômico, o país já era independente.**

A abertura é sempre associada exclusivamente a uma pressão inglesa, porém afirmar isso é perder de vista a importância das ideias e dos debates que ocorriam no mundo e dentro da intelectualidade luso-brasileira. Portanto, a origem dessa decisão é dupla.

A abertura dos portos não foi apenas uma pressão do Império Britânico, embora também o tenha sido, mas uma **decisão consciente de alguns membros importantes da Corte**, entre eles, merece destaque o Visconde de Cairu (ele receberia este título de nobreza mais tarde).

Vale a pena comentar sobre as ideias deste importante político baiano, estudante de Coimbra nos anos de Pombal e formado, espante-se o leitor, em Filosofia, Medicina e Grego clássico. José da Silva Lisboa, o futuro Visconde de Cairu, muito provavelmente foi o primeiro autor de um livro em português sobre **Economia Política**, nome que então se dava para o estudo do que hoje é a Economia enquanto ciência da produção e consumo, e a área que hoje englobaria Relações Internacionais. Nesse contexto de início do século XIX, o termo Política associado à Economia, referia-se às disputas de poder entre os países, utilizando meios militares, diplomáticos e econômicos. Marx no século XIX usava essa expressão para designar o estudo da Economia e da História, e não à toa, publicou sua obra *Fundamentos para a Crítica da Economia Política*, em 1858. Em 1843, em Londres, era fundada a hoje prestigiosa revista *The Economist*, uma referência até hoje nas duas áreas, Economia e Relações Internacionais. Por quase todo o XIX, Economia Política era basicamente o estudo combinado de como os países podem se tornar ricos e poderosos.

Cairu, estudante das ideias de Adam Smith (portanto, além da Medicina, Filosofia e do Grego, podemos acrescentar a ele o título de economista, antes mesmo da disciplina se constituir nos moldes atuais), entendia claramente que a origem do poderio britânico não era sua marinha. Na verdade, era sua economia. Não foi a marinha que fez a Inglaterra poderosa, mas ela era a expressão de suas indústrias e, muito evidentemente, o braço armado que protegia os seus interesses econômicos globais. Podemos afirmar que a associação entre crescimento industrial e poder militar era tão evidente que fez Napoleão criar o bloqueio continental. E por que a Inglaterra tinha uma indústria ampla e crescente? Porque tinha quebrado monopólios internos e tinha limitado o poder do rei em intervir na Economia. Liberdade de comércio, de investimento de produção. Liberalismo em seu estado mais inicial. Para qualquer leitor de Marx ou de escritores realistas como Charles Dickens, isso também gerava desigualdades. Mas gerava também riqueza. E poder. A marinha britânica não deixava dúvidas sobre isso.

Dom João conheceu Cairu ainda em Lisboa e ele acompanhou a vinda da Corte para o Brasil. Foi dele o papel de convencer Dom João a abrir os portos brasileiros ao comércio internacional, principalmente a Inglaterra, pois isso geraria riqueza e no limite, poder para que a dinastia Bragança pudesse sobreviver. A visão mais tradicional de que foi por pura e simples pressão inglesa que o Brasil abriu seus portos, mais uma vez, ignora que ideias têm uma dinâmica própria e nem todas as decisões são tomadas apenas por um único fator. Naquele momento histórico de grande crescimento industrial e avanços tecnológicos, estava evidente que o país que se mantivesse fechado ao comércio internacional permaneceria uma presa fácil aos mais poderosos. A potência hegemônica mostrava isso com toda a força das famosas canhoneiras inglesas, seus principais navios de guerra. E a potência em ascensão, os EUA, já em franco desenvolvimento industrial, responderia a toda e qualquer dúvida em relação ao binômio indústria e poder. Ou Portugal seguia um caminho parecido ou seria apenas uma ex-potência, decadente e empobrecida, incapaz mesmo de manter suas colônias, aliás, sua única fonte de riqueza.

Importante notar que essa visão não era uma exclusividade "brasileira". Visconde de Cairu, baiano de nascimento, pensava em termos de um Reino Unido, ou seja, uma união de duas terras, o Brasil e Portugal, governados por parlamentos separados, mas com um único rei. Sobre essa posição política, ele tinha a mesma proposta de outro nome importante, José Bonifácio, do qual falaremos mais adiante. Não era porque Cairu era "brasileiro" que ele via o livre comércio como fonte de riqueza apenas para o Brasil. Na verdade, entendia a economia como chave para a manutenção do poder de uma dinastia e de domínio sobre um território. Nada mais definidor de Economia Política do que isso. Para Cairu, sem livre comércio, sem riqueza para o reino, o que incluía Portugal e Brasil. Porém, ele mantinha a opinião de que a escravidão era necessária na sociedade, baseando-se em argumentos da Grécia Antiga. Como se vê, o Iluminismo nem sempre era completo no conjunto de ideias da elite luso-brasileira. O mesmo se pode dizer dos americanos, pois boa parte dos *Founding Fathers* também era escravocrata.

Outro que pensava nos mesmos termos era o "português" Rodrigo de Sousa Coutinho, Conde de Linhares. Por que usamos aspas nos dois casos? Porque Rodrigo era nascido em Portugal, mas igualmente via a dinastia como sua fonte de fidelidade, não a terra em que nasceu. Muito menos a em que morreu. Falecido no Rio de Janeiro, também acompanhou a Corte de Dom João VI, com as mesmas ideias liberais do Visconde de Cairu. Suas fontes eram as mesmas: a renovada Coimbra de Pombal, onde Rodrigo se formou em Direito, e as leituras de Adam Smith. No caso dele, sua vivência como diplomata no norte da Itália só aumentou sua certeza de que o mundo dos monopólios comerciais tinha mudado. E rápido.

Rodrigo de Sousa Coutinho propôs de forma pioneira a abolição dos direitos feudais sobre os camponeses em Portugal, para que eles se tornassem livres proprietários e vendessem parte de sua produção no mercado. Para todos os efeitos, uma reforma agrária capitalista, prontamente combatida pela nobreza portuguesa. No Brasil, foi o criador da Real Fábrica de Ferro São João do Ipanema, no atual município de Araçoiaba da Serra, região de Sorocaba, SP, aproveitando-se de que a região já era conhecida pelos bandeirantes pela grande presença de ferro e tinha uma pequena metalurgia já implantada. O que mais chama a atenção nessa empresa é que ela tinha capital misto, ou seja, parte era da Coroa e parte de acionistas particulares, em uma proposta não tão diferente em essência das parcerias público-privadas que até hoje o Brasil discute e nem sempre consegue fazer. Foram trazidos engenheiros da Suécia e da Alemanha para a construção e manutenção dos altos fornos. A fábrica permaneceu ativa durante todo o século XIX, sendo encerrada sua produção metalúrgica já na República. Hoje, o local é um importante sítio histórico e biológico, com uma mata nativa preservada no entorno. Contradição tipicamente brasileira, embora a fábrica fosse um empreendimento inovador, usou mão de obra escravizada durante quase todo o seu período de funcionamento.

A abertura dos portos como foi chamada, em 1808, ainda em Salvador, marcou uma dramática inversão de papéis na dinâmica colonial. Controlado por Lisboa, o comércio de qualquer produto brasileiro podia agora seguir livremente seu fluxo de vendedor – comprador. Naquele momento histórico, como a Inglaterra era a maior potência comercial do Atlântico, ela se beneficiou enormemente dos produtos brasileiros, sem que precisasse pagar o intermediário Portugal. E os comerciantes brasileiros gostaram ainda mais, pois viram seu mercado comprador expandir-se. Por outro lado, para Portugal foi um desastre: dominado por uma potência estrangeira, com sua Corte em outro território e ainda por cima, sem o lucro do intermediário no comércio brasileiro. Veremos que a reação a esse estado de coisas não vai tardar.

Em resumo, como podemos pensar ou repensar a abertura dos portos? A conclusão que foi inicialmente demonstrada pelo historiador marxista Caio Prado Júnior em sua obra *História Econômica do Brasil*, de 1945 continua a mesma: com o fim do monopólio comercial português, do ponto de vista econômico, o Brasil já é independente. Porém, a partir dessa conclusão ainda válida, algumas reflexões merecem uma revisão. Foi uma proposta de livre comércio feita apenas a partir das intenções de intelectuais como Visconde de Cairu e Rodrigo de Sousa Coutinho, com suas visões liberais de mundo? Não. Raramente ideias, por mais inovadoras ou grandiosas, em seu estado puro, mudam o mundo ou a História. É sempre necessário um contexto para que tais ideias possam ser colocadas em prática. E naquele momento, o contexto internacional de disputa entre França e Inglaterra permitiu a aplicação dessas ideias.

Portanto, podemos então afirmar, como é norma comum, que foi por uma pressão inglesa imperialista, sobre uma corte portuguesa sem nenhuma escolha ou visão de futuro, que o Brasil foi obrigado a abrir seus portos? É certamente também um exagero de interpretação e quase uma caricatura.

Pode-se afirmar, com exatidão, que naquele contexto de uma corte fugida e sem poder militar efetivo, que a possibilidade de escolha de Dom João era quase nula. A Inglaterra tinha amplos poderes para impor suas vontades sobre Portugal. Essas "vontades", ou seja, estas ideias de livre comércio, já eram estudadas, valorizadas ou mesmo propostas em Portugal, sem que necessariamente fossem impostas pelos ingleses. Pela trajetória dos dois intelectuais citados acima, vê-se isso claramente. Desde Pombal que Portugal passa, como vários outros países europeus, por uma dinâmica de ideias em combate. Por um lado, velhas noções de monopólio e privilégios do clero e da nobreza. E por outro lado, propostas de renovação política e econômica. Podemos afirmar que as ideias liberais encontraram um contexto em que puderam ser aplicadas, com a associação entre Portugal, sua elite dirigente, ou parte dela, e a potência hegemônica, a Inglaterra. Não foi, portanto, uma abertura imposta pelos ingleses sob portugueses bobalhões e dominados, mas uma abertura pensada por luso-brasileiros, conscientes de suas ideias e escolhas, e que conseguiram naquele contexto de guerra internacional, o apoio dos ingleses, que se aproveitaram da situação para reforçar uma aliança comum entre os dois países. Mais do que uma imposição pura e simples, um encontro de interesses, embora fique claro, não nos esqueçamos, entre dois países com relações de poder assimétricas: um Portugal invadido e uma Inglaterra com a maior marinha do mundo.

Dentro dessa perspectiva, podemos entender o famoso Tratado de 1810. Aliás, os tratados, pois foram um conjunto amplo de decisões tanto no plano político, quanto no econômico. Chamados de Tratados de Aliança e Amizade e Tratado de Comércio e Navegação, eles abordam temas diferentes. No primeiro, os aspectos referentes a temas como liberdade de religião no Brasil aos ingleses (no caso, a religião anglicana) e a **promessa de extinção do tráfico de escravizados**. Aqui temos um ponto de longa duração que merece ser explorado.

A Inglaterra foi uma potência marítima que praticou a escravidão largamente. Assim como a Holanda, Espanha, Portugal e França. Mas desde o início do século XIX, o movimento abolicionista inglês tinha se tornado dominante, com a proibição de tráfico em todo o Império Britânico datada de 1807. Quais as razões dessa posição? Pelo menos, três. A primeira, e mais lembrada, é econômica. Sendo uma economia baseada na indústria e por consequência, na produção em grande quantidade, os industriais ingleses viam a escravidão no mundo como um empecilho à ampliação do mercado consumidor. O produto inglês por excelência era o tecido e ele não era em absoluto um produto de alto preço. Portanto, acabar com a escravidão era ampliar mercado consumidor. Mas há outra razão, igualmente econômica, mas um pouco mais inclinada ao outro lado da indústria: o financiamento.

Aqui é necessário diferenciar a escravidão do tráfico em si. E este segundo, do ponto de vista comercial, é altamente lucrativo e com baixo risco. Mesmo que um navio negreiro afunde ou parte da carga de escravizados seja perdida, ele se paga e dá retorno. Cruel contabilidade, como sabemos. Por isso, os bancos ingleses tinham no tráfico um retorno bastante garantido de seu investimento. O que se chocava com os interesses dos industriais, que queriam ampliar sua produção e suas fábricas em um ambiente econômico de livre concorrência. Para quem o banco iria emprestar? Para um industrial com alto risco em um ambiente econômico de concorrência ou para um traficante de escravizados em esquema de monopólio com baixo risco? E quais seriam as taxas de juros de cada um desses empréstimos? Claramente, os industriais britânicos perceberam que o maior centro bancário do mundo, Londres, tinha menos dinheiro para eles do que gostariam. Pressionaram o Parlamento para proibir o tráfico, abrindo um fluxo de capitais imenso que estava direcionado àquela atividade comercial, para o investimento industrial de risco.

Mais uma vez, precisamos propor que as ideias sejam relevantes na História e não apenas as questões econômicas. Aqui vamos analisar a terceira razão. A Inglaterra tinha passado por uma ampliação de sua representação parlamentar no século XIX. Embora ainda restrito (o movimento sufragista feminino, por exemplo, ainda precisava lutar pelo voto), a participação de camadas médias já era relevante no Parlamento. E a imprensa britânica, a mais ampla e livre do mundo naquele momento. Ou seja, as decisões políticas não eram restritas a uma elite da Corte ou a um rei absolutista, mas fruto de debates públicos, de confronto de ideias, embora não nos moldes mais amplos como hoje conhecemos em sociedades plenamente democráticas. Daí surge o importante movimento abolicionista britânico, com destaque para a imprensa, que pressionava o Parlamento para tomar partido diante dos horrores da escravidão. Um deputado inglês que apoiasse a manutenção da escravatura teria muitas dificuldades em conseguir sua reeleição. E a imprensa fazia seu trabalho, denunciando todos os dias as atrocidades cometidas em nome daquele infame comércio.

Assim, com todos esses elementos, econômicos e ideológicos, a Inglaterra passou de potência escravocrata a potência abolicionista. E pautou boa parte de sua atuação internacional no século XIX nesse tema. Com a corte de Dom João no Brasil, não foi diferente. Daí a proposta colocada no Tratado de Aliança e Amizade: o império português, incluindo o Brasil, iria proibir a escravidão. Como vimos, a pressão inglesa era forte, a tal ponto que é comum ver a abertura dos portos como apenas fruto dela. Mas e a escravidão?

Ou a pressão inglesa não era tão forte assim ou a pressão dos escravocratas brasileiros era ainda maior. Talvez um misto dos dois. E para mostrar que Dom João era menos um bobalhão como caricaturalmente se mostra e mais um hábil estrategista, ele conseguiu o que parecia impossível: agradou aos dois lados. Assinou o tratado com a promessa de abolir o tráfico, contentando a Inglaterra. E simplesmente, não colocou uma data fixa para a abolição, mandando o recado em alto e bom som aos escravocratas do Rio de Janeiro: fica tudo como está. Para os que sempre criticam, muitas vezes com razão, o poderio britânico sobre o Brasil do século XIX, eis uma pressão inglesa que todos nós gostaríamos de ver: a abolição da infame escravidão só ocorreria em 1888, ou seja, 78 anos depois. Como se vê, quando se tratava de defender interesses sólidos que afetavam a maior elite comercial dos dois lados do reino luso-brasileiro, a escravocrata, a Coroa portuguesa escapava às imposições britânicas.

O Tratado de Comércio e Navegação estabelecia sólidas vantagens aos ingleses, incluindo aí tarifas alfandegárias mais baixas, de 15%. As mercadorias portuguesas pagariam 16% para entrar no Brasil. Na prática, com Portugal ocupado, essa tarifa era simbólica. Mas não deixa de ser uma demonstração da assimetria de poder entre os dois países, ou na verdade, entre os dois governos (por pressão dos portugueses, as duas tarifas foram igualadas posteriormente).

Os demais países pagavam taxas de 24%. Um ponto extremamente importante faz referência a dois produtos agrícolas brasileiros: o açúcar, velho conhecido dos comerciantes holandeses e o crescente café. Vimos como o açúcar brasileiro era distribuído via Amsterdã para o resto da Europa e depois, com a concorrência caribenha, passou a ser via Lisboa, mas com diminuição de seu mercado. Agora, ambos os produtos seriam distribuídos via Londres. Era o estabelecimento de uma sólida rede comercial que daria lucros não só aos comerciantes britânicos dos dois lados do Atlântico, mas aos produtores brasileiros. Mais uma vez, vemos como são contraditórios os interesses dentro de uma sociedade complexa. Para os ingleses, redistribuir os lucrativos açúcar e café era uma ótima oportunidade. Mas produzidos com mão de obra escravizada. O que contrariava seus interesses. Que por sua vez era exatamente o maior desejo dos comerciantes escravocratas luso-brasileiros.

Ainda em Salvador, Dom João fundou a primeira escola de nível superior do Brasil, a Escola de Medicina da Bahia, no mesmo prédio em que um dia os jesuítas tiveram seu seminário e de onde saiu a mente brilhante de António Vieira. Também um sinal dos tempos que mudavam, com a Teologia dando lugar à Ciência. A Escola de Medicina foi o primeiro curso superior do Brasil, mas a união de vários cursos, uma universidade, só chegaria no século XX. Tardiamente, mesmo em relação às colônias espanholas, que desde o século XVI tinham universidades. Alguns autores questionam o atraso brasileiro, indicando que o seminário jesuíta de Salvador tinha uma formação tão sofisticada quanto a das melhores universidades da Europa ou da América, pois no mesmo período, elas também tinham uma formação mais teológica que científica. Padre Vieira não é fruto apenas de uma sorte, mas de um longo processo de formação.

Aqui devemos também quebrar alguns preconceitos muito presentes da figura de Dom João. Geralmente visto como um monarca glutão, abobalhado e sem estratégia definida, medroso e vacilante. Tal caricatura merece ser repensada. Suas indecisões entre França e Inglaterra eram mais estratégicas que medo. E quando tomou a decisão, ou foi empurrado para ela, pela Inglaterra, foi cuidadoso em construir uma rede de poder na colônia, trazendo toda a Corte. O que podia ser visto como uma fuga também era uma defesa. Ao trazer boa parte do núcleo do poder com ele, mantinha uma possível oposição em Portugal enfraquecida. Veremos o que Dom João criou na sua temporada na colônia. E tal caricatura de um rei sem cultura e sem visão, vai ser eliminada.

Dom João mudou-se finalmente para o Rio de Janeiro, depois de pouco mais de um mês em Salvador. Apesar de a antiga capital colonial ser um centro importante, era no Rio de Janeiro que a corte portuguesa seria estabelecida. Não só por já ser a capital da colônia, desde a época da mineração, mas por ser a maior cidade, o maior porto, o maior centro que conectava o litoral e o interior. E ali, Dom João alterou o destino da cidade para sempre. E pelo jeito, os franceses devem ter um caso amoroso com as águas da Baía de Guanabara. Eles voltaram ao Rio de Janeiro, agora pelas mãos do rei português que justamente fugiu de um francês.

10.4 IMAGENS DO BRASIL: OS FRANCESES VOLTAM AO RIO DE JANEIRO

O tema é comum no ensino médio e nos vestibulares e concursos nacionais: Missão Artística Francesa no Rio de Janeiro. Talvez escape uma óbvia contradição: por que pintores franceses vieram ao Brasil se a Coroa portuguesa era inimiga da França e aliada tão próxima da Inglaterra?

O mundo político no século XIX mudava rápido ao movimento das batalhas, das alianças diplomáticas e das disputas internas nos países. A primeira derrota de Napoleão ocorreu em 1814, quando foi vencido pelos poderosos russos e seu inverno, ainda mais temível. Exilado na ilha de Elba, ele ainda voltaria um ano depois e enfrentaria uma coalizão de países muito poderosa: Inglaterra, Prússia, Áustria e Rússia. Derrotado na lendária batalha de Waterloo, no atual território da Bélgica, foi exilado mais uma vez, na ilha de

Santa Helena, um pequeno território britânico no meio do oceano Atlântico. O ano de sua derrota é 1815 e sua morte, 1821.

Essa breve cronologia agora se encaixa no período joanino no Brasil. Em 1815, Dom João ainda príncipe elevou o Brasil à categoria de Reino Unido. O leitor com certeza conhece o termo como uma referência aos países Inglaterra, Escócia, Gales e Irlanda do Norte, formando o *United Kingdom*, UK, na conhecida sigla em inglês. O termo, porém, não é exclusivo dos ingleses, designando outras formações políticas nas quais diferentes territórios têm sob sua liderança, um único rei. No caso, o Reino Unido era de Portugal, Brasil e Algarves (território do extremo sul de Portugal atual). Era um sinal de que Dom João não queria retornar ao país justamente no ano em que Napoleão foi derrotado.

Com a derrota de Napoleão, alguns dos seus mais importantes artistas caíram em ostracismo: isolados politicamente, já que o poder na França voltou ao monarca Luís XVIII, da dinastia Bourbon, a mesma do decapitado Luís XVI. Uma virada política extrema. O maior dos pintores napoleônicos era Jacques-Louis David e ele, um admirador confesso de Napoleão, seu amigo, recusou-se a participar de qualquer atividade artística na França da Restauração Bourbon, afastando-se da corte francesa e vivendo em Bruxelas. Mas e os outros pintores de seu círculo de amizades? Os mais jovens, seus discípulos, ligados ao grupo de artistas pró-Napoleão, teriam dificuldades em se estabelecer na nova corte dos Bourbon. As fraturas políticas intensas da Revolução Francesa e do período napoleônico ainda estavam abertas.

Enquanto isso, no outro lado do Atlântico, uma corte europeia sem um grupo de artistas que lhe desse o necessário suporte. Na monarquia, o poder não pode ser somente militar, jurídico, político, mas simbólico: o rei é o centro e para ele os olhares devem estar focados. A interpretação mais corrente indica que foi o Estado português, pelo seu intermediário Marquês de Marialva, embaixador na França, que convidou esses artistas. Em obra referência sobre o tema, *O Sol do Brasil*, publicada em 2008, a historiadora Lilia Moritz Schwarcz propõe que foram os próprios artistas, liderados por Joachim Lebreton, que se "auto convidaram". Lebreton era profundamente ligado a Napoleão, foi um dos maiores organizadores dos artistas em seu entorno, e tinha um cargo elevado no recém-criado Institute de France, o sucessor das antigas Academias de Pintura. Com a queda de Napoleão, Lebreton tornou-se **persona non grata**.

O que nos interessa aqui é a vinda de importantes artistas franceses, todos de alto nível, e a criação de uma verdadeira Academia de pintura nos trópicos. Daí o termo "missão": não foi apenas uma visita ou uma viagem profissional, mas uma construção de longo prazo, com um certo espírito "civilizador". Afinal, uma corte europeia nos trópicos precisa de tintas civilizatórias no meio da selva tropical e da barbárie, certo? A imagem eurocentrista aqui é evidente. Por isso, talvez precisemos repensar esse termo *missão*, e colocar as circunstâncias nos seus devidos lugares: pintores franceses desempregados vieram para o Brasil porque não tinham escolha. Lebreton faleceu no Brasil, ajudando a fundar a Academia Imperial de Belas Artes, criada por Dom João, núcleo do atual Museu Nacional de Belas Artes, no centro histórico do Rio de Janeiro, uma das joias culturais de uma cidade que tem tanto a oferecer.

É uma ironia que os franceses tenham voltado ao Rio de Janeiro. Aquela cidade tem uma relação antiga com a França. Vimos que na verdade, a cidade foi de certo modo fundada por franceses: afinal, a França Antártica foi a primeira colônia europeia na região, depois expulsa pelos portugueses. Agora, dois séculos e meio depois, uma legião francesa desembarcava na mesma baía que um dia dominou, mas dessa vez, para estar a serviço do rei português.

Podemos agora falar em rei: Dona Maria I, em depressão há anos, morreu no Convento do Carmo, ainda hoje situado no centro do Rio. E finalmente, seu filho, o príncipe, foi entronado rei: Dom João VI. É a única coroação de um rei europeu na América, em 1816. A imagem a seguir é um perfeito resumo do contexto que temos: um rei coroado, retrato por Debret, um dos pintores da *Missão*, quadro que pode hoje ser visto no Museu Nacional das Belas Artes.

Figura 10.3 – Retrato de Dom João VI, 1817, por Jean Baptiste Debret.

Fonte: Enciclopédia Itaú Cultural.

O grupo de artistas era amplo e não contava apenas com pintores, já que muitos também eram artesãos especializados como tecelões e ferreiros. O conceito entendido como arte também incluía o fazer artesanal, a construção de objetos luxuosos de decoração, tanto para prédios públicos como para particulares. Mas os dois nomes mais referenciados são de Nicolas-Antoine Taunay e Jean-Baptiste Debret. Ele era primo do maior dos pintores de Napoleão, Jacques-Louis David e aqui permaneceu por longos quinze anos, só retornando à França em 1831 e lá publicando um livro clássico como fonte documental do país: *Voyage pittoresque et historique au*

Brésil, disponível para acesso na edição original de 1834 no endereço da Biblioteca Brasiliana da USP:

https://digital.bbm.usp.br/view/?45000008515&bbm/3813#page/32/mode/2up.

A consulta à obra mostra que Debret não era só um pintor exímio, mas um antropólogo, um biólogo, um historiador. O livro contém observações preciosas, anotações detalhadas e é fruto de várias viagens que Debret fez, incluindo uma desde o Rio Grande do Sul até o Rio de Janeiro, seguindo as tropas de muares. São especialmente relevantes suas pinturas urbanas. E nelas, destaca-se o olhar do autor sobre a presença maciça da escravidão na cidade:

Figura 10.4 – O jantar. Passatempos depois do jantar, 1830, por Jean Baptiste Debret – Voyage Pittoresque Et Historique Au Brésil

Fonte: Ensinar História.

Algumas de suas cenas urbanas são reveladoras da dinâmica social e econômica da escravidão. Por exemplo, na imagem abaixo:

Figura 10.5 – **Barbeiros, 1830, por Jean Baptiste Debret – Voyage Pittoresque Et Historique Au Brésil.**

Fonte: Ensinar História

Veem-se escravizados como trabalhadores de corte de cabelo e barba, na rua. Eles eram escravizados de ganho, ou seja, propriedade de seu dono, mas trabalhavam com remuneração em dinheiro. Eram liberados para conseguir trabalhar nos espaços públicos e uma parte de seus ganhos iria para o seu proprietário e outra, para eles. Talvez, com alguma sorte, poderiam até mesmo comprar sua alforria. Assim, temos uma pequena janela da dinâmica da escravidão urbana no Brasil do XIX, na qual o dinheiro e o trabalho conviviam com a posse escravocrata, o que pode surpreender nos dias de hoje, já que nossa referência de escravidão é quase sempre o ambiente rural, com o trabalho na cana não envolvendo pagamento em dinheiro. Debret era um herdeiro do Iluminismo, um entusiasta da Revolução Francesa e a palavra igualdade tinha uma carga simbólica e ideológica muito forte em sua formação. Pelo seu olhar, podemos entender como ele deveria se chocar com a escravidão no Brasil, ainda mais diante da brutalidade física que muitas vezes a acompanhava:

Figura 10.6 – Castigo de escravo,1830, por Jean Baptiste Debret – Voyage Pittoresque Et Historique Au Brésil

Fonte: Site Isto é.

Além do primeiro plano, quando vemos um capataz violentando um escravizado, devemos ficar atentos ao plano mais distante, quando vemos uma cena de violência sobre um escravizado amarrado a uma árvore, praticada por outros escravizados. A hierarquia da violência escravocrata era comum e por isso, estamos muito longe do que autores marxistas classificam como "consciência de classe". Na prática, bater para não apanhar era a forma que alguns conseguiam naquele contexto de sobreviver. Mais do que uma pintura, aqui Debret faz uma observação sociológica e histórica e até mesmo uma reflexão filosófica e ética: uma sociedade assentada sobre a posse do outro, violenta e opressora, cria qual tipo de comportamento humano? Testemunha das atrocidades cometidas pela Revolução Francesa que ele admirava e das guerras napoleônicas do líder que ele idolatrava, a reflexão aqui feita por Debret é sobre a escravidão, mas igualmente sobre a condição humana universal: como entender o indivíduo que espanca seu outro, na mesma condição social? Devemos condená-lo moralmente ou entender sua desesperada luta pela sobrevivência? Que tipo de relação ele tinha com a prática que está fazendo? Perguntas infinitas que escancaram a importância de um documento histórico e da própria História enquanto janela do passado em nosso presente também cheio de dilemas éticos.

Dom João VI no Rio de Janeiro criou, além da Academia Imperial de Belas Artes, a qual os artistas franceses deixaram discípulos, outras instituições importantes, algumas vigentes até hoje. Entre elas, o Banco do Brasil, cujo principal papel era... emitir papel-moeda! Um banco emissor de moeda sem lastro, naquele momento histórico, o ouro ou a libra esterlina, e que quebrou, pouco tempo depois. Um prenúncio um pouco assustador do que seria a relação do Estado brasileiro futuro com a emissão de moeda para pagamento de suas próprias dívidas. Também criou duas academias militares para formação de comandantes de tropas, o que demonstra sua intenção verdadeira de permanecer no Brasil. Afinal, ter comandos de tropas formados por brasileiros não era uma estratégia inteligente, se o papel do Brasil fosse ser uma simples colônia. Por este e por outros motivos, a ideia de um Reino Unido tornava-se cada vez uma realidade concreta.

Também foi de sua passagem pelo Rio a criação de um dos mais belos espaços públicos da cidade até hoje, o Jardim Botânico. Não era apenas um lugar aprazível, mas um espaço de pesquisa de espécies nativas, nos moldes do que Nassau construiu em sua Recife remodelada. Por fim, a primeira tipografia foi trazida de Portugal em seu governo. Era sumariamente proibida a impressão de livros na colônia. Agora, eles podiam ser produzidos aqui. Evidente que como a máquina era uma exclusividade estatal, os livros ficavam limitados aos desejos do governo. Mas o simples fato de termos tipógrafos, profissionais especializados na feitura da página dos livros, já foi um avanço enorme. A Imprensa Régia produzia principalmente leis e textos jurídicos e posteriormente foi chamada de Tipografia Nacional. Manuel Antônio de Almeida, o autor do *Memórias de um Sargento de Milícias* era chefe da empresa estatal, quando recebeu para trabalhar com ele um jovem aprendiz de tipógrafo, um certo Joaquim Maria Machado de Assis, por volta de 1856, 35 anos depois da partida de Dom João VI do Brasil de volta para Portugal.

Ao sul e ao extremo norte do Brasil, Dom João VI tentou refazer as fronteiras de seu Reino Unido. Logo após a chegada, em 1809, com apoio inglês, tropas luso-brasileiras tomaram a cidade de Caiena, na atual Guiana Francesa. Era uma represália em relação à tomada de Lisboa por Napoleão. O interesse na região amazônica como rota de comércio do açúcar caribenho era outro motivo. Porém, com a derrota de Napoleão e a impossibilidade de manter uma colônia nova em uma região com forte presença inglesa e francesa, Portugal devolveu o território à França. Mais séria foi a invasão do extremo sul do Brasil, a Província Cisplatina, atual Uruguai. Vimos como a colônia de Sacramento era um ponto vital para o contrabando de ouro e prata dos Andes, minerais que mesmo no século XIX, três séculos depois da chegada dos espanhóis, ainda fluíam regularmente. De um modo concreto, os Tratado de Madri e Santo Ildefonso, que tinham sido costurados meticulosamente pelas duas Coroas, a espanhola e a portuguesa, eram assim rasgados por Dom João VI. A região permaneceu sob domínio português e mais tarde, brasileiro. Quando Dom Pedro I declarou a independência do Brasil, o futuro Uruguai estava junto e tornou-se parte do nascente Império Brasileiro. Não por muito tempo, já que, auxiliado pela Inglaterra, fez sua independência do Brasil pouco tempo depois, em 1825.

Essa invasão levou as duas coroas ibéricas a uma nova leva de tensões. A reação da Espanha foi limitada por estar ocupada também por tropas francesas. E quando recobrou sua independência, não tinha condições de despachar forças militares além-mar, afinal, quase todas as suas colônias americanas estavam em processo de independência. Para piorar sua situação, o próprio rei Fernando VII, o mesmo que tinha sido deposto por Napoleão, enfrentava internamente contestações a seu poder absolutista, pois a Espanha também passava por uma onda reformadora liberal e iluminista.

A invasão e tomada da Cisplatina por Dom João VI levou a tensões matrimoniais também. Afinal, ele era casado com uma espanhola, Carlota Joaquina, irmã do rei espanhol Fernando VII. Era um casamento arranjado, absolutamente sem nenhum amor ou amizade envolvidos, em uma dança diplomática entre as duas coroas ibéricas que envolvia guerras, disputas, tratados, casamentos e traições, desde a formação desses dois reinos, no final da Idade Média. Traição aqui também no sentido literal, pois dos nove filhos do casal, muito provavelmente boa parte deles era de membros da elite brasileira que frequentava a Corte do Rio. Uma das filhas, Maria Isabel de Bragança, portuguesa de nascimento e vinda também para o Brasil, voltou à Espanha para casar-se com o tio, o rei Fernando VII, em mais um casamento arranjado. Morta por problemas no parto com apenas 21 anos, foi dela a iniciativa de criar um museu para recuperar as obras que tinham sido dispersas na guerra contra a França: o Museu do Prado.

Carlota Joaquina sempre odiou o marido a quem via como um oponente político. Ambiciosa, desejava o poder tanto de Portugal quanto da Espanha para si. Quando voltou a Portugal, foi convenientemente isolada física e politicamente no palácio de Queluz, de onde conspirava dia e noite para tomar o poder. Há um mistério sobre ela e Dom João VI do qual falaremos a seguir. E não é sobre a paternidade de seus filhos.

A mais séria contestação ao regime absolutista de Dom João VI veio do Nordeste: a Insurreição Pernambucana de 1817. E tal revolta envolve, até mesmo, Napoleão!

Os antecedentes dessa revolta têm raízes profundas no Recife e Olinda. Desde a expulsão dos holandeses, os senhores de engenho da região tiveram uma certa autonomia em relação às outras regiões do Brasil. Com a transferência da capital para o Rio de Janeiro no período pombalino, tal autonomia cresceu. E por autonomia, entenda-se menos uma questão política e mais econômica: impostos.

O poderio econômico dos produtores de açúcar locais raramente era questionado. E a carga tributária sobre o açúcar e o algodão, principais produtos de exportação, era pequena e geralmente, sonegada, com vistas grossas pelas autoridades centrais. Por outro lado, desde a Revolução Americana de 1776, ideias iluministas, liberais e republicanas, eram lidas e discutidas entre as elites e classes médias pernambucanas. Destaca-se aqui a atuação da Maçonaria e sua primeira loja no Brasil, a Areópago de Itambé, uma pequena cidade no interior, exatamente na divisa entre Pernambuco e Paraíba. Fora dos centros urbanos mais vigiados, como Recife e Olinda, de lá as leituras iluministas e as já conhecidas "abomináveis ideias francesas" circulavam em segredo, chegando até as cidades maiores e aos pequenos municípios.

Em 1801, logo no início do processo das guerras napoleônicas e ainda com a ideia de que Napoleão era um "libertador dos povos", narrativa que sabemos não era exatamente verdade, ocorreu uma tentativa de revolta liderada pelos irmãos Francisco, Luís e José, todos da família Cavalcanti de Albuquerque, proprietários de um engenho chamado Suassuna. A Conspiração dos Suassunas como ficou conhecida, chegou a propor uma república no Nordeste com inspiração francesa, mas foi reprimida pelas autoridades locais. Seus líderes sofreram uma devassa, um inquérito, sobre suas ideias. Mas sendo da elite, não permaneceram presos por muito tempo.

Foi o início de um processo constante de "afrancesamento" das ideias do Nordeste: iluminismo, república, liberalismo e para alguns, poucos é verdade, até mesmo abolição da escravidão. O jacobinismo e mais tarde, a paixão por Napoleão e o ódio pelo absolutismo eram correntes Recife do início do XIX. Curioso notar que parte da elite local aderiu a essas ideias, o que é uma demonstração de que o recorte social nem sempre coincide precisamente com ideários políticos ou visões de mundo, muitas dessas, aliás, mais afetivas que racionais.

E como fator prático e que unia as diferentes classes sociais, a questão tributária. Quando Dom João VI veio ao Brasil e passou a construir uma corte com pompa e circunstância no Rio de Janeiro, os líderes políticos locais do Nordeste e particularmente do Recife passaram a fazer aquela pergunta que todos nós deveríamos fazer, sempre: quem paga e para onde vai o dinheiro? Sabendo que a carga tributária iria aumentar sobre toda a região e o dinheiro seria todo carreado para os amigos do rei no Rio de Janeiro, a revolta começou. E foi grande.

Iniciada no forte das cinco pontas de Recife, herança holandesa como vimos, a cidade toda foi tomada pelos revoltosos, com o governador sendo preso. Entre os diversos líderes, destaca-se o capitão José de Barros Lima, cujo belo apelido, "Leão Coroado" espelha uma semelhança com as outras inconfidências que vimos, na

Bahia e em Minas: a forte presença de militares de patentes baixa e média. E de padres, muitos deles, maçons. O que é uma contradição ideológica, mas facilmente explicada por questões sociais: naquele momento, sem um sistema de educação formalizado, quem tinha alguma instrução e se dedicava à leitura, sem ser de elite, tinha que entrar no clero. Por isso, as pessoas de classe média com alguma formação intelectual eram padres por profissão, para sobreviver, e maçons iluministas no ideário.

O governo instalado em Recife iniciou os processos legislativos para uma Constituição ao estilo francês. E até mesmo criou uma bandeira para o novo país: a atual bandeira de Pernambuco. A cruz representa a origem do Brasil, Terra de Santa Cruz, e o arco-íris, a proposta de uma união federalista e republicana de todos os que quisessem aderir à revolução. O sol ilumina a todos, pois todos somos iguais. E o azul e branco, as cores maçônicas.

E finalmente, Napoleão. Em 1817, ano da revolta em Pernambuco, ele estava em Santa Helena. Esta ilha, distante 3.200 km de Recife, é totalmente isolada, no meio do Atlântico. Pois um plano mirabolante, mas fascinante, envolveu José Bonaparte, aquele irmão que se tornou rei da Espanha e que estava exilado nos EUA, e alguns oficiais franceses também exilados por lá. Um certo Antônio Gonçalves da Cruz, o Cabugá, foi enviado aos EUA pelo governo revolucionário de Pernambuco. Ele se encontrou com o Ministro de Assuntos Estrangeiros, o atual cargo de Secretário de Estado, americano e pediu dinheiro e apoio militar à revolta, em uma ação muito parecida com a do estudante mineiro na França, durante a Inconfidência. Não houve apoio americano, mas quatro franceses vieram ao Brasil em dois navios carregados de armas que tinham sido compradas com dinheiro arrecado dos senhores de engenho brasileiros. Como se vê, a revolta foi realmente longe, com apoio internacional, armas e busca de legitimidade diplomática a um governo revolucionário. Com tais armas, vitoriosa a revolta no Nordeste, o próximo passo dos franceses seria resgatar Napoleão e trazê-lo a Recife! E de lá, reconquistar a França e expulsar a dinastia Bourbon do poder. O leitor deve se perguntar, por que não temos uma série ou um filme com esse tema, se o roteiro já está pronto e é fantástico?

Nada disso aconteceu. Houve divergências entre os membros do movimento e a repressão do governo central foi forte. Não houve adesão de outras províncias, como os revolucionários previam ou sonhavam. Tropas terrestres avançando pela Bahia e forças navais tomaram Recife. Todo o governo revolucionário durou pouco menos de três meses. Vários líderes, de várias províncias que tiveram participação na revolta, foram executados, na Bahia, na Paraíba e em Pernambuco. Um dos participantes, certo Joaquim da Silva Rabelo, conhecido como Frei Caneca, padre de origem humilde e maçom, foi preso e posteriormente, perdoado por Dom João VI. Ele iria participar de outro levante, em 1824, a Confederação do Equador, tendo sido executado, desta vez, a mando de Dom Pedro I.

Napoleão nunca foi resgatado e dos franceses que vieram ao Brasil, um deles seguiu para a Argentina, outro para a França e os outros dois, para o Rio de Janeiro. Não há documentos sobre como Napoleão, isolado em Santa Helena, ficou sabendo, se é que ficou, da tentativa de resgate organizada por seu irmão. Teria Napoleão, o mesmo que entrou em Viena, Moscou, Egito e foi coroado na Notre-Dame, sonhado em voltar ao poder, a partir do Recife?

10.5 Meu coração ficará no Porto: Revolução não tão liberal assim

Um dos fatos que mais despertou curiosidade nas comemorações dos duzentos anos de Independência, em 2022, foi a vinda do coração de Dom Pedro I ao Brasil. Muitos sabem que o primeiro imperador brasileiro está enterrado em São Paulo, no mausoléu em frente ao Museu do Ipiranga. Mas poucos sabiam que seu coração estava na cidade do Porto, na igreja da Irmandade da Lapa, onde fica preservado em um líquido, dentro de um vaso de vidro que por sua vez, está dentro de uma urna dourada, situada em uma parte da lateral da igreja, com uma grande placa que marca a presença dessa parte do corpo do monarca. Dom Pedro IV de Portugal e I do Brasil prenunciava, e foi seu desejo antes de sua morte, sobre deixar seu coração na cidade do Porto, que sua trajetória seria dupla: herói português e brasileiro, incapaz de escolher em qual dos dois países ficar, separar seu corpo para os dois.

O coração nunca é retirado do lugar e o líquido formol é trocado de cinco em cinco anos. Pode ser, e foi uma sugestão a partir da exposição do órgão no Brasil, que em um período dentro daquele prazo, ele fique em exposição por algum tempo naquela cidade. Hoje, qualquer um pode ver a placa na Igreja da Irmandade da Lapa que indica o lugar onde, de acordo com seu testamento, seu coração devia repousar. E para lá ele voltou, depois de alguns meses no Brasil, país que ele ajudou a moldar em sua trajetória.

A cidade do Porto é fundamental na história de Portugal. E não só como mundialmente famosa região produtora de vinhos. Mas como um ponto de virada na política portuguesa, depois dos anos terríveis de domínio francês, domínio inglês, fuga da família real para o Brasil e volta de Dom João VI. É essa a trajetória que veremos agora.

Para Portugal, a vinda da família real para a colônia foi um golpe na sua imagem de potência metropolitana. Contudo para além das questões simbólicas, o que mais marcou o país foi o desastre econômico: por exemplo, a exportação de vinho do Porto caiu de 67 mil pipas ao ano para 33 mil, entre 1807 e 1818, de acordo com dados retirados da obra *História de Portugal*, por Rui Ramos. O mesmo livro mostra uma queda brutal no comércio internacional, de 777 barcos entrados no Rio de Janeiro em 1807 para 212 em 1820. O que tais números expressam? Que a economia portuguesa sem o monopólio comercial brasileiro era muito pouco capaz de produzir riqueza e vendê-la em um sistema de comércio internacional aberto, de livre concorrência. Portugal precisava do Brasil e não só como seu fornecedor de produtos agrícolas revendidos na Europa, mas como consumidor das riquezas produzidas no país. Quando Napoleão foi derrotado, quem passou a governar Portugal foi um comandante militar britânico. O rei do país estava do outro lado do Atlântico, passando as tardes quentes em seu querido Jardim Botânico. Até mesmo militares estavam com salários atrasados, o que é um indicativo do grau de desespero financeiro da administração portuguesa.

Enquanto isso, na vizinha Espanha, as coisas eram promissoras. O rei Fernando VII tinha sido reempossado no cargo, mas estava em luta contra os liberais espanhóis que queriam uma Constituição e uma monarquia parlamentar, contrariando a veia absolutista do rei. Em 1820, os espanhóis finalmente ganharam a queda de braço com o rei, obrigando Fernando VII a aceitar a Constituição cuja data era de 1812, a mesma que ele tinha revogado anteriormente. Foi um exemplo para os liberais portugueses: se a Espanha pode submeter um rei absolutista, Portugal também pode. Ainda mais, porque o rei nem no país está...

Boa parte da liderança liberal portuguesa era oriunda da maçonaria e via com bons olhos os ideais de monarquia parlamentar, mas não os ideais jacobinos de uma república. Com isso, queriam uma revolta contra a ordem absolutista, mas não uma revolução radical como durante os anos do Terror na França. Procuraram os militares portugueses para que pudessem derrubar o governo municipal do Porto e, a seguir, fazer o mesmo em Lisboa. Naquele momento, Portugal era governado por uma regência a mando de Dom João VI. Curiosa inversão: o governo de Lisboa admitia ordens do Rio de Janeiro.

Com o apoio de tropas espanholas do novo governo constitucional por lá criado, a revolução começou no Porto, isso em 1817. Poucos meses depois, Lisboa também aderiu ao movimento: suas propostas podiam ser resumidas em uma palavra: Cortes. O que são Cortes?

O leitor não deve confundir duas palavras tão parecidas: a Corte, no singular, designa o rei e toda a família real, a nobreza em torno do poder. Já no plural, termo que veio da Espanha, designa seu oposto político: uma assembleia eleita, com poderes para limitar o rei. Em suma, na Espanha e em Portugal, **Cortes** significa Parlamento.

A reação do sempre estratégico Dom João VI foi concordar. Mas esperando para ver como os acontecimentos iriam se desenrolar. Ele sabia da dependência portuguesa do Brasil enquanto fonte de riqueza. Para sua surpresa, duas províncias brasileiras juraram fidelidade às Cortes de Lisboa: ou seja, parte da elite brasileira também estava aderindo ao conceito de uma monarquia constitucional.

O ideal de reino unido, criado pelo próprio Dom João VI, assim se voltava contra ele: se Portugal e Brasil são territórios do mesmo rei, também podem ser liderados pelo mesmo Parlamento. Se a ideia de Dom João VI era isolar Portugal do Brasil, mantendo a revolta contra seu domínio absolutista do outro lado do Atlântico, o lado mais pobre, a revolta chegou justo no *seu* lado do Atlântico. E do lado mais rico.

O movimento de 1817 foi reprimido com violência pelo comandante inglês de Portugal, Lord Beresford e vários dos seus integrantes foram executados. Foi na verdade uma decisão inglesa, mais do que de Dom João VI. Naquele momento histórico, qualquer revolta era interpretada como uma nova onda revolucionária. O fantasma da queda da Bastilha e de Napoleão, ainda vivo eram muito presentes. Curiosa simetria atlântica: no Porto e em Recife, duas revoltas, ambas reprimidas, no mesmo ano.

Entre 1817 e 1820, Portugal esteve em uma disputa interna sobre qual tipo de **Cortes** ele devia construir. Uma que de fato limitasse o poder do rei ou que fosse apenas um aparato consultivo, com poderes limitados. Após a repressão de 1817, os partidários de Cortes mais consultivas perderam seus argumentos: era necessária uma revolução, uma imposição do poder eleitoral sobre o rei. O fim do absolutismo de uma vez por todas. E a volta de Dom João VI. E por que isso, se os liberais portugueses queriam tirar o poder dele? Era exatamente por isso! Enquanto Portugal fosse governado por um comandante inglês, com forte aparato militar, qualquer mudança no país era impossível. A repressão tinha mostrado isso. Portanto, o rei devia voltar, pois uma revolta contra ele não era uma revolta contra o maior exército do mundo naquele momento.

Em 1820, finalmente outra revolução ocorreu e começou na mesma cidade: o Porto. Veio dos mesmos estratos sociais, parte das elites comerciantes, militares, maçons e classes médias. Mas dessa vez, teve sucesso. E a data foi escolhida com exatidão, enquanto Beresford, o temível braço armado da Inglaterra, tinha viajado exatamente para o Rio de Janeiro. Justamente para discutir com o rei como reprimir futuras revoltas...

Dom João VI sabia do que estava acontecendo. Ele previu com extraordinária lucidez, em um contexto político complexo, os rumos que a situação dos dois lados do Atlântico estava tomando. Que fique eliminada de uma vez por todas a imagem de um rei bobalhão e medroso. A **Revolução Liberal do Porto** começou naquela cidade e logo Lisboa aderiu, em um repeteco de 1817, mas sem repressão inglesa. Ato contínuo, as Cortes foram convocadas com voto universal masculino e discutiram uma Constituição, concluída em 23 de setembro de 1822, ironicamente, poucos dias depois da independência do Brasil. O que Dom João VI sabia era que o absolutismo era um cadáver insepulto e o poder político estava se inclinando para regimes parlamentares. Por outro lado, as divergências entre Portugal e Brasil iriam encaminhar-se muito provavelmente na ruptura. Ele também previu que as Cortes portuguesas iriam propor duas coisas opostas: seu retorno a Lisboa e a volta do monopólio comercial português sobre o Brasil. A primeira ele não queria, mas teria que aceitar. A segunda levaria a independência.

"Faça a independência, antes que os brasileiros a façam", teria tido ele a seu filho. Foi exatamente o que ocorreu.

Dom João VI sempre gostou do Brasil. Ele realmente se sentia em casa em seus passeios na Quinta da Boa Vista, o belo palacete que foi a moradia dos reis no Brasil, de Dom João IV, Pedro I e Pedro II. Aliás, o palácio foi doação de um importante traficante de escravizados ao rei português, o que só demonstra qual era a maior elite econômica da cidade e do país naquele momento. Ele era admirado por aqui, em parte pelas realizações que ele havia conduzido na cidade, em outra pela presença do poder simbólico do rei, fisicamente vivendo na colônia, ele era visto como uma deferência fora do comum. D. João IV também gostava do clima brasileiro, da natureza, da vida pacata que tinha em um Rio de Janeiro idílico. Pelo menos, claro, para quem era a elite dirigente.

E por último, ele não queria voltar a um Portugal que estava em ebulição política, querendo lhe tirar os poderes absolutistas. E por ter pleno conhecimento de que a situação econômica portuguesa sem o monopólio comercial sobre o Brasil era catastrófica:

Segundo Rui Ramos (2019): "Sem o exclusivo do Brasil, o valor do comércio externo português diminuiu 75% entre 1800 e 1831. As receitas do Estado, dependentes desse comércio, caíram 38 por cento entre 1800 e 1827".

Adiou o máximo que pôde. Mas não houve mais condição de resistir. E em Portugal, as discussões das Cortes que levaram à Constituição mostravam o caráter liberal do novo tipo de governo: o rei não poderia vetar leis do Parlamento, não poderia em nenhuma hipótese cancelar as Cortes, ou seja, fechar o Parlamento. Foi estipulado o princípio do julgamento por um júri popular, e não por um juiz de forma monocrática, princípio básico do Direito anglo-saxão. Além do mais, embora o Catolicismo fosse a religião oficial, era permitida a liberdade de culto e a imprensa era livre. Um regime liberal de monarquia parlamentar. Mas e o Brasil?

As Cortes tinham cem deputados portugueses, 65 brasileiros e dezesseis das outras colônias, entre África e Ásia. Alguns deputados brasileiros dessas Cortes são destaques pela trajetória pessoal e pelo alto nível intelectual. Antônio Carlos de Andrada, por exemplo, era fruto da Coimbra reformada de Pombal, formado em "Filosofia Natural", nome dado ao curso de exatas e biológicas daquela universidade. De volta ao Brasil, teve participação na Insurreição Pernambucana de 1817 e de volta a Portugal, foi um ativo deputado pela "causa brasileira". Seu irmão era José Bonifácio de Andrada e Silva, outro nome da Coimbra pombalina e conhecido como Patriarca da Independência. Para esse nome, um dos mais brilhantes brasileiros de seu tempo, iremos reservar um momento à parte. O outro irmão dessa prodigiosa família de Santos, Martim Francisco, também não ficava atrás na impecável formação intelectual.

Outros deputados brasileiros merecem menção: Cipriano Barata, baiano, era formado em Coimbra em Medicina, Matemática e Filosofia, tendo participado da Conjuração Baiana e da Insurreição Pernambucana. Nicolau de Campos Vergueiro, português de nascimento, mas radicado no Brasil desde jovem, cursou Direito em Coimbra e foi pioneiro no uso de mão de obra livre na agricultura em suas fazendas no interior de São Paulo. Todos eles foram deputados brasileiros em Portugal. Consumada a ruptura, também foram constituintes na primeira Carta Magna brasileira, depois anulada por Dom Pedro I.

Apesar das posições individuais divergentes em alguns temas, essencialmente a maioria dos deputados do Brasil tinha o seguinte projeto original: **manter o Reino Unido, ou seja, o Brasil não seria independente de Portugal.** Mas haveria dois parlamentos, ou duas Cortes como se dizia. O governo do Brasil deveria ter ampla autonomia em relação ao poder central do reino em Lisboa. Até mesmo a capital do reino deveria ser dual, Lisboa e Rio de Janeiro. E o ponto econômico mais fundamental: em nenhuma hipótese haveria a volta do monopólio comercial português sobre o Brasil. Eis a questão essencial que levaria à independência.

Vimos como era um desastre a economia portuguesa sem o Brasil. Por esse fato de caráter prático, literalmente, quem paga as contas do Estado português, já teríamos uma divergência absoluta, irreconciliável. Mas havia outro dado, de caráter mais intelectual e programático: um Estado português ou um Estado dual, Brasil-Portugal?

"Os deputados não só recusaram o 'brasileirismo' da monarquia, mas também, apesar do seu liberalismo, o 'sistema liberal de comércio' legado por d. Rodrigo de Sousa Coutinho" (Ramos, 2019).

No livro citado, os deputados são os portugueses. Para eles, uma monarquia com uma "opção brasileira" como era chamada maldosamente, consistia em uma traição simbólica, importante em um país cuja maior identidade desde os tempos de D. Henrique, o Navegador, era justamente a construção de um Império Ultramarino. E uma impossibilidade prática: de novo, era o Brasil quem pagava as contas do Estado português. Sem ele, as reformas de uma monarquia liberal seriam apenas belas promessas: um novo regime, mas sem dinheiro no bolso. O resumo central deste dilema: a Revolução Liberal do Porto que criou um novo governo em Portugal foi liberal apenas para os portugueses. Para o Brasil, era uma volta ao monopólio, pura e simplesmente.

Do ponto de vista brasileiro, deixemos um historiador nacional expressar um ponto de vista que resume os fatos:

> Em realidade, uma das preocupações dos revolucionários portugueses era reenquadrar o Brasil no regime colonial". Irritavam-se com a curatela inglesa, mas, sobretudo, propunham o retorno do rei a Portugal. Não por acaso este teve que jurar mais de uma vez a Constituição. (Mota; Lopez, 2015).

É bastante presente à sombra da Inglaterra nessa relação entre os dois países. Pelo efeito das guerras napoleônicas, a Inglaterra tinha dominado territorialmente Portugal e economicamente o Brasil. E agora, os ingleses, todo poderosos na marinha e na economia, voltavam a ser o tema do debate. No Brasil, a ruptura com Portugal era manter os laços econômicos com a Inglaterra, um enorme ganho para a elite comercial exportadora. Em Portugal, a opção liberal inglesa era um desastre econômico e uma humilhação simbólica: a contraditória continuidade da ausência de um rei em Lisboa. Podemos também dizer que a sombra de Napoleão, naquele momento histórico já falecido em 1821, também se fazia presente. Ou no lugar da famosa expressão, o "rei está nu", o rei está longe, no Rio de Janeiro.

10.6 Ouviram do Ipiranga: dois Pedros construíram o Brasil

Não é possível escapar: todo livro de História do Brasil precisa mostrar o quadro Independência ou Morte, de 1888, obra máxima do pintor Pedro Américo.

Figura 10.7 – Independência ou morte! – 1888, por Pedro Américo

Fonte: Acervo Museu do Ipiranga.

O quadro é imenso: tem 7,5 metros de comprimento por quatro de altura e ocupa uma sala dedicada basicamente a ele no Museu Paulista da USP, mais conhecido como Museu do Ipiranga, que passou por uma ampla reforma, concluída em 2022, uma vitória cultural de grandes proporções em um país onde museus podem, literalmente, pegar fogo por falta de cuidado. O próprio quadro também foi minuciosamente restaurado, limpo e suas cores originais, retomadas, em um trabalho que envolveu técnicos brasileiros do mais alto nível (uma parte do delicado processo pode ser vista neste link https://youtu.be/TBCCkRHBYno).

Pedro Américo pintou esta obra na Itália, em Florença, a cidade mais importante do Renascimento, onde viveram e produziram gênios universais como Michelângelo, Rafael e Leonardo, entre tantos outros, durante os séculos XIV e XVI. Sua encomenda foi feita por uma comissão do II Reinado para a criação de um museu, em que fosse relembrada a independência. Pedro II queria um marco para São Paulo, um amplo museu e um quadro representativo, para a cidade que já era, naquele momento, o centro dinâmico da economia nacional. Podemos dizer que a proposta foi toda pensada em torno da obra: não um quadro em um museu, mas um museu em torno do quadro.

A imagem tornou-se um ícone máximo da independência. Um príncipe jovem e impetuoso, cercado de seus amigos, no alto de uma pequena colina, enquanto uma guarda de honra lhe faz reverência e o saúda, espadas em punho, cavalos em movimento, rasgando os laços de Portugal nos seus uniformes: "laços fora" teria tido Dom Pedro. Laços aqui era o emblema militar no ombro, com o brasão português, e uma metáfora perfeita das conexões que uniam Portugal ao Brasil, agora rompidas.

Pedro América pesquisou e leu os documentos sobre o ocorrido. Era um amigo dileto de Pedro II, o patrocinador em última instância do quadro. Mas ele não vivenciou o acontecimento. Sua visão sobre a independência é uma idealização, uma construção.

Muitos professores de História atacam o quadro por isso. Criticam a obra por ser uma "grande mentira". Talvez falte aqui uma reflexão mais aprofundada sobre o que é representação. No quadro *La trahison des images*, do pintor belga René Magritte, um cachimbo é representado com uma frase provocadora: "Ceci n'est pas une pipe", ou seja, isto não é um cachimbo. O que deveria ser mais óbvio do que geralmente se supõe: uma imagem de um objeto não é o objeto. Portanto, a chamada "pintura histórica", como se convencionou chamar os grandes quadros de temas históricos, batalhas e personagens é, antes de mais nada, pintura e não História. Uma convenção. Uma imagem idealizada. Por um acaso as centenas de pinturas das batalhas de Napoleão são as imagens reais dessas batalhas?

Qual é a verdade sobre a independência? Devemos aqui separar a resposta em dois blocos: uma, as questões associadas aos dilemas econômicos, sociais, políticos, simbólicos. Outra, ao fato em si: fisicamente, o que aconteceu naquele dia, nas margens do riacho do Ipiranga, em um descampado fora da cidade de São Paulo, sete de setembro de 1822.

Em Abril de 1821, Dom João VI voltou a Lisboa. Sua trajetória será analisada posteriormente em outra obra, mas já podemos adiantar que em 1826 foi assassinado com arsênico, muito provavelmente por sua esposa, a espanhola Carlota Joaquina. Em seu lugar, no Brasil, deixou seu filho mais velho, Dom Pedro.

Sabemos que a maioria dos deputados brasileiros nas Cortes de Portugal não desejava uma independência política, pois já tinha o que era o mais essencial: a independência econômica. E o modelo de Reino Unido era muito conveniente para a manutenção de uma ordem política e social e evitar o que era mais temido: uma separação drástica de Portugal, seguida por uma revolta social, em um país onde havia a maciça presença da escravidão. O medo de uma revolta escrava como a que ocorreu no Haiti, em 1791 era presente. Outro medo, paralelo, seria a separação do Brasil em vários países. De fato, a manutenção de uma unidade territorial brasileira é quase um pequeno milagre, dado o tamanho do território e o fato de que os povoamentos eram dispersos e as comunicações internas, precárias. Os deputados portugueses jogavam politicamente com esse medo: em sua visão, os brasileiros não iriam para um suicídio político e social, rompendo de forma agressiva os laços com Portugal e jogando toda a colônia em uma aventura sem futuro definido.

Mas os laços foram rompidos. E de um modo inesperado para os portugueses. O dilema central da independência era este: **como romper com Portugal, sem romper com a ordem social e a unidade territorial?** Haveria mesmo o perigo de uma revolta dos escravizados ao estilo haitiano? Quem manteria unido o imenso continente português na América chamado Brasil?

Se o rei está em Lisboa, temos o novo rei. O príncipe herdeiro. Desde a partida de Dom João VI que uma parte dos pensadores da independência entendeu, com aguda capacidade analítica, que a presença do rei, de um futuro rei na verdade, era a chave para a resposta das questões acima. O rei é uma unidade política, mas principalmente simbólica. Uma referência única naquele imenso território.

O maior construtor dessa ideia, o Império do Brasil, foi José Bonifácio de Andrada e Silva. E aqui repetimos o que dissemos anteriormente: um dos brasileiros mais bem preparados de seu tempo. Nascido em Santos, de uma rica família de produtores de açúcar, formado em Coimbra (o que repetimos mais nesse livro, caro leitor, Coimbra ou Habsburgo?), foi uma referência de seu tempo na área de metalurgia e geologia, e teve contatos com grandes nomes da Ciência de sua época, como Lavoisier, um dos pais da Química moderna. Fez uma viagem de dez anos de estudos pela Europa que igualmente poderia se tornar uma série ou um filme épicos, realizando pesquisas, ouvindo aulas e trocando ideias com pessoas como Alexander von Humboldt, outro polímata como ele, e Alessandro Volta, o italiano que pesquisou de forma pioneira a eletricidade e inventou a pilha. Estudou minerais e elementos químicos na Alemanha, na Inglaterra, na Áustria, na Dinamarca, na Noruega e na Suécia. Estudou a obra científica de Goethe. Falava alemão, francês, inglês, latim. Com quase 40 anos, podemos dizer que sua vida científica já era plena e sua carreira profissional, já perto do fim: em Coimbra, tornou-se professor de Metalurgia. Em 1819, veio ao Brasil, e seu talento e erudição foram reconhecidos pouco tempo depois por Dom João VI, sendo nomeado seu conselheiro. Seu cargo era em São Paulo, na província em que nasceu. Com quase 60 anos, ainda teria papel central na Independência e posteriormente, no I Reinado. Entre seus projetos para o Brasil independente, estava a abolição da escravidão e a proteção dos indígenas. Além da criação de uma futura cidade no interior do país para estimular a ocupação dos enormes territórios ainda pouco explorados. Em uma palavra, Bonifácio propôs o que seria Brasília, um século e meio mais tarde.

Enquanto isso, as Cortes em Lisboa eram cada vez mais intransigentes em relação à recolonização do Brasil. Ou talvez, em desespero econômico.

Nas diferentes regiões brasileiras, os sentimentos eram contraditórios. No Nordeste, principalmente em Pernambuco, com sólida tradição republicana, havia a ideia de uma conciliação com as Cortes portuguesas. No Rio de Janeiro, justamente na antiga sede da Coroa, as posições eram mais radicais, de rompimento imediato. Como explicar tais fatos? Pela falta de clareza da situação política por parte de todos os atores. Deputados brasileiros e portugueses simplesmente não se entendiam sobre as medidas recolonizadoras, mas igualmente não conseguiam achar uma saída para isso. E, à medida que os portugueses ficavam mais entrincheirados em sua posição de volta do monopólio comercial, os brasileiros aqui e lá procuravam uma saída política. Foi Bonifácio quem, de São Paulo, deu o tom do debate: Dom Pedro é a saída.

Aqui é importante salientar a presença destacadíssima da esposa do príncipe, Leopoldina. Austríaca (sim, uma Habsburgo), se correspondia em alemão com Bonifácio, com quem teve uma franca amizade, apesar da distância física e de idade. Ela incentivou o príncipe a romper com Portugal e pode ser vista, sem sombra de dúvida, como uma matriarca da Independência. Seu papel é negligenciado, erradamente, na História brasileira. Porém, sua ideia política era absolutista, pois ela via as Cortes como ilegítimas. Nesse ponto, sua herança ideológica e dinástica Habsburgo falam mais alto que os ventos de mudança do novo século.

As várias lideranças políticas locais em Minas, no Rio de Janeiro e em São Paulo, passaram a entender que a presença de Dom Pedro no Brasil era a chave para evitar a recolonização: o escudo contra as Cortes portuguesas. Quando veio uma ordem delas para que Pedro voltasse, dia nove de janeiro de 1822, ele negou: "Se é para o bem de todos e felicidade geral da Nação, estou pronto! Digam ao povo que fico". O Dia do Fico marca o início de um longo processo político, uma gestação literalmente, nove meses, de desavenças crescentes entre Lisboa e Brasil. Cada vez mais, a elite política brasileira se unia em torno do jovem príncipe. Por elite aqui, não se deve caricaturar um grupo de pensamento único, apenas desejoso de manter seu poder e seus privilégios (embora, por definição, essa elite tinha os dois). Mas grupos políticos locais, provinciais, nem sempre coincidindo no projeto nacional ou no modo de construir o país, mas agora unidos contra o pior inimigo: a volta do monopólio português. É muito significativo notar como a política brasileira mudou de forma rápida em um país de enormes dimensões e com pouca comunicação. Quando a Revolução Liberal do Porto começou, em sua segunda tentativa, a vitoriosa, em 1820, várias províncias brasileiras saudaram o movimento como uma libertação do Absolutismo. Ironicamente, isso era verdadeiro, mas só para Portugal.

Na outra sequência, dia 13 de maio daquele ano, Dom Pedro foi aclamado pela maçonaria brasileira como Defensor Perpétuo do

Brasil. Foi o próprio José Bonifácio, o líder da Maçonaria, quem deu esta honra ao jovem príncipe. Embora esse ato seja comumente lembrado como apenas um título vazio, ele tem uma dimensão simbólica forte e estratégica: a maçonaria era uma instituição que congregava vários membros das elites locais, das classes médias e da intelectualidade brasileiras e tinha ramificações em vários pontos do imenso território. Bonifácio, sendo um experiente maçom, sabia disso e seu ato dava uma legitimidade simbólica ao príncipe, mais uma vez unindo diferentes regiões, interesses e lideranças em torno de sua pessoa. Dentro da mesma maçonaria havia tendências divergentes, uma mais inclinada a uma ruptura imediata com Portugal e a convocação de uma Constituição brasileira, como a liderada por Gonçalves Ledo, importante liderança do Rio de Janeiro. Bonifácio era mais conservador, tanto na política, preferindo uma saída negociada com Lisboa, quanto na estratégia, em construir uma saída caso falhasse a primeira. Mais uma vez, a elite brasileira deve ser entendida sempre no plural: elites, regionais em sua essência e diversas em seu modo de ver o país.

Foi enfim criada uma Assembleia Constituinte brasileira, não reconhecida pelas Cortes portuguesas. E no dia 4 de maio de 1822, a partir do anteprojeto dessa Constituição, Dom Pedro criou para si mesmo o "Cumpra-se": qualquer lei que as Cortes portuguesas escrevam sobre o Brasil, só valerá se ele, o príncipe, aqui no Brasil o quiser.

Do ponto de vista português, isso era uma afronta sem tamanho: se o rei agora obedecia a um Parlamento no reino, como um príncipe iria desobedecer na colônia? Nunca foi aceito o conceito de Reino Unido por parte das lideranças políticas portuguesas. Para além das questões econômicas, como vimos, e da questão simbólica de uma identidade de potência colonial, não podemos deixar de anotar um pouco disfarçado preconceito e noção de superioridade eurocêntrica, muitas vezes acrescido de comentários racistas. Como cita Boris Fausto (1995): "Uma terra de macacos, de bananas e de negrinhos apanhados na costa da África, que estava precisando de um cão de fila para entrar nos eixos". Dom Pedro por sua vez era chamado de "o rapazinho". Ele tinha 24 anos. Assim era visto o Brasil e seu príncipe desobediente nas Cortes de Lisboa.

Dom Pedro partiu em uma viagem por algumas províncias. Visitou Minas Gerais, encontrando-se com políticos locais. A seguir, foi até São Paulo, passando, por via terrestre, por várias localidades no interior fluminense, na atual região do vale do rio Paraíba do Sul, que mais tarde seria o centro dinâmico da economia cafeeira do Império e naquele momento ainda era tinha vários engenhos de açúcar, embora o café já começasse a ter importância. E não por acaso, já demonstrando de forma inequívoca a relação econômica fundamental do Brasil naquele período, a maior parte desse crescente café era exportado para a Inglaterra.

Chegou a São Paulo, uma cidade que tinha naquela época, menos de 7 mil habitantes, depois de ter passado por cidades como Lorena, Guaratinguetá, Pindamonhangaba, Taubaté e Jacareí, pernoitando em fazendas na região (algumas delas ainda hoje existentes). É importante notar que a região que ligava São Paulo e Rio de Janeiro já despontava como um importante centro econômico e suas elites regionais, notadamente a crescente em importância elite paulista, um fator de destaque nas relações políticas nacionais.

Havia pequenas revoltas registradas em diferentes pontos dessas localidades e a viagem de Pedro tinha duplo caráter: primeiro, reforçar sua autoridade diante de possibilidades de revoltas saírem do controle. Segunda, mostrar que, se os locais queriam se revoltar contra as Cortes, que o fizessem por seu intermédio, uma lógica de apropriação política. Desde sua viagem em Minas que seu objetivo era estratégico nesse sentido. Naquele momento de ebulição política nos dois lados do Atlântico, mesmo pequenas revoltas regionais poderiam sair do controle. E sequer se sabia que eram revoltas pró ou contra as Cortes portuguesas. De fato, os meses de janeiro a setembro eram confusos e instáveis.

Em cada parada, sua presença era festejada: o que atesta o poder simbólico de um rei em um território amplo e em processo de mudança política rápida e inconstante. A ideia de Bonifácio estava dando certo. Dom Pedro ficou em São Paulo e recebeu líderes das cidades locais, como Itu, Sorocaba e Campinas. Mas foi naquele dia, literalmente às vésperas da Independência, que conheceu aquela que seria sua futura amante e uma das personagens femininas mais importantes do I Reinado, Domitila de Castro do Canto e Mello, futura Marquesa de Santos. Seu papel na vida de Dom Pedro é muito significativo e será explorado posteriormente.

E foi convidado a ir a Santos, terra de José Bonifácio. Ele mesmo não estava lá, mas parte de sua família sim. E havia um ponto estratégico fundamental: Santos já despontava como um importante porto, ainda não rivalizando com o Rio de Janeiro, mas em rápido crescimento. E as defesas militares ali instaladas eram precárias. Caso houvesse uma ruptura com Portugal, seguida de uma guerra, uma invasão marítima do porto de Santos causaria sérios problemas no Brasil. O que Dom Pedro viu era desanimador: alguns soldados brasileiros sequer tinham uniformes, quanto mais munição.

É no dia 6 de Setembro de 1822 que Dom Pedro e sua pequena comitiva sobem a Serra do Mar. Com cavalos e uma ampla guarda como nos mostra Pedro Américo? Certamente que não. A estrada era pouco mais que um caminho pedregoso e íngreme, em uma região conhecida pela forte umidade e desbarrancamentos. Somente um animal tinha força e resistência para subir aquele paredão: mulas. As mesmas que já tinham carregado produtos e riquezas do sul do Brasil até as Minas no auge do ouro e as mesmas que até hoje, em alguns lugares do Nordeste brasileiro, trabalham duro gerando renda para pequenos proprietários. Foi por uma questão estética que Pedro Américo colocou no quadro belos cavalos. Mas foram as mulas que carregaram o primeiro rei do Brasil.

Rei não. Imperador: a fórmula de Bonifácio previa esse título. Dá-se o título de rei ao poder dominante de um único povo, uma unidade territorial definida. Rei da Espanha, rei da Suécia. Mas o título imperador vem da tradição de Roma Antiga: uma coletânea de povos, culturas e línguas diversas, unidos sobre um poder que domina amplos territórios. Imperador Habsburgo, por exemplo. No Brasil, com exceção da língua única, o tamanho do território e a multiplicidade de identidades regionais permitiam o título de Imperador. E era essa a força legitimadora que Bonifácio queria para o futuro governante do Brasil. Embora o título fosse de rei de Portugal, o que incluía o Brasil, a nova figura no centro do poder brasileiro deveria ser um imperador. Pedro banqueteou em Santos e realizou sua viagem de volta dia 7 de setembro. Sua comitiva era formada por poucas pessoas. Entre eles, certo padre Belchior, que escreveu um dos relatos detalhados do ocorrido.

O Brasil era imenso, mas igualmente tão pouco despovoado que um carteiro, saindo do Rio de Janeiro e indo em direção a São Paulo, encontraria obrigatoriamente pessoas vindas no sentido oposto. Foi o que ocorreu: dois cavaleiros, um deles chamado Paulo Bregaro, que seria considerado o patrono dos carteiros do Brasil, entrega a Dom Pedro várias correspondências. Ele e sua comitiva já tinham terminado a difícil subida da serra do mar e estavam no planalto, na região do riacho do Ipiranga para "quebrar o corpo", como se dizia na época: pelo banquete em Santos e pela água salobra que havia na cidade, Dom Pedro tinha sérios desarranjos intestinais. A penosa subida de uma serra em lombo de mula não deve ter ajudado no bom humor do futuro imperador.

Enquanto ele usava o providencial riacho do Ipiranga para se aliviar, o padre Belchior lia as cartas. A primeira de Leopoldina, sua esposa, do Rio de Janeiro, cobrando-lhe providências diante do abuso das Cortes sobre sua pessoa:

> (...) é preciso que volte com a maior brevidade, esteja persuadido que não só amor, amizade que me faz desejar mais que nunca sua pronta presença, mas sim às críticas circunstâncias em que se acha o amado Brasil, só a sua presença, muita energia e rigor podem salvá-lo da ruína. As notícias de Lisboa são péssimas: 14 batalhões vão embarcar nas três naus, mandou-se imprimir suas cartas e o povo lisboense tem-se permitido toda a qualidade de expressões indignas contra sua pessoa. Na Bahia, entraram 600 homens e duas ou três embarcações de guerra.

Leopoldina foi uma articuladora eficiente e consciente da Independência do Brasil, em parte, por devoção ao marido, fruto de sua disciplinada educação da nobreza Habsburgo. Mas igualmente por sua posição política acentuadamente absolutista e antiparlamentar (lembremos, as Cortes portuguesas eram um parlamento liberal, apesar de suas contradições).

E a mais impactante de todas, a carta de Bonifácio:

> Senhor, as Cortes ordenaram minha prisão, por minha obediência a Vossa Alteza. E, no seu ódio imenso de perseguição, atingiram também aquele que se preza em o servir com a lealdade a dedicação do mais fiel amigo e súdito. O momento não comporta mais delongas ou condescendências.
>
> A revolução já está preparada para o dia de sua partida. Se parte, temos a revolução do Brasil contra Portugal, e Portugal, atualmente, não tem recursos para subjugar um levante, que é preparado ocultamente, para não dizer quase visivelmente. Se fica, tem, Vossa Alteza, contra si, o povo de Portugal, a vingança das Cortes, que direi?! Até a deserdação, que dizem já estar combinada. Ministro fiel que arrisquei tudo por minha Pátria e pelo meu Príncipe, servo obedientíssimo do Senhor Dom João VI, que as Cortes têm na mais detestável coação, eu, como Ministro, aconselho a Vossa Alteza que fique e faça do Brasil um reino feliz, separado de Portugal, que é hoje escravo das Cortes despóticas.
>
> Senhor, ninguém mais do que sua esposa deseja sua felicidade e ela lhe diz em carta, que com esta será entregue, que Vossa Alteza deve ficar e fazer a felicidade do povo brasileiro, que o deseja como seu soberano, sem ligações e obediências às despóticas Cortes portuguesas, que querem a escravidão do Brasil e a humilhação do seu adorado Príncipe Regente.(...)

A carta é um prodígio de política e psicologia. Ao mesmo tempo em que contém uma sutil ameaça, indica um caminho a seguir para o jovem príncipe. Qual é a ameaça? "O momento não comporta mais delongas ou condescendências. A revolução já está preparada para o dia de sua partida. Se parte, temos a revolução do Brasil contra Portugal".

Ou seja, se Pedro hesitasse em fazer a independência, os brasileiros a fariam **sem ele**. Literalmente, como previu seu pai, Dom João IV. Por outro lado: "aconselho a Vossa Alteza que fique e faça do Brasil um reino feliz, separado de Portugal, que é hoje escravizado das Cortes despóticas".

Pedro, fazendo a independência, torna-se rei de um novo país e mantém seu poder pessoal. Uma inversão política memorável: eram as Cortes liberais que eram despóticas por quererem a volta do mercantilismo e o rebaixamento de um território de Reino Unido em colônia. Se o Brasil já tinha sua autonomia, por que perdê-la para deputados portugueses tão distantes e pouco ciosos do poder da dinastia? Não é uma coincidência que Bonifácio e Leopoldina articulavam a independência em conjunto: para eles, a dinastia deveria prevalecer sobre o parlamento eleito. Ainda mais se esse fosse português, sem reconhecer direitos já adquiridos por brasileiros. O mesmo Bonifácio que desejava um Reino Unido, agora percebia: o único reino unido que deveria se criar era um chamado Brasil, aliás, o Império do Brasil.

Havia também uma carta de seu pai, Dom João VI. E mais duas cartas, uma de seu amigo, Chamberlain, e outra, vinda diretamente das Cortes de Lisboa: Dom Pedro estava preso. Assim que chegasse ao Rio de Janeiro, uma pequena esquadra com tropas estaria a postos no porto para levá-lo a Portugal, "posto a ferros", ou seja, até algemado se ele resistisse. A ordem de prisão de Pedro (como vimos, Bonifácio também estava sob ordem de prisão) foi o ponto final. Ele ainda pede um conselho ao padre Belchior, que lhe dá a saída possível: rompimento.

De acordo com o relato do padre, Dom Pedro o teria arrancado as cartas da mão e num acesso de raiva, teria dito:

> As Cortes me perseguem, chamam-me com desprezo de Rapazinho e Brasileiro. Pois verão agora quanto vale o Rapazinho. De hoje em diante estão quebradas as nossas relações; nada mais quero do governo português e proclamo o Brasil para sempre separado de Portugal!

Todos gritaram Viva a Liberdade! A seguir, Dom Pedro faz a frase que ficou gravada para sempre no quadro: "laços fora". Observe o primeiro soldado a cavalo logo na frente do quadro. Sua mão joga fora um pequeno pedaço de tecido. O outro, a seu lado, rasga no ombro o mesmo objeto. Os laços com os símbolos da Coroa portuguesa eram rasgados, tanto no sentido literal, quanto no metafórico. Dom Pedro dava um passo arriscado, mas sem volta. Estava criando um novo país.

CONCLUSÃO: OS RIOS QUE FORMARAM O BRASIL SE ENCONTRAM; TRAJETÓRIAS E SENTIDOS DE NOSSA HISTÓRIA COLONIAL.

Pode parecer exagerado falar em *formação*: afinal, países são entidades dinâmicas e coletivas, mutantes na longa trajetória da História. Não haveria uma formação única, mas uma trajetória, ou várias na verdade: inúmeros caminhos, variadas tendências que se acumulam para gerar um resultado histórico.

Em um segundo momento, o conceito de formação adquire sim, no período abordado neste livro, um sentido coerente. Por formação, devemos entender os elementos centrais da construção da identidade brasileira, todos eles muito bem delimitados em nossas raízes coloniais. Um dos primeiros, e geralmente negligenciado, a formação mental e a sensibilidade de mundo cristãs. Boa parte de nossa produção intelectual foi feita por membros da Igreja e com um ponto de vista com raízes solidamente construídas na identidade cruzadística portuguesa. Não deveria ser surpresa, mas esse fato deve ser apontado: para entender como a mente do brasileiro atua, desde seu período colonial formativo, Santo Agostinho, São Tomás de Aquino e os Evangelhos podem ser mais importantes do que Marx e o conceito de luta de classes.

Claro, com isso não afirmamos que não houve luta de classes no período colonial. As diversas revoltas do período afirmam isso, sem sombra de dúvida. Mas o pensamento de nossas elites e principalmente das camadas populares, era, antes de mais nada, calcado no pensamento cristão, em uma visão de mundo formada por leituras da Bíblia. É um anacronismo imenso entender certos pontos de vista do século XVIII como exemplos de uma visão social e política pós-Revolução Francesa. Mesmo em revoltas coloniais fortemente alicerçadas em ideários políticos, como na Revolução Pernambucana de 1817, os ideais cristãos lá estavam: a bela bandeira de Pernambuco nos lembra com sua elevada cruz vermelha ao centro.

Em outro exemplo evidente: padre António Vieira pensou o Brasil como o V Império bíblico. Sua construção mental estava dentro desse contexto teológico. Seus sermões e suas ações eram naquela direção.

Interpretar Vieira nos dias de hoje exige esse mergulho na literatura bíblica mística e profética. a escravidão africana era vista como o sustentáculo dessa construção teológica. O mesmo Vieira que foi um ativo crítico da escravidão indígena. Como entender tal proposição, contraditória a nossos olhos contemporâneos, sem entender essa visão fundamentada nas Escrituras? Entender significa aqui estudar tais raízes. Não é necessário concordar com elas, mas igualmente, não é coerente tentar encaixar, mão forçada, conceitos que não estão no seu tempo histórico. Padre Vieira é um hipócrita sob um ponto de vista oprimidos X opressores. Mas é profundamente coerente em seu ponto de vista baseado nas leituras de seu tempo. Esse é apenas um exemplo. Na cultura brasileira que emerge do período colonial, temos uma ampla variedade de temas na história das ideias que devem ser entendidos em conceitos de leituras cristãs. Sem compreender tal raiz cultural profunda, pouco se avança na leitura da realidade do passado e do presente.

Outro sentido que a palavra formação pode adquirir no período é o da miscigenação / escravidão. Há debates já bastante mapeados sobre o tema. Mas aqui uma brevíssima anotação é necessária: o Brasil é um país baseado em uma exploração maciça e violenta da mão de obra indígena e africana e tal construção social é um dos maiores desafios herdados do período colonial. Ao mesmo tempo, temos uma população miscigenada etnicamente e com elementos culturais de ampla diversidade. Sem cair em polos opostos radicalizados, entender esta dinâmica entre exploração e assimilação é ao mesmo tempo uma riqueza potencial do país e sua danação, a persistir a sistemática exclusão que ainda nos marca como sociedade.

Também é no período colonial formativo nossa dinâmica entre interior e litoral. O mítico sertão, tão idealizado e, ao mesmo tempo, visto como sinônimo de atraso por muitos anos, sempre foi mais importante do que geralmente se supunha na economia nacional. E mesmo quando estava articulado com o litoral, a economia do mercado interno foi, e isso a bibliografia mais recente da história do Brasil demonstra, um dos pontos mais centrais da formação do país. As comunicações entre as diversas regiões eram precárias, ainda o são em muitos casos. Mas paradoxalmente, a economia do mercado interno era um polo dinâmico que formou cidades, sociedades e culturas regionais. No mesmo tema, a relação entre regionalismo e centralismo, ou seja, entre as diversas administrações regionais, como câmaras municipais e províncias, e o governo central, seja a primeira capital, Salvador, seja a corte no Rio de Janeiro, também é um importante ponto de reflexão. Como um país tão grande permaneceu unido? Quais os fatores de unidade e os contrários, de fragmentação? As várias revoltas coloniais, regionais, podem ser entendidas como revoltas contra o centralismo administrativo? Tais reflexões são do período colonial. Mas igualmente, ajudam a pensar o Brasil atual.

Presente em qualquer reflexão sobre o Brasil atual, o tema da ecologia tem suas raízes na trajetória colonial. Temos o nome de uma árvore, mas não cuidamos muito das nossas. A necessidade de entender a relação entre ecologia e história colonial é outro tema urgente em nossa trajetória no mundo contemporâneo. Um bom resumo da história brasileira até hoje é: destruir nossos ecossistemas para deles extrair riqueza. Precisa ser assim sempre? Dentro desse tema, a urbanização, ou melhor dizendo, a falta dela. Não devemos ser saudosos dos tempos holandeses de Nassau, mas a ausência de uma reflexão sobre como devem ser nossas cidades é uma herança colonial que precisamos deixar. Pensar a cidade e o meio ambiente foi exceção no Brasil antigo. Não precisa continuar a ser.

Como vimos nessa breve conclusão, estudar o passado pressupõe ressignificar o presente. Muitas vezes, o mais distante no tempo histórico é o mais perto no comportamento, nas ideias, no jeito de ser e fazer, ou seja, naquele conceito tão difícil de definir chamado de cultura. O primeiro nome do Brasil foi ilha de Vera Cruz. Na definição das fronteiras brasileiras, usava-se a metáfora de que o Brasil era uma ilha: cercado por mar e por rios interiores. E de fato, os rios foram atores de primeira grandeza na história do país. Hoje, na maior cidade brasileira, seu principal rio ainda é poluído, cheio de detritos, quase morto. Os rios que formaram o Brasil, hoje poluídos, bem poderiam ser uma metáfora do nosso atual estado de coisas: temos um passado complexo que formou nossa identidade múltipla e descuidamos dessa identidade, desprezamos o passado, sujamos os rios e esquecemos nossa história. Às vezes, até os museus deixamos queimar.

Os rios que formaram o Brasil se encontraram em um único país. Talvez a palavra encontro aqui possa ser usada para que o brasileiro se perceba em seu país. Se a História ajudar, teremos navegado em boas águas.

REFERÊNCIAS

ALMEIDA, Manuel Antônio de. *Memórias de um Sargento de Milícias*. Disponível em: http://www.dominiopublico.gov.br/download/texto/bn000022.pdf. Acesso em: 23 abr. 2024.

ALVES, Castro. *O Navio Negreiro*.1869. Portal Domínio Público. Disponível em: http://www.dominiopublico.gov.br/download/texto/bv000068.pdf. Acesso em: 24 abr. 2024.

AMARAL, Tarsila. *Abaporu*. 1928. Fundación Malba. Disponível em: https://www.malba.org.ar/evento/historias-de-verano-tarsila-do-amaral/. Acesso em 23 abr. 2024.

ANDRADE, Carlos Drummond de. A máquina do Mundo. *In*: *Claro Enigma*. Companhia das Letras. 2012.

ANDRADE, Mário de. Aspectos das Artes Plásticas no Brasil. Martins Ed.

ANDRADE, Mário de. *Macunaíma*. Editora Lafonte. 2019.

ALENCASTRO, Luiz Filipe. *O Trato dos Viventes*; formação do Brasil no Atlântico sul. São Paulo: Cia das Letras, 2002.

ALMEIDA, Paulo Roberto. *Relações Internacionais e política externa do Brasil*: dos descobrimentos à globalização. Porto Alegre: Ed. UFRGS, 1998.

BOSI, Alfredo. *Dialética da Colonização*. São Paulo: Cia das Letras, 1995.

BUENO, Eduardo. *Brasil, uma História*. São Paulo: Leya, 2012.

CALDEIRA, Jorge. *História da Riqueza no Brasil*. Rio de Janeiro: Estação Brasil, 2017.

CAMINHA, Pero Vaz de. [*Carta de Pero Vaz de Caminha*]. 1 mai. 1500. 1 carta. Disponível em: https://antt.dglab.gov.pt/wp-content/uploads/sites/17/2010/11/Carta-de-Pero-Vaz-de-Caminha-transcricao.pdf. Acesso em: 23 abr. 2024.

CAMÕES, Luís de. *Os Lusíadas*. Disponível em: https://edisciplinas.usp.br/pluginfile.php/5716105/mod_resource/content/1/

CAM%C3%95ES.%20Os%20Lus%C3%ADadas.pdf. Acesso em: 22 abr. 2024.

CAPITANIAS HEREDITÁRIAS. Luiz Teixeira. Mapa. ca.1574. Acervo da Fundação Biblioteca da Ajuda, Lisboa – História do Rio para todos. Disponível em: <https://historiadorioparatodos.com.br/timeline/1534-capitanias-hereditarias/km_c258-20190503153124-6/>. Acesso em: 23 abr. 2024.

CIÊNCIA E ARTE se aliam na restauração do quadro "Independência ou Morte". Publicado pelo canal: AGÊNCIA FAPESP. YouTube, 17 fev. 2020. Disponível em: <https://www.youtube.com/watch?v=TBC-CkRHBYno>. Acesso em: 23 abr. 2024.

DEBRET, Jean Baptiste. *Castigo de escravo*,1830 – Voyage Pittoresque Et Historique Au Brésil. Isto é. Disponível em: https://istoe.com.br/debret-radical/. Acesso em 23 abr. 2024.

DOMINGUES, Joelza Ester. *Debret e os Hábitos alimentares na Corte brasileira*. Ensinar História. Disponível em: https://ensinarhistoria.com.br/debret-e-os-habitos-alimentares-na-corte-brasileira/. Acesso em: 22 abr. 2024.

DOMINGUES, Joelza Ester. *A vida Urbana no Brasil*, segundo Debret. Ensinar História. Disponível em: https://ensinarhistoria.com.br/s21/wp-content/uploads/2016/02/Debret_barbeiros.jpg. Acesso em: 22 abr. 2024.

ECKHOUT, Albert. *O homem Tapuia*.1643. National Museum of Denmark. Disponível em: https://natmus.dk/fileadmin/user_upload/Editor/natmus/undervisning/dokumenter/etnografisk_samling/eckhout_gym.pdf. Acesso em: 23 abr. 2024.

EDSON, Paulo. *Catolicismo indígena* – Como as traduções de José de Anchieta para o Tupi moldaram o Cristianismo do Brasil Colonial. Editora Paco, 2010.

FAUSTO, Boris. *História do Brasil*. São Paulo: Edusp, 1995.

FERRAZ, T., Suarez Villagran, X., Nägele, K. *et al.* Genomic history of coastal societies from eastern South America. Nat Ecol Evol 7, 1315–1330 (2023). https://doi.org/10.1038/s41559-023-02114-9.

FREYRE, Gilberto. *Casa-Grande e Senzala*. Editora Global. 2010.

GAMA, Basílio da. *Ao Marquês de Pombal*. 1769. Academia Brasileira de Letras. Disponível em: https://www.academia.org.br/academicos/basilio-da-gama/textos-escolhidos. Acesso em: 23 abr. 2024.

GHEERAERTS, Marcus The Younger. *Sir Frances Drake*. Web Gallery of Art. Disponível em: https://www.wga.hu/frames-e.html?/html/g/gheeraer/f_drake.html. Acesso em: 22 abr. 2024.

GOMES, Laurentino. *1808*. São Paulo: Planeta, 2007.

GOMES, Laurentino. *1822*. São Paulo: Planeta, 2010.

ÍNDIOS. Legião Urbana. Compositor: Renato Russo. *In*: Dois. EMI. 1986.

JORNAL DE MAFRA. *Há 307 anos nascia Maria Bárbara e com ela o Palácio Nacional de Mafra*. Disponível em: <https://jornaldemafra.pt/ha-307-anos-nascia-maria-barbara-e-com-ela-o-palacio-nacional-de--mafra/>. Acesso em: 23 abr. 2024.

LAFER, Celso. *A identidade internacional do Brasil e a política externa brasileira*. São Paulo: Perspectiva, 2001.

LISBOA, Antônio Francisco. *Profetas de Aleijadinho – Isaías*. Acervo Digital Unesp. Set. 2014.Disponível em: https://acervodigital.unesp.br/bitstream/unesp/252155/1/Congonhas%20Aleijadinho%2c%20Isa%c3%adas%20%286%29.JPG. Acesso em: 23 abr. 2024.

LOO, Louis-Michel Van. *Retrato Marquês de Pombal*. Câmara Municipal de Oeiras. Lisboa, Portugal. Museum With No Frontiers. Disponível em:https://baroqueart.museumwnf.org/database_item.php?id=object;BAR;pt;Mus11_A;13;en. Acesso em: 23 abr. 2024.

LUCIENTES, Francisco de Goya y. *El 2 de mayo de 1808 en Madri o "La lucha con los mamelucos"*. Museo Nacional del Prado. Disponível em: https://www.museodelprado.es/coleccion/obra-de-arte/el-2-de--mayo-de-1808-en-madrid-o-la-lucha-con-los/57dacf2e-5d10-4de-d-85aa-9ff6f741f6b1?searchMeta=el%202%20de%20mayo. Acesso em: 24 abr. 2024.

LUCIENTES, Francisco de Goya y. *El 3 de mayo em Madri o "Los Fusilamientos"*. Museo Nacional del Prado. Disponível em: https://

www.museodelprado.es/coleccion/obra-de-arte/el-3-de-mayo-en--madri-o-los-fusilamientos/5e177409-2993-4240-97fb-847a02c6496c. Acesso em: 24 abr. 2024.

MAGALHÃES, Gonçalves de. *Invocação à saúde*. Academia Brasileira de Letras. Disponível em: https://www.academia.org.br/academicos/goncalves-de-magalhaes/textos-escolhidos. Acesso em: 20 abr. 2024.

MEIRELES, Cecília. *Romanceiro da Inconfidência*. Editora Nova Fronteira. 2005.

MELO, Pedro Américo de Figueiredo e. *Tiradentes Supliciado*. 1893. Fundação Museu Mariano Procópio. Disponível em: https://mapro.inwebonline.net/ficha.aspx?t=o&id=10917#ad-image-0. Acesso em: 23 abr. 2024.

MELO, Pedro Américo de Figueiredo e. *Independência ou Morte*. 1888. Acervo online Museo Paulista. Disponível em: https://acervoonline.mp.usp.br/iconografia/independencia-ou-morte-3/?search=Independ%C3%AAncia%20ou%20morte&order=ASC&orderby=date&perpage=12&pos=8&source_list=repository&ref=%2Fitens#gid=tainacan--item-gallery-block_id-tainacan-item-attachments_id-57358&pid=1. Acesso em: 23 abr. 2024.

MOTA, Carlos Guilherme; Lopez, Adriana. *História do Brasil*. São Paulo: editora 34, 2015.

NAVARRO, Eduardo de Almeida. Dicionário tupi antigo: a língua indígena clássica do Brasil. Global Editora, 2013.

OLIVEIRA, Henrique Altermani. *Política Externa Brasileira*. São Paulo: Saraiva, 2008.

PESSOA, Fernando. *Mensagem*. 1934. Disponível em: http://www.dominiopublico.gov.br/download/texto/pe000004.pdf. Acesso em: 22 abr. 2024.

PINHEIRO, Letícia. *Política Externa brasileira – 1889-2002*. Rio de Janeiro: Zahar, 2004.

POST, Frans. *Engenho com Capela*. 1667. Acervo Fundação Maria Luisa e Oscar Americano.

PRADO JR, Caio. *História Econômica do Brasil*. São Paulo: Brasiliense, 1990.

PRIORE, Mary Del; Venâncio, Renato. *Uma breve história do Brasil.* São Paulo: Planeta, 2010.

RAMOS, Rui (coord.). *História de Portugal.* Lisboa: Esfera dos Livros, 2019.

RETRATO de Dom João VI. 1817. *In*: ENCICLOPÉDIA Itaú Cultural de Arte e Cultura Brasileira. São Paulo: Itaú Cultural, 2024. Disponível em: https://enciclopedia.itaucultural.org.br/obra1185/retrato-de-dom-joao-vi. Acesso em: 22 de abril de 2024.ISBN: 978-85-7979-060-7

RETRATO de D. Sebastião. Cristóvão de Morais. *Museu Nacional de Arte Antiga.* Disponível em: <http://www.museudearteantiga.pt/colecoes/pintura-portuguesa/retrato-de-d-sebastiao>. Acesso em: 23 abr. 2024.

RICUPERO, Rubens. *A diplomacia na construção do Brasil – 1750-2016.* Rio de Janeiro: Versal, 2017.

SALVADOR, Frei Vicente. História do Brasil: 1500-1627. Fundação Biblioteca Nacional. Disponível em: http://www.dominiopublico.gov.br/pesquisa/DetalheObraForm.do?select_action=&co_obra=2148. Acesso em: 22 abr. 2024.

SALLES, Silvana. *DNA antigo conta nova história sobre o povo de Luzia.* Disponível em: https://jornal.usp.br/ciencias/ciencias-biologicas/dna-antigo-conta-nova-historia-sobre-o-povo-de-luzia/. Acesso em: 22 abr. 2024.

SCHWARCZ, Lilia Mortiz. *O Sol do Brasil.* Nicolas-Antoine Taunay e as desventuras dos artistas franceses na corte de D. João. São Paulo: Cia das Letras, 2008.

SCHWARCZ, Lilia Mortiz; Starling, Heloisa. *Brasil: uma biografia.* São Paulo: Cia das Letras, 2015.

TRUDEL, Marcel, Histoire de la Nouvelle-France, I - Les vaines tentatives, 1524-1603, Montréal, Fides, 1963. p. 133-134.

VIEIRA. Padre António. *Sermão pelo Bom Sucesso das Armas de Portugal contra as de Holanda.* A Escola do Futuro da Universidade de São Paulo. Disponível em: http://www.dominiopublico.gov.br/download/texto/bv000031.pdf. Acesso em: 23 abr. 2024.